湖北省学术著作出版专项资金资助项目
现代航运与物流:安全·绿色·智能技术研究丛书(2期)

船舶碰撞风险与智能避碰方法

张金奋　万程鹏　著

武汉理工大学出版社
·武汉·

图书在版编目(CIP)数据

船舶碰撞风险与智能避碰方法/张金奋,万程鹏著.—武汉:武汉理工大学出版社,2023.2
(现代航运与物流:安全·绿色·智能技术研究丛书.2期)
ISBN 978-7-5629-6791-0

Ⅰ.①船…　Ⅱ.①张…　②万…　Ⅲ.①船舶避让操纵-决策系统　Ⅳ.①U675.96

中国国家版本馆 CIP 数据核字(2023)第 034551 号

项目负责人:陈军东　陈　硕	责 任 编 辑:陈　硕
责 任 校 对:夏冬琴	版 式 设 计:冯　睿

出 版 发 行:武汉理工大学出版社
地　　　　址:武汉市洪山区珞狮路 122 号
邮　　　　编:430070
网　　　　址:http://www.wutp.com.cn
经 销 者:各地新华书店
印 刷 者:武汉市洪林印务有限公司
开　　　　本:787×1092　1/16
印　　　　张:13.75
字　　　　数:303 千字
版　　　　次:2023 年 2 月第 1 版
印　　　　次:2023 年 2 月第 1 次印刷
定　　　　价:58.00 元

凡购本书,如有缺页、倒页、脱页等印装质量问题,请向出版社发行部调换。
本社购书热线电话:027-87523148　　027-87391631　　027-87165708(传真)

序

随着人工智能和大数据技术的不断发展,其在各个领域的应用也在逐渐深化。在这个技术浪潮下,智能船舶技术的发展引起了船舶建造行业和水路运输行业的高度关注。中国船级社发布的《智能船舶规范》指出,智能船舶的关键技术包括信息感知、通信导航、能效控制、航线规划、状态监测与故障诊断、遇险预警救助、驾机一体化和自主航行等技术。其中第 2 章指出了船舶智能航行的三个阶段,即航路设计和优化、自主航行和高级自主航行。由此可见,航行安全和智能决策是智能船舶应用面临的核心关键技术。

本书系统性总结了船舶碰撞风险认知、船舶避碰决策与路径规划等方面的最新研究成果。该书第一部分在国际海事组织(International Maritime Organization,IMO)发布的综合安全评估(Formal Safety Assessment,FSA)框架下,详细论述了以船舶碰撞为主题的碰撞风险定性和定量评估方法的基本原理、相关软件系统等,分别从宏观和微观领域展开论述,包括船舶领域模型、基于船舶历史 AIS 数据的船舶避让行为分析与挖掘等;第二部分则重点介绍了目前典型的船舶避碰决策算法,在国际海上避碰规则(COLREGs)的约束下,系统讲述了船舶行为意图不确定、船舶协同与冲突条件下的分布式避碰决策算法,以及各种启发式算法(包括粒子群算法、RRT 算法、A * 算法等)在智能避碰决策中的应用。此外,本书还详细论述了人机交互、智能船舶与常规船舶共存等新型航行场景下的智能避碰决策机制的构建问题。全书继承了传统的避碰决策研究成果,同时紧跟智能船舶的前沿领域,研究成果丰富,整体思路完整,内容深入浅出,为智能船舶避碰决策和航行风险认知理论体系的构建和完善起到积极的促进作用。

本书是基础理论研究与案例仿真相结合的一部内容丰富的学术专著,该书的出版顺应了我国新一代航运系统和智能船舶技术快速发展的需求,具有很强的理论价值和现实意义。该书是张金奋副研究员及其团队在国家重点研发计划政府间国际合作项目、国家自然科学基金、交通运输部科技支撑计划、湖北省自然科学基金等国家级和省部级科研项目的支持下,长期开展科学研究和实际应用实践中不断探索的基础上撰写而成。

我相信该书的出版,将在提升我国水路交通运行智能化、航行安全性方面发挥积极作用,在相关领域的技术引领、理论创新、人才培养、学科融合和工程应用等方面发挥积极的作用。

中国工程院院士、武汉理工大学教授
水路交通控制全国重点实验室主任
严新平
2023 年 2 月 28 日

前　言

水路交通具有成本低、运距广、货量大和能耗低等显著特点，在综合交通体系中发挥着不可替代的作用。我国90%以上的外贸运输依赖水路交通，2021年水路交通完成货物周转量115577.51亿吨公里，占所有交通方式的53%。近年来我国水路交通智能化受到高度重视，为了响应"交通强国"战略，面向《交通领域科技创新中长期发展规划纲要（2021—2035年）》《智能航运发展指导意见》等中关于智能航运的任务需求，特编著此书。

此书共分为两大部分，共十三章。第一部分主要介绍船舶碰撞风险的相关研究，共分为六章：第一章主要对船舶碰撞风险建模的研究现状进行介绍，包括碰撞风险的定义、主要建模方法、相关的建模软件等；第二章主要介绍船舶碰撞风险和避碰决策研究中涉及的一些基础知识，包括坐标系构建、会遇参数计算、国际海上避碰规则、船舶避让行为提取、船舶操纵性模型等；第三章主要介绍常用的船舶领域模型，包括确定性模型和模糊船舶领域模型；第四章介绍基于船舶历史行为的碰撞风险定量评价方法，包括航行风险和水域宏观风险评价两个方面；第五章介绍碰撞风险时空取证建模方法，提出了基于证据融合的碰撞风险交叉取证方法，并开展案例分析；第六章介绍基于速度障碍模型（VO）的碰撞风险定量分析方法，考虑船舶动态信息的不确定性，提出非线性不确定性速度障碍模型（UNLVO），并对内河渡船航行风险开展案例研究。第二部分主要介绍船舶智能避碰决策算法，共分为七章：第七章介绍基于船舶行为意图识别的避碰决策，从历史避碰行为知识库构建、轨迹融合等角度论述避碰决策学习算法；第八章介绍分布式避碰决策方法，考虑所有船舶遵守避碰规则和部分船舶违反避碰规则条件下的决策模式；第九章介绍粒子群算法用于避碰决策，利用种群的不断优化得到一条最优避碰路径；第十章介绍快速随机搜索树算法（RRT）在船舶避碰中的应用，将避碰规则和船舶操纵性作为约束条件，实现动态环境下的避碰路径生成；第十一章介绍基于多向A*算法的路径规划，包括障碍物地图生成、多向路径邻居节点选择、路径生成等，并针对海上风电场运维船舶的路径规划开展案例研究；第十二章介绍人机共驾模式下的船舶避碰观测—推测—预测—决策（OIPD）流程框架，并论述不同异常条件下的避碰决策性能；第十三章介绍智能船舶和常规船舶共存条件下的协同避碰决策，全面分析了两种避碰决策方法共存条件下的避碰决策效果。

本书可作为水路交通运输及相关专业的教材，也可为从事水路交通智能化方向研究的相关人员提供理论、方法和案例研究。

全书由张金奋博士制定书稿内容框架，张金奋、万程鹏组织全书编写。王腾飞博士协助做了统稿工作。编写分工为：第一章（张金奋），第二章（张笛），第三章（张金奋、刘炯炯），第四章（蔡明佑），第五章（汪洋），第六章（袁晓丽），第七章（刘炯炯），第八章（张金奋），第九章（曾勇），第十章（张涵），第十一章（谢磊、薛双飞），第十二章（王腾飞），第十三章（刘炯炯）。

本书的编写得到了武汉理工大学水上交通安全与应急专业研究生指导团队的资助。

本书在编写过程中得到了水路交通控制全国重点实验室主任、武汉理工大学首席教授、中国工程院严新平院士的指导,并为此书作序。本书的主要内容是基于张金奋博士及其团队师生船舶碰撞风险评价及智能避碰决策方向的科研成果,也参考了武汉理工大学智能交通系统研究中心、交通与物流工程学院等单位师生的相关学术成果。

  随着水路交通智能化水平的不断提升,船舶智能避碰系统在可靠性、安全性等方面将不断得到提升,相关研究成果也会不断涌现,因此,本书难免存在不足甚至错误,敬请各位读者指正。

张金奋

2022 年 10 月于武汉理工大学

余家头校区航海楼

目 录

第 1 章 船舶碰撞风险建模研究现状 ········· 1
 1.1 碰撞风险的定义 ········· 1
 1.2 碰撞风险评价方法 ········· 2
  1.2.1 综合安全评估 ········· 2
  1.2.2 故障树和事件树 ········· 2
  1.2.3 证据理论与置信规则库 ········· 5
  1.2.4 贝叶斯网络 ········· 9
 1.3 碰撞风险分析相关软件 ········· 10
  1.3.1 Bayes 网络建模软件 ········· 10
  1.3.2 离散事件仿真软件 ········· 11
  1.3.3 碰撞搁浅风险评价软件 ········· 11
  1.3.4 故障树软件 ········· 11
  1.3.5 证据推理软件 ········· 12
 1.4 本章小结 ········· 12

第 2 章 船舶碰撞风险与避碰决策基础知识 ········· 15
 2.1 船舶运动坐标系 ········· 15
 2.2 基于历史 AIS 数据的会遇态势提取 ········· 17
  2.2.1 AIS 数据预处理和轨迹重建 ········· 17
  2.2.2 船舶会遇识别 ········· 18
  2.2.3 船舶避让行为提取 ········· 19
 2.3 COLREGs ········· 22
  2.3.1 会遇态势划分 ········· 22
  2.3.2 COLREGs 避碰责任 ········· 23
 2.4 船舶避碰操纵模型 ········· 24
 2.5 本章小结 ········· 24

第 3 章 船舶领域碰撞风险模型 ········· 26
 3.1 Fujii 船舶领域 ········· 26
 3.2 Goodwin 船舶领域 ········· 26
 3.3 Davis 船舶领域 ········· 27
 3.4 Coldwell 船舶领域 ········· 27

- 3.5 多边形船舶领域 …………………………………………………………… 28
- 3.6 四元船舶领域 ……………………………………………………………… 29
- 3.7 模糊船舶领域 ……………………………………………………………… 29
- 3.8 本章小结 …………………………………………………………………… 30

第4章 考虑避碰行为的碰撞风险量化模型 …………………………………… 31
- 4.1 历史会遇碰撞风险建模 …………………………………………………… 31
  - 4.1.1 建模思路 …………………………………………………………… 31
  - 4.1.2 会遇场景提取 ……………………………………………………… 31
  - 4.1.3 碰撞风险评价指标 ………………………………………………… 32
  - 4.1.4 确定风险评价指标权重 …………………………………………… 34
  - 4.1.5 船舶碰撞风险量化 ………………………………………………… 34
- 4.2 船舶碰撞风险算子 ………………………………………………………… 38
  - 4.2.1 建模方法 …………………………………………………………… 38
  - 4.2.2 区域船舶碰撞风险的因素组成 …………………………………… 39
  - 4.2.3 NVCRO 建模 ……………………………………………………… 42
  - 4.2.4 区域风险网络 ……………………………………………………… 42
- 4.3 案例研究 …………………………………………………………………… 43
  - 4.3.1 渡船穿越航道场景分析 …………………………………………… 43
  - 4.3.2 渡船穿越航道碰撞风险评估 ……………………………………… 45
- 4.4 本章小结 …………………………………………………………………… 47

第5章 船舶碰撞风险时空评价 ……………………………………………………… 50
- 5.1 研究方法简介 ……………………………………………………………… 50
  - 5.1.1 船舶避碰分步决策和操纵模型 …………………………………… 50
  - 5.1.2 交叉取证方法 ……………………………………………………… 51
  - 5.1.3 基于AIS数据的船舶状态同步方法 ……………………………… 51
- 5.2 交叉评价方法整体架构 …………………………………………………… 54
  - 5.2.1 两船决策交叉分析 ………………………………………………… 54
  - 5.2.2 避碰决策定量分析方法 …………………………………………… 55
- 5.3 仿真与分析 ………………………………………………………………… 58
  - 5.3.1 船舶会遇态势构建 ………………………………………………… 58
  - 5.3.2 避碰决策定量分析 ………………………………………………… 60
- 5.4 本章小结 …………………………………………………………………… 69

第6章 基于速度障碍的碰撞风险模型 …………………………………………… 71
- 6.1 速度障碍法简介 …………………………………………………………… 71
- 6.2 不确定性非线性速度障碍模型 …………………………………………… 73

6.2.1　模型框架 ……………………………………………………… 73
　　6.2.2　船舶运动模式识别模型 ………………………………………… 73
　　6.2.3　船舶运动不确定性模型 ………………………………………… 75
　　6.2.4　不确定性非线性速度障碍模型 ………………………………… 75
6.3　基于 UNLVO 的碰撞风险量化 ………………………………………… 77
　　6.3.1　转向风险 ………………………………………………………… 77
　　6.3.2　减速风险 ………………………………………………………… 78
　　6.3.3　考虑/不考虑航行规则的避让风险 ……………………………… 78
6.4　模型应用 ……………………………………………………………… 79
6.5　本章小结 ……………………………………………………………… 83

第7章　船舶行为意图识别下的避碰决策 ……………………………… 85
7.1　整体研究思路 ………………………………………………………… 85
7.2　场景相似性度量 ……………………………………………………… 86
7.3　基于 Delaunay 三角网的轨迹融合算法 ……………………………… 87
7.4　实验和数据分析 ……………………………………………………… 89
　　7.4.1　模型精度 ………………………………………………………… 89
　　7.4.2　会遇提取和行为统计分析 ……………………………………… 93
　　7.4.3　避碰决策 ………………………………………………………… 97
7.5　本章小结 ……………………………………………………………… 99

第8章　分布式避碰决策方法 ……………………………………………… 102
8.1　避碰决策过程分析 …………………………………………………… 102
8.2　决策流程 ……………………………………………………………… 103
　　8.2.1　让路船避碰决策 ………………………………………………… 103
　　8.2.2　直航船避让决策 ………………………………………………… 105
　　8.2.3　实时决策算法 …………………………………………………… 107
8.3　案例研究 ……………………………………………………………… 107
　　8.3.1　场景设置 ………………………………………………………… 107
　　8.3.2　仿真场景一 ……………………………………………………… 108
　　8.3.3　仿真场景二 ……………………………………………………… 110
　　8.3.4　仿真场景三 ……………………………………………………… 111
8.4　本章小结 ……………………………………………………………… 113

第9章　粒子群-遗传启发式避碰决策算法 ……………………………… 115
9.1　粒子群优化算法 ……………………………………………………… 115
9.2　遗传算法 ……………………………………………………………… 116
9.3　船舶会遇局面划分 …………………………………………………… 118

9.4 船舶碰撞危险度 ··· 119
9.5 粒子群-遗传算法设计 ··· 120
　9.5.1 粒子群-遗传算法参数编码 ·· 120
　9.5.2 初始种群产生 ·· 120
　9.5.3 适应度函数 ·· 121
　9.5.4 PSO-GA 算法步骤 ·· 122
9.6 数值仿真验证 ··· 123
9.7 案例仿真研究 ··· 125
　9.7.1 案例一 ··· 125
　9.7.2 案例二 ··· 128
9.8 本章小结 ·· 131

第 10 章 船舶避碰 RRT 路径规划算法

10.1 RRT 算法简介 ·· 133
10.2 避碰决策 RRT 路径规划算法 ··· 134
　10.2.1 动态碰撞检测算法 ·· 134
　10.2.2 初始解的获取 ·· 136
　10.2.3 椭圆空间均匀采样 ·· 137
　10.2.4 路径优化 ··· 137
　10.2.5 动态 RRT 算法 ··· 139
10.3 仿真与分析 ·· 139
　10.3.1 会遇态势设置 ·· 139
　10.3.2 结果分析 ··· 140
10.4 本章小结 ·· 141

第 11 章 风电水域多向 A* 船舶路径规划算法

11.1 A* 算法 ·· 143
11.2 障碍物建模 ·· 144
　11.2.1 网格尺寸 ··· 144
　11.2.2 危险区域识别 ·· 144
11.3 路径生成 ·· 146
　11.3.1 多邻居节点生成 ··· 146
　11.3.2 节点切割 ··· 148
　11.3.3 路径规划步骤 ·· 149
　11.3.4 性能分析 ··· 150
11.4 东海大桥风电场船舶路径规划 ··· 151
　11.4.1 障碍模型 ··· 151

11.4.2　结果和分析 …………………………………………………… 152
　11.5　本章小结 ………………………………………………………………… 154
第12章　船舶避碰观测—推测—预测—决策方法 156
　12.1　内外双层逻辑、决策耦合的船舶避碰决策过程 ……………………… 156
　12.2　两层逻辑结构的船舶避碰决策建模 …………………………………… 157
　12.3　深层避碰意图及其形式化表达 ………………………………………… 157
　12.4　基于意图推测的避碰决策 ……………………………………………… 160
　12.5　沟通受限情况下的类人多船避碰决策方法 …………………………… 162
　　12.5.1　避碰方案的基本框架 ……………………………………………… 162
　　12.5.2　避碰决策的整体流程 ……………………………………………… 163
　　12.5.3　轨迹规划辅助算法的解释 ………………………………………… 165
　　12.5.4　预测和观测信息的交叉分析 ……………………………………… 167
　12.6　混合场景下的OIPD决策算法的仿真验证 …………………………… 170
　　12.6.1　船舶会遇场景设置 ………………………………………………… 170
　　12.6.2　案例1：四艘船正常航行下的避碰实验 ………………………… 171
　　12.6.3　案例2：有一艘船不遵守避碰规则的避碰实验 ………………… 174
　　12.6.4　案例3：有一艘船为失控船的避碰实验 ………………………… 176
　　12.6.5　避碰决策有效性的数据包络分析 ………………………………… 179
　12.7　本章小结 ………………………………………………………………… 182
第13章　混合航行场景序贯避碰决策建模 184
　13.1　基于COLREGs的会遇阶段划分 ……………………………………… 184
　13.2　船舶避碰决策建模 ……………………………………………………… 184
　　13.2.1　常规船舶避碰决策模型 …………………………………………… 184
　　13.2.2　智能船舶避碰决策模型 …………………………………………… 187
　　13.2.3　混合场景下船舶序贯避碰决策 …………………………………… 190
　13.3　案例分析 ………………………………………………………………… 191
　　13.3.1　初始会遇场景设置 ………………………………………………… 191
　　13.3.2　模拟试验 …………………………………………………………… 192
　　13.3.3　结果分析 …………………………………………………………… 205
　13.4　本章小结 ………………………………………………………………… 205

第 1 章　船舶碰撞风险建模研究现状

1.1　碰撞风险的定义

船舶在航行、作业和停泊时受到风、浪、流等外部因素的影响,装载货物的影响,以及自身操纵性的限制,存在碰撞、搁浅、火灾等不同类型的事故风险。相比于道路交通,水路交通事故的后果往往更为严重,甚至会造成严重的经济损失、环境污染和人员伤亡。在所有水上交通事故中,碰撞通常是占比例较高的事故类型之一,在一些水域的占比可以达到 65%~80%。从碰撞事故的致因来看,人为失误(包括疏忽瞭望、疲劳、决策失误等)仍然是主要诱因,提高船舶驾驶员的态势分析和风险认知能力是降低碰撞风险的有效途径。此外,随着智能船舶技术的不断发展,船舶避碰决策和控制的一个重要前提是能够对复杂会遇态势下碰撞风险及其演化特征实现定量评价,从而做出降低碰撞风险的最优决策。

按照国际海事组织提出的综合安全评估框架,水路运输系统的风险被定义为不期望事件发生的概率与事件造成的损失之间的乘积,以碰撞风险为例,可以定义为:

$$R = P \times C \tag{1-1}$$

式中,R 为碰撞风险;P 为碰撞事故发生的概率,通常被定义为单位时间内事故发生的频率,如每年发生碰撞事故的次数;C 为碰撞事故可能造成的损失,主要包括经济损失、人员损失和环境污染带来的直接和间接损失。本书的碰撞风险建模主要是用于船舶避碰决策,因此只考虑碰撞事故的发生概率,不涉及对事故造成后果的评价。

从目前针对船舶碰撞风险的研究来看,整体上可以分为宏观碰撞风险模型和微观碰撞风险模型两类。宏观模型主要从水路交通系统的角度出发,侧重于研究某一特定水域的整体碰撞风险,其基本思路是利用交通流的思想,利用概率统计方法计算单向航道、双向航道、交叉航道等不同类型水域船舶发生会遇的频率,并预测会遇时避碰失效的概率,将二者相结合估计整个水域发生碰撞事故的频率。丹麦科技大学的 P. T. Pedersen 教授在其著作 *Probability and Mechanics of Ship Collision and Grounding* 中对该主题有非常系统的阐述。微观碰撞风险建模则从船舶会遇过程中的行为特征分析出发,根据船舶之间的相对运动参数,结合船舶驾驶员的主观感受、水文气象环境等影响,对碰撞危险度进行定量表达,风险值往往处于[0,1]区间,风险值越大,碰撞发生的可能性越大。

1.2 碰撞风险评价方法

1.2.1 综合安全评估

目前针对水上交通风险评价有很多较为成熟和常用的方法,国际海事组织于1997年提出一种综合安全评估(formal safety assessment,FSA)方法,作为海事风险评价和控制的标准化文件,并于2002年发布了FSA评价方法的应用指南。FSA分别按照五个步骤进行:(1)风险识别;(2)针对可能存在的风险进行评估,该评估可以是定性的,也可以是定量的,也可以是定性和定量相结合;(3)针对可能存在的风险提出可行的控制措施;(4)对风险控制措施进行成本效益分析;(5)选择合理的风险控制措施,保证将风险维持在可接受范围内。

FSA是一种定性和定量分析相结合的方法,在很多情况下需要将专家的经验知识与客观的历史数据相结合,常用的方法主要有层次分析法(analytic hierarchy process,AHP)、贝叶斯网络、基于证据理论的置信规则方法等。AHP通常和模糊集理论(fuzzy set theory)相结合,是一个将专家知识和历史数据相结合的有效工具,它首先将一个复杂问题分解为若干简单的子问题,然后通过两两比较估计不同因素的重要性,并赋予不同的权重,最后将所有子问题进行综合来评价不同决策的性能。该方法主要用于解决多目标决策(multi criteria decision making,MCDM)问题。

1.2.2 故障树和事件树

(1)故障树

故障树分析是一个自上而下的结构,它将一个不希望发生的事件,即顶部事件,根据逻辑关系逐渐分解为多个可能致因的基本事件,以确定导致顶部故障发生的基本事件集合。故障树可以提供关于顶部故障事件的定性和定量信息。定性信息主要包括导致顶部故障发生的所有路径事件集合、故障的根本原因和薄弱环节等。定量信息则可以根据基本事件的概率组合计算得到顶部事件发生的概率。

故障树的分析过程包括以下八个步骤:(1)定义系统,应充分分析系统与相邻系统(包括人机交互)之间的相互作用,以考虑故障树分析中的所有潜在故障致因;(2)了解子系统和组件之间的功能关系;(3)识别系统的顶部事件,即顶部故障事件或可能影响系统功能的关键故障事件;(4)使用事件和逻辑符号逐步分解和构建故障树;(5)识别所有单个故障,并根据故障树的逻辑关系计算最小割集和最小路径集;(6)如果需要定量分析,则需要根据基本事件计算顶部事件的概率;(7)确定是否需要采取系统改进措施,如有必要,制定降低路径集发生概率的措施;(8)记录分析结果,形成技术报告,以确保所提出的改进措施能够提升系统可靠性,当系统功能发生变化时,需要重新分析。

故障树中不同事件之间的逻辑关系一般用特定的符号表示,常见的事件符号和逻辑符号及其说明如表1-1所示。

表1-1 故障树常用的事件符号和逻辑符号

符号	名称	说明
(与门图形)	与门	如果所有输入事件同时发生,则会发生输出事件
(或门图形)	或门	如果至少发生一个输入事件,则会发生输出事件
(异或门图形)	异或门	如果一个输入事件发生,而不是两个输入事件都发生,则会发生输出事件
(表决门图形)	表决门	如果 n 个输入事件中至少有 m 个发生,则会发生输出事件
(椭圆)	基本事件	基本事件或故障
(菱形)	未开发事件	未确定原因
(矩形)	事件	可以正常发生的事件
(三角形)	转移符号	表示来自其他低阶故障树或要转移到高阶故障树的事件

图1-1所示为一个船舶碰撞风险故障树案例,其中顶部事件是船舶碰撞事故。首先将碰撞事故分解为船舶之间处于碰撞航向(collision course)和避碰失败(failure to avoid collision),以上两个节点必须同时发生才会导致碰撞,因此用与门连接。后者进一步分解为没有探测到目标船舶(fail to find the target)、决策失误(decision making failure)和行动失误(action failure),而这三个事件任何一个发生都会导致避碰失效,因此用或门连接。

按照上述方式不断拆解顶层事件,最终将故障树分解为8个基本事件,从而得到整个故障树结构。根据基本事件及其逻辑关系,即可计算导致顶部碰撞事故发生的最小割集和最小路径集,如果能够进一步得到8个基本事件的发生概率,则可以根据最小割集计算顶部碰撞事故的发生概率,实现定量评价。

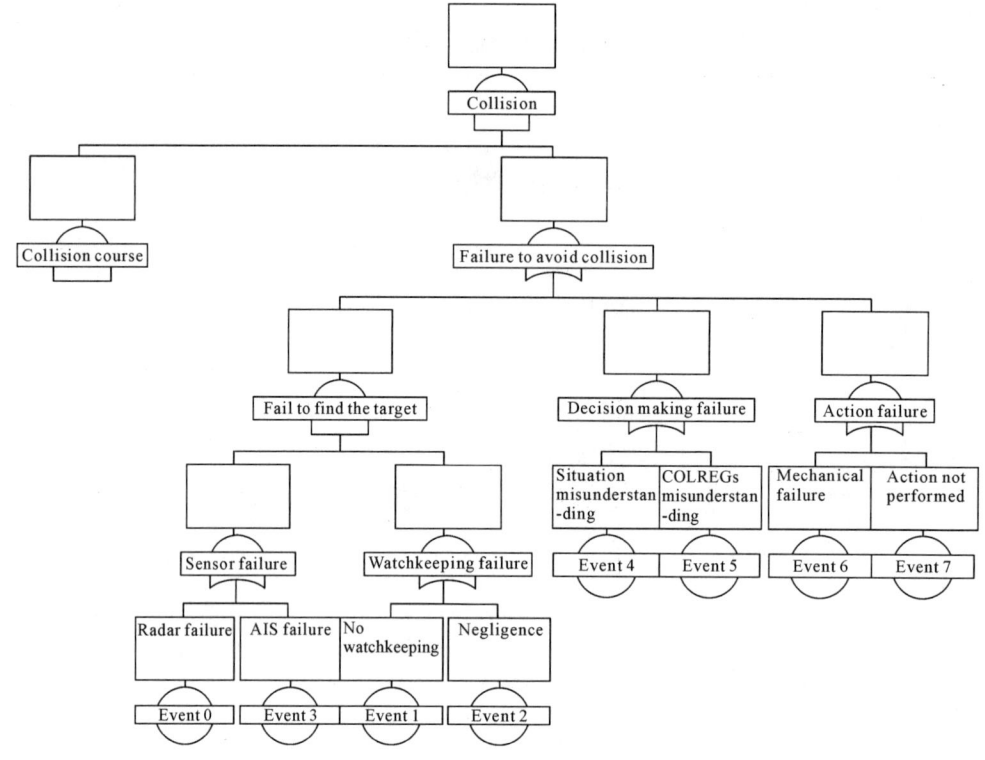

图 1-1　船舶碰撞风险故障树模型

(2) 事件树

与故障树不同,事件树是从最初的触发事件(基本事件)开始,逐渐分析可能的演化路径,直到得出该事件产生的所有可能的后果(可能是发生事故,也可能是成功避免事故)。

事件树的主要特征包括:(1)事件树的每一次扩展都会分裂出两个分支,分别表示事件的成功或失败情况;(2)每一个事件序列都表示事件的可能演化方向,最终会导致事故发生或不发生两种可能;(3)根据每个分支事件的成功或失败概率,可以计算每个事件演化分支的发生概率,从而估计整个事故的发生概率;(4)与故障树类似,事件树可以用于初期的定性分析和后期的更详细的定量分析。

图 1-2 所示是船舶碰撞风险事件树模型。其中 S1~S3 表示避碰成功,F1~F7 则表示避碰失败。由图 1-2 可以得出以下结论:(1)瞭望失败 P1 和探测目标船失败 P2 会导致碰撞的发生 F7。(2)只有在决策 1-P3 和操纵 1-P4 都成功时才能避免碰撞发生 S1、S2、S3。此时,避碰决策整个事件的发展过程就可以用该事件树模型表示,如果每个过程故障概率已知,则可以计算出最终发生碰撞事故的概率,实现定量评价。

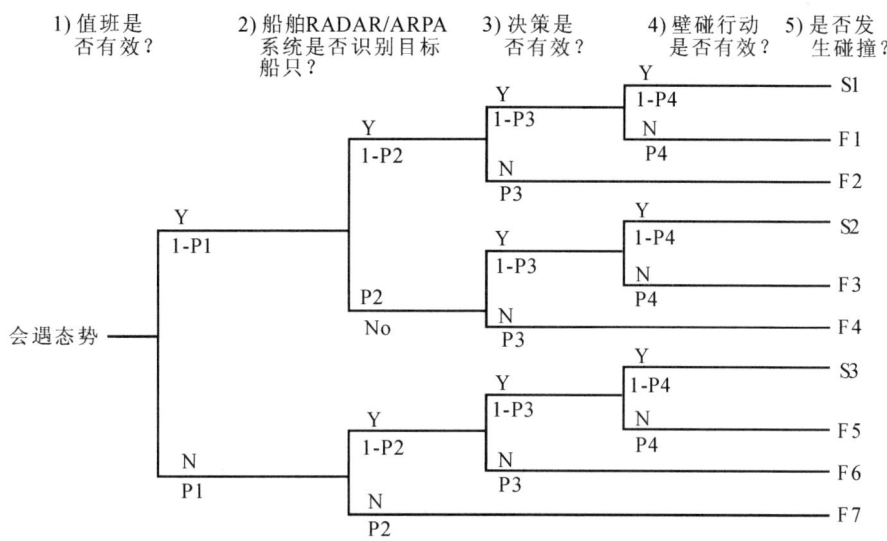

图 1-2 船舶碰撞风险事件树模型

1.2.3 证据理论与置信规则库

(1)证据理论

证据理论也称为 D-S 理论(D-S theory,DST),是由 Dempster 首次提出,后来被 Shafer 修正和进一步扩展所形成的一套较为完整的理论。DST 主要用于解决不确定条件下不同信息源的定性或定量数据的融合问题,实现最优估计。该理论自从被提出后在专家系统、故障诊断、信息融合、风险评价、多属性决策等领域有了广泛的应用。

假设预测目标共有 N 种可能性,表示为 $H=\{H_1,\cdots,H_N\}$。H 通常称为识别框架。利用基本概率密度函数为幂集 2^H 中的所有元素赋值,即 $m:2^H\rightarrow[0,1]$,且满足以下两个条件:

$$\sum_{A\subseteq H}m(A)=1,m(\varnothing)=0 \tag{1-2}$$

式中,A 为集合 H 的任意子集;2^H 为 H 的幂集,即

$$2^H=\{\varnothing,\{H_1\},\cdots,\{H_N\},\{H_1,H_2\},\cdots,\{H_1,H_N\},\cdots,H\} \tag{1-3}$$

$m(A)$ 为一条证据支持集合 A 的程度;$m(H)$ 为对结果一无所知的置信程度。如果 $m(H)>0$,则表示该条证据是不完备的;如果 $m(H)=0$,则该条证据是完备的。

在以上识别框架下,信任函数 Bel 和似然函数 Pl 分别表示为:

$$\text{Bel}(A)=\sum_{B\subseteq A}m(B) \tag{1-4}$$

$$\text{Pl}(A)=\sum_{A\cap B=\varnothing}m(B) \tag{1-5}$$

式中,A 和 B 均为 H 的子集。信任函数表示可以确定 A 为真的置信度,而似然函数则表示无法确定 A 为假的概率,$[\text{Bel}(A),\text{Pl}(A)]$ 为支持证据 A 的下限和上限,二者之间满足以下关系:

$$\mathrm{Pl}(A) = 1 - \mathrm{Bel}(\bar{A}) \tag{1-6}$$

式中，$\bar{A}$ 为 A 的补集。可以看出，$m(A)$、$\mathrm{Bel}(A)$ 和 $\mathrm{Pl}(A)$ 这三个参数之间是一一对应的关系，而且 $\mathrm{Bel}(A)$ 和 $\mathrm{Pl}(A)$ 之间有差别，主要原因是对 A 的置信度不确定造成的。

证据理论的主要作用是将不同信息源获得的证据进行融合处理，获取最优的评价结果。假设信息源之间是相互独立的，可以利用正交和的思想进行证据融合。假设有 K 条证据，那么融合后的结果表示为：

$$m = m_1 \oplus m_2 \oplus \cdots \oplus m_K \tag{1-7}$$

式中，"$\oplus$"为证据合成。假设有两条来自不同信息源的证据 m_1 和 m_2，则二者的融合规则按照下式进行：

$$(m_1 \oplus m_2)(A) = \begin{cases} 0 & A = \varnothing \\ \dfrac{\sum_{B \cap C = A} m_1(B) m_2(C)}{K} & A \neq \varnothing \end{cases} \tag{1-8}$$

其中，$K = 1 - \sum_{B \cap C = \varnothing} m_1(B) m_2(C)$，为归一化常量，也用来度量证据之间的冲突程度。

以下用几个实例说明证据合成的过程。

例 1：假设一个问题的识别框架为 $\Theta = \{A, B, C\}$，且从两个独立的信息源获取的两条证据分别为：

$$m_1(X) = \begin{cases} 0.6 & X = \{A\} \\ 0.4 & X = \Theta \end{cases} \quad X \in P(\Theta) \tag{1-9}$$

$$m_2(X) = \begin{cases} 0.7 & X = \{A, B\} \\ 0.3 & X = \Theta \end{cases} \quad X \in P(\Theta) \tag{1-10}$$

则以上两条证据两两相交的所有可能性如表 1-2 所示。

表 1-2 例 1 证据合成结果

m_2	m_1	
	$\{A\}$	Θ
$\{A, B\}$	$\{A\}: 0.6 \times 0.7 = 0.42$	$\{A, B\}: 0.4 \times 0.7 = 0.28$
Θ	$\{A\}: 0.6 \times 0.3 = 0.18$	$\Theta: 0.4 \times 0.3 = 0.12$

由表 1-2 可知，m_1 和 m_2 的交集中不存在空集，因此 $K = 1$。经过两条证据的合成，所得的结果如下：

$$(m_1 \oplus m_2)(X) = \begin{cases} 0.6 & X = \{A\} \\ 0.28 & X = \{A, B\} \\ 0.12 & X = \Theta \end{cases} \tag{1-11}$$

由式(1-11)可知，通过两条证据的合成，判断结果仍然为一个不确定的概率分布。可以预见，如果获取足够多的证据，最终的评价结果的不确定性会逐步降低，结果也会更加可靠。

例2:假设一个问题的识别框架为 $\Theta=\{A,B,C\}$,且从两个独立的信息源获取的两条证据分别为:

$$m_1(X) = \begin{cases} 0.99 & X=\{A\} \\ 0.01 & X=\{B\} \\ 0 & X=\{C\} \end{cases} \tag{1-12}$$

$$m_2(X) = \begin{cases} 0 & X=\{A\} \\ 0.01 & X=\{B\} \\ 0.99 & X=\{C\} \end{cases} \tag{1-13}$$

按照同样的方式,两条证据两两相交的所有可能性如表1-3所示。

表1-3 例2证据合成结果

m_2	m_1		
	$\{A\}$	$\{B\}$	$\{C\}$
$\{A\}$	$\{A\}:0.99\times 0=0$	$\varnothing:0.01\times 0=0$	$\varnothing:0\times 0=0$
$\{B\}$	$\varnothing:0.99\times 0.01=0.0099$	$\{B\}:0.01\times 0.01=0.0001$	$\varnothing:0\times 0.01=0$
$\{C\}$	$\varnothing:0.99\times 0.99=0.9801$	$\varnothing:0.01\times 0.99=0.0099$	$\{C\}:0\times 0.99=0$

由表1-3可知,m_1和m_2的交集中除了对角线元素外,其余的交集均为空集,因此,$K=1-0.9999=0.0001$。经过两条证据的合成,归一化处理后所得的结果如下:

$$(m_1 \oplus m_2)(X) = \begin{cases} 0 & X=\{A\} \\ 1 & X=\{B\} \\ 0 & X=\{C\} \end{cases} \tag{1-14}$$

由式(1-14)可知,通过两条证据的合成,得到最终结果为$\{B\}$的概率为1,即可以确定最终结果为$\{B\}$。然而在合成之前,两条证据均表明B的可能性都非常小(仅为0.01),因此合成的结果显然是不合理的。这个例子表明,在存在证据冲突的情况下(K值较小),D-S证据合成算法不再适用。

为了克服以上证据冲突造成的合成结果不合理现象,研究人员提出了许多的改进算法。其中一种是为不同证据赋予一定的权重后再进行证据合成。假设两条证据的权重分别为w_1和w_2,且$w_1,w_2 \geq 0$,$w_1+w_2=1$。则改进后的证据合成算法为:

$$[m_1 \oplus m_2](X) = \begin{cases} 0, & X=\varnothing \\ \dfrac{\widetilde{m}_X}{\sum\limits_{X \subseteq \Theta} \widetilde{m}_X}, & X \neq \varnothing \end{cases} \tag{1-15}$$

$$\widetilde{m}(X) = [(1-w_2)m_{X,1} + (1-w_1)m_{X,2}] + \sum_{B \cap C = A} m_{B,1} m_{C,2} \tag{1-16}$$

利用以上改进的证据合成算法重新计算以上例2,所得到的不同权重条件下的证据合成结果如表1-4所示。

表 1-4 改进证据合成算法计算结果

相对权重		$[m_1 \oplus m_2](A)$	$[m_1 \oplus m_2](B)$	$[m_1 \oplus m_2](C)$
$w_1 = 0$	$w_2 = 1$	0	0.01	0.99
$w_1 = 0.2$	$w_2 = 0.8$	0.058	0.01	0.932
$w_1 = 0.4$	$w_2 = 0.6$	0.305	0.01	0.685
$w_1 = 0.5$	$w_2 = 0.5$	0.495	0.01	0.495
$w_1 = 0.6$	$w_2 = 0.4$	0.685	0.01	0.305
$w_1 = 0.8$	$w_2 = 0.2$	0.932	0.01	0.058
$w_1 = 1$	$w_2 = 0$	0.99	0.01	0

由表 1-4 可知,无论两条证据的权重如何变化,结果为 $\{B\}$ 的概率均为 0.01,可见改进算法很好地解决了证据冲突的问题。证据 1 的权重越大,则结果为 $\{A\}$ 的概率越大,反之则结果为 $\{C\}$ 的概率越大,这也与两个证据所支持的内容相一致。当两条证据的权重相等,均为 0.5 时,$[m_1 \oplus m_2](A) = [m_1 \oplus m_2](B) = 0.495$,因此两条证据的权重很大程度上决定了最终的合成结果。

(2) 置信规则库

以上证据合成算法不满足结合律,因此当有多条证据融合时,可以利用证据推理算法进行合成。假设有 L 条证据,每个证据的权重分别为 $w_i(i=1,\cdots,L)$,则每条证据的置信概率分布 (basic probability assignment, BPA) 首先根据各自的权重作如下转化:

$$m'(A) = w_i m(A), \quad A \in 2^H, A \neq H \tag{1-17}$$

$$m'(H) = 1 - \sum_{A \in 2^H} m'(A) \tag{1-18}$$

$$\bar{m}'(H) = 1 - w \tag{1-19}$$

$$\tilde{m}'(H) = w \Big[1 - \sum_{A \in 2^H} m(A) \Big] \tag{1-20}$$

式中,$\sum_{i=1}^{L} w_i = 1$。需要指出的是,$m'(H)$ 由 $\bar{m}'(H)$ 和 $\tilde{m}'(H)$ 组成。$\bar{m}'(H)$ 表示由于证据权重设置所造成的不完备性,$\tilde{m}'(H)$ 则表示证据本身不完备。假设所有的证据都按照这种方式进行转化后,可以用以下公式计算每个子集的概率赋值:

$$M(A) = k \Big\{ \prod_{i=1}^{L} [m'_i(A) + m'_i(H)] - \prod_{i=1}^{L} m'_i(H) \Big\}, \quad A \in 2^H, A \neq H \tag{1-21}$$

$$\tilde{M}(H) = k \Big[\prod_{i=1}^{L} m'_i(H) - \prod_{i=1}^{L} \bar{m}'_i(H) \Big] \tag{1-22}$$

$$\bar{M}(H) = k \Big[\prod_{i=1}^{L} \bar{m}'_i(H) \Big] \tag{1-23}$$

$$k = \Big\{ \sum_{A \in 2^H} \prod_{i=1}^{L} [m'_i(A) + m'_i(H)] - (N-1) \prod_{i=1}^{L} m'_i(H) \Big\}^{-1} \tag{1-24}$$

通过上式计算后,需要进行归一化处理,所得到的每一个子集的概率赋值用以下公式计算:

$$M'(A) = \frac{M(A)}{1-\bar{M}(H)}, \quad A \in 2^H, A \neq H \tag{1-25}$$

$$M'(H) = \frac{\tilde{M}(H)}{1-\bar{M}(H)} \tag{1-26}$$

由以上计算过程可知,如果所有的证据都是完备的,那么 $\tilde{m}'_i(H) = 0, (i=1,\cdots,L)$,即 $m'_i(H) = \bar{m}'_i(H), (i=1,\cdots,L)$。因此 $\tilde{M}(H) = 0, M'(H) = 0$。该结果表明所有完备证据通过融合后,得到的最终结果也是完备的。

1.2.4 贝叶斯网络

贝叶斯网络(bayes belief networks,BBNs)是目前海事风险评价中最为常用的方法之一,它通过条件概率分布表(conditional probability tables,CPTs)建立影响风险的不同因素之间的关系,然后利用贝叶斯理论将跟变量的先验分布和CPTs相融合实现风险评价。CPTs通常需要依赖于专家的问卷调查结果。贝叶斯网络方法的一个缺点是随着变量数量的增加,CPTs的数据量呈指数增长,往往会给网络的构建带来很大的难度。其中一个较为有效的解决办法是当变量之间相互独立时,可以将CPTs分解,并分别进行计算,这样会大大降低CPTs的维度。

假设一个包含变量集合 $U = \{x_1, x_2, \cdots, x_n\}$ 的BBNs网络用 (G, Θ) 表示。其中,Θ 为条件概率分布集合,$\Theta_i \in \Theta$ 为因子 x_i 在给定它的父节点状态下的条件概率密度函数。$G = (V, E)$ 为一个有向无环图(directed acyclic graph,DAG),V 为集合 U 中所有变量之间的一一对应关系;E 则为两个相连变量的方向。在以上定义基础上,BBNs可以根据 G 的结构,利用贝叶斯理论表示 U 的联合概率分布:

$$p_B(x_1, \cdots, x_n) = \prod p(x_i | \prod_{x_i}, \Theta_i) \tag{1-27}$$

式中,$\prod_{x_i}$ 为所有 x_i 的父节点集合。BBNs的这一结构反映出一系列的独立性限制,即任何的概率分布都可以利用这个网络结构表示。例如,方程(1-27)就体现出给定父节点条件下,每个节点都是关于非子节点的因素独立的。

图1-3所示为一个包含两个节点的最简单的BBNs结构,在此结构下,利用贝叶斯理论,可以根据观测的证据进行推导:对于变量 X_1 和 X_2 来说,贝叶斯规则满足以下关系:

$$P(X_1 | X_2) = \frac{P(X_2 | X_1) P(X_1)}{\sum_i (X_2 | X_1 = x_i) P(X_1 = x_i)} \tag{1-28}$$

此时假设观测到变量 X_2 的状态为 x_j,那么可以计算出 X_1 处于不同状态的概率,即:

$$P(X_1 | X_2 = x_j) = \frac{P(X_2 = x_j | X_1) P(X_1)}{\sum_i (X_2 = x_j | X_1 = x_i) P(X_1 = x_i)} \tag{1-29}$$

图 1-3　包含两个节点的 BBN 网络

因此就实现了对 X_1 的预测。

1.3　碰撞风险分析相关软件

海事风险评价软件的开发涉及一些较为常用的理论和方法，如 Bayes 网络、故障树、置信规则库等，目前国内外研究机构针对这些方法已经开发出一系列的相关软件，这些软件在界面、功能等方面具有很好的借鉴意义，因此在设计海事风险评价软件时，需要对这些软件作深入的了解。

1.3.1　Bayes 网络建模软件

Bayes 理论和 Bayes 网络理论是国际海事组织提出的 FSA 中最重要的风险评价方法。Hugin Expert 开发的 Bayes 网络软件是目前海事风险评价中最常用的软件之一，其界面如图 1-4 所示。Hugin Expert 有免费和商用两个版本，免费版可以实现 Bayes 网络结构搭建、条件概率输入、计算、敏感性分析等基本功能，但是对网络的规模有一定的限制。商用版允许的计算规模更大。

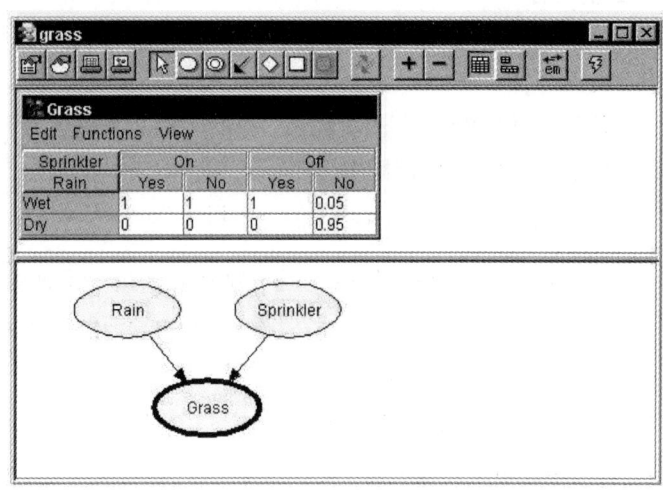

图 1-4　Hugin 软件界面

另外一个 Bayes 网络软件是 Graphical Models Toolkit(GMTK)，由华盛顿大学电器工程学院的 Jeffrey 等人开发。该软件具备结构学习等功能，并且提供了大量的案例供使用者测试。更为重要的是，该软件为 Linux 环境下的开源软件，其源代码可以很好地被移植到海事风险评价软件，从而降低软件开发的工作量。

1.3.2 离散事件仿真软件

Arena 软件是 Rockwell Automation 公司于 2000 年开发的离散事件仿真软件,可以对一切具有随机性的工作流进行过程仿真,并且以动画的方式直观显示工作流的具体进程。该软件在仿真结束后能够自动生成计算结果报告,将仿真中涉及的所有参数以图表的形式自动生成一个完整的文件报告,使用户能够更加详细地了解仿真的每一个参数的细节。

1.3.3 碰撞搁浅风险评价软件

GRACAT 是一款专门针对船舶碰撞和搁浅事故风险评价的软件,由丹麦技术大学的 Hansen 教授团队开发。该软件作为一款专门针对海事风险评价的软件,可以实现事故发生概率和造成后果的评价,评价方法有确定性和随机性两种选择;该软件提供了一种简易的交通流仿真平台,可进行碰撞和搁浅发生概率的计算。GRACAT 软件界面如图 1-5 所示。

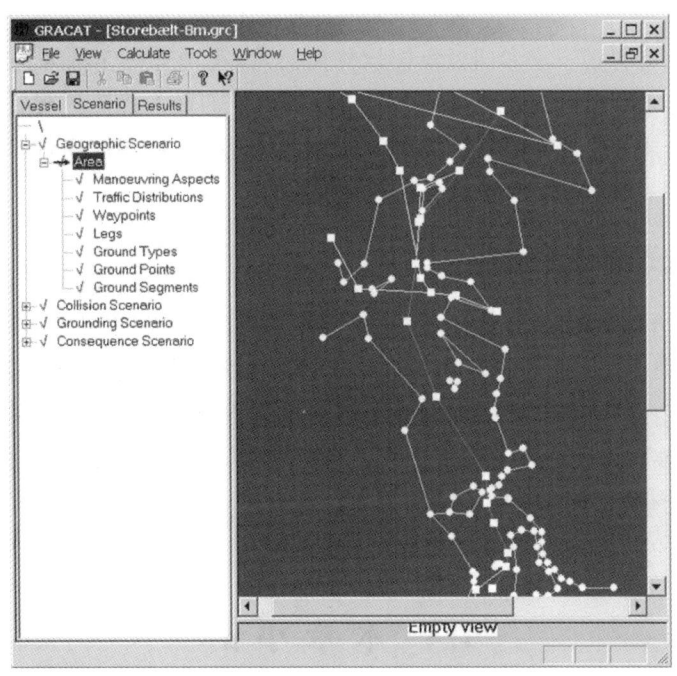

图 1-5 GRACAT 软件界面

1.3.4 故障树软件

FreeFta 是一款永久免费的用于事故树绘制与分析的软件,具有简单易用、功能丰富、算法高效等优点,软件界面如图 1-6 所示。可以计算最小割集、最小路径集、结构重要度、顶层事件概率、概率重要度等,能够满足风险评价的基本需求。但该软件在界面美观性、计算结果输出方面需要作一定程度的改进。

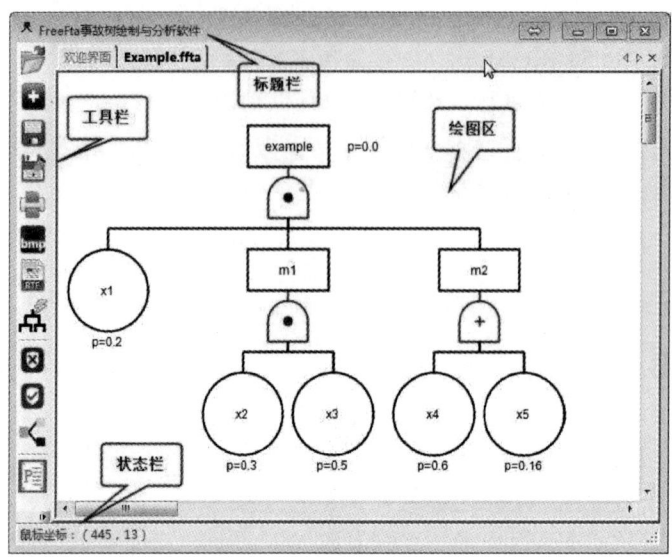

图 1-6 FreeFta 软件界面

SmartDraw 是美国一家专门做绘图软件的公司,其中有一个故障树设计模块,可以根据要求设计出十分美观的故障树图形。SmartDraw 的最大优势体现在绘图功能,产生的图片可以轻松插入其他办公软件,所有图片均为矢量图,清晰度高,而且可以和其他任何图片进行叠加。但是该软件不具备计算功能。

1.3.5 证据推理软件

IDS 软件由曼彻斯特大学 Jianbo Yang 教授等人开发,主要用于解决多准则决策问题,该软件界面如图 1-7 所示。该软件嵌入了证据推理模块,可以建立多层次的决策结构,且可以通过定义一个参考评价准则,实现层次结构中定性和定量数据到参考评价准则的转换,同时该软件还加入了层次分析法计算模块,通过两两比较层次结构中各因素的重要程度,赋予各个影响因素相应的权重。该软件在模糊三角函数的设计、模糊规则库的设计等方面的功能仍然需要一定的扩展。

1.4 本章小结

本章系统介绍了船舶碰撞风险评价常用的理论模型,以及常用的风险定量评价软件,其中综合安全评估是国际海事组织提出的海事风险定性和定量评价的标准化框架,故障树/事件树、贝叶斯网络等方法均是在这个框架下被引入、改进和应用。此外,一些通用或专用软件也被广泛应用于风险评价建模过程,大大拓展了船舶碰撞风险评价的应用范围。

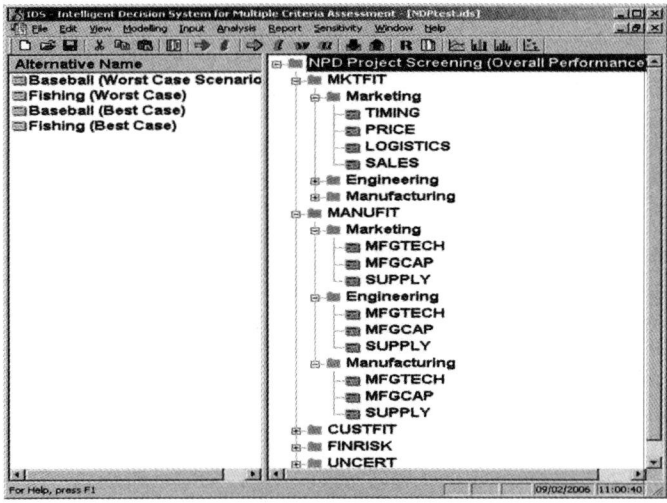

图 1-7　IDS 软件界面

参 考 文 献

[1] ZHANG S M,PEDERSEN P T,VILLAVICENCIO R. Probability and mechanics of ship collision and grounding[M]. La Vergne:Lightning Source inc,2019.

[2] IGLESIAS B,VINAGRE R. Maritime safety standards and the seriousness of shipping accidents [J]. Journal of navigation,2011,64(3):495-520.

[3] KONTOVAS C,PSARAFTIS H. Formal safety assessment:A critical review[J]. Marine technology, 2009,46(1):45-59.

[4] JENSEN F,NIELSEN T. Bayesian networks and decision graphs (second edition)[M]. Berlin: Springer Press,2007.

[5] KARAHALIOS H,YANG Z L,WILLIAMS V,et al. A proposed system of hierarchical scorecards to assess the implementation of maritime regulations[J]. Safety science,2011,49(3):450-462.

[6] OROSA J A,SANTOS R,PEREZ J A. A practical case study of the relationship between work risk prevention and fatigue at work in spanish merchant ships[J]. Human factors and ergonomics in manufacturing & service industries,2011,21(5):484-492.

[7] BILMES J,ZWEIG G. The graphical models toolkit:An open source software system for speech and time-series processing [C]//Orlando: 2002 IEEE International Conference on Acoustics, Speech,and Signal Processing. IEEE,2002,4:IV-3916-IV-3919.

[8] LI K X,YIN J B,BANG H S,et al. Bayesian network with quantitative input for maritime risk analysis[J]. Transportmetrica A:Transport science (SCI & SSCI),2014,10(2):89-118.

[9] TRUCCO P,CAGNO E,RUGGER F,et al. A Bayesian belief network modelling of organisational factors in risk analysis:A case study in maritime transportation[J]. Reliability engineering and system safety,2008,93(6):823-834.

[10] FRIIS-HANSEN P,BO C S. GRACAT:Software for grounding and collision risk analysis[J].

Marine structures,2002,15(4):383-401.

[11] SAATY T L. A scaling method for priorities in hierarchical structures[J]. Journal of mathematical psychology,1977,15(3):234-281.

[12] ALLEN T T. Introduction to ARENA Software. In:Introduction to discrete event simulation and agent-based modeling[M]. London:Springe,2011.

[13] WANG Y F,XIE M,CHIN K S,et al. Accident analysis model based on Bayesian network and evidential reasoning approach[J]. Journal of loss prevention in the process industries, 2013, 26(1):10-21.

[14] YANG J B,WANG Y M,XU D L,et al. The evidential reasoning approach for multiple attribute decision analysis using interval belief degrees[J]. European journal of operational research,2006, 171(1):309-343.

[15] WANG J,PILLAY A,KWON Y S,et al. An analysis of fishing vessel accidents[J]. Accident analysis and prevention,2005,37(6):1019-1024.

[16] YANG J B,LIU J,WANG J,et al. Belief rule-base inference methodology using the evidential reasoning approach-RIMER[J]. IEEE Transactions on Systems, Man, and Cybernetics-part A: Systems and humans,2006,36(2):266-284.

[17] YANG J B,WANG Y M,XU D L,et al. Belief rule-based methodology for mapping consumer preferences and setting product targets[J]. Expert systems with applications, 2012, 39(5): 4749-4759.

[18] ZHANG D,YAN X P,YANG Z L,et al. Incorporation of formal safety assessment and Bayesian network in navigational risk estimation of the Yangtze River[J]. Reliability engineering & system safety,2013,188(10):93-105.

第 2 章 船舶碰撞风险与避碰决策基础知识

2.1 船舶运动坐标系

在船舶碰撞风险建模中,需要构建坐标系用于表示船舶之间的位置关系,进而计算会遇船舶之间的会遇参数。一般情况下,将第一视角下的船舶称为"本船"(如图 2-1 中的 S_O),会遇的他船统称为"目标船"(如图 2-1 中的 S_T)。在航海领域,船舶的航向是以正北方向为 $0°$,沿顺时针方向旋转逐渐增加;目标船与本船的相对舷角(θ_{OT})则是以本船船艏向为 $0°$,沿顺时针方向旋转逐渐增加。

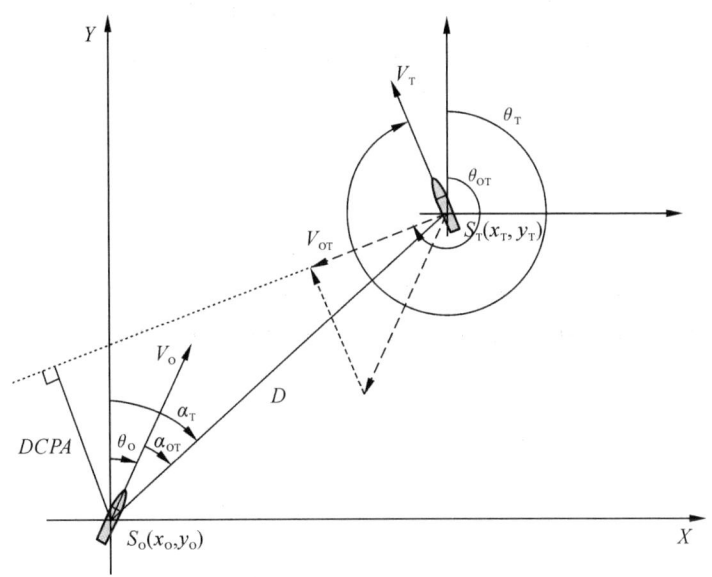

图 2-1　船舶运动坐标系

在图 2-1 所示的坐标系下,用于评估两条船舶之间碰撞风险的关键参数:最近会遇距离(Distance to Closest Point of Approach,DCPA)和最短会遇时间(Time to CPA,TCPA),以及船舶之间的相对距离和相对方位计算公式如下:

$$DCPA = D \times \sin(\theta_{OT} - \alpha_T - \pi) \tag{2-1}$$

$$TCPA = \frac{D \times \cos(\theta_{OT} - \alpha_T - \pi)}{V_{OT}} \tag{2-2}$$

$$D = \sqrt{(x_T - x_O)^2 + (y_T - y_O)^2} \tag{2-3}$$

$$\alpha_{OT} = \alpha_T - \theta_O \pm 2\pi \tag{2-4}$$

其中,(x_O, y_O) 是本船的位置坐标,(x_T, y_T) 是目标船的位置坐标,可以是常规坐标系坐标,也可以是经纬度坐标;θ_{OT}是目标船与本船的相对速度航向;D是本船与目标船之间的相对距离(如果是经纬度坐标,需要经过转换获得两船之间的距离);α_T是目标船相对于本船的真方位;α_{OT}是目标船与本船的相对方位角;V_{OT}是目标船与本船的相对速度。上公式中相关参数的计算如下:

$$\left.\begin{array}{l} V_O^x = V_O \sin\theta_O \\ V_O^y = V_O \cos\theta_O \\ V_T^x = V_T \sin\theta_T \\ V_T^y = V_T \cos\theta_T \end{array}\right\} \quad (2\text{-}5)$$

$$\left.\begin{array}{l} V^x = V_T^x - V_O^x \\ V^y = V_T^y - V_O^y \end{array}\right\} \quad (2\text{-}6)$$

$$\left.\begin{array}{l} x^{OT} = x_T - x_O \\ y_{OT} = y_T - y_O \end{array}\right\} \quad (2\text{-}7)$$

其中,$X_O = [x_O, y_O, V_O, \theta_O]^T$是本船的运动状态参数;$X_T = [x_T, y_T, V_T, \theta_T]^T$是目标船的运动状态参数;$V^x$和$V^y$分别为目标船相对航速在$X$轴和$Y$轴的投影;$x_{OT}$和$y_{OT}$分别为目标船相对位置在$X$轴和$Y$轴的投影,目标船的相对航速计算如下:

$$\begin{aligned} V_{OT} &= \sqrt{(V_{OT}^x)^2 + (V_{OT}^y)^2} \\ &= \sqrt{(V_O^x - V_T^x)^2 + (V_O^y - V_T^y)^2} \\ &= V_O \times \sqrt{1 + \left(\frac{V_T}{V_O}\right)^2 - 2 \times \frac{V_T}{V_O} \times \cos(\theta_O - \theta_T)} \end{aligned} \quad (2\text{-}8)$$

其中,θ_O是本船的船艏向(单位为°);V_O是本船的航速(单位为 kn);θ_T是目标船的船艏向(单位为°);V_T是目标船的航速(单位为 kn)。目标船相对于本船的航向和相对舷角计算如下:

$$\theta_{OT} = \begin{cases} \arctan\dfrac{V^x}{V^y} & V^x \geq 0 \cap V^y \geq 0 \\ \arctan\dfrac{V^x}{V^y} + \pi & V^x < 0 \cap V^y < 0 \\ \arctan\dfrac{V^x}{V^y} + \pi & V^x \geq 0 \cap V^y < 0 \\ \arctan\dfrac{V^x}{V^y} + 2\pi & V^x < 0 \cap V^y \geq 0 \end{cases} \quad (2\text{-}9)$$

$$\alpha_T = \begin{cases} \arctan\dfrac{x_{OT}}{y_{OT}} & x_{OT} \geq 0 \cap y_{OT} \geq 0 \\ \arctan\dfrac{x_{OT}}{y_{OT}} + \pi & x_{OT} < 0 \cap y_{OT} < 0 \\ \arctan\dfrac{x_{OT}}{y_{OT}} + \pi & x_{OT} \geq 0 \cap y_{OT} < 0 \\ \arctan\dfrac{x_{OT}}{y_{OT}} + 2\pi & x_{OT} < 0 \cap y_{OT} \geq 0 \end{cases} \quad (2\text{-}10)$$

2.2 基于历史 AIS 数据的会遇态势提取

2.2.1 AIS 数据预处理和轨迹重建

AIS 数据在时间和空间维度上存在各种类型的误差,为了提高其可用性,从时空、物理和运动特征等方面对 AIS 数据进行清洗、筛选和补全。

2.2.1.1 AIS 数据预处理

AIS 数据预处理主要包括数据分包、错误数据和漂移数据的去除以及数据质量评估,这些步骤主要是根据船舶航行的时空、物理和运动特性来进行划分的。数据分包主要考虑在船舶配对与会遇识别时减少运算时间,分包的时间设为四个小时,前后两个分包有一个小时的重叠。错误数据主要是指数据属性超出了对应的范围,例如航向在范围 $[0°,360°]$ 之外。漂移数据是指个别数据点的信息与前后信息偏离较大,与船舶运动特征不符,如两点间的平均速度在很大程度上发生变化。经过数据处理,可以获得 AIS 原始轨迹点。

2.2.1.2 轨迹重建

由于 AIS 数据之间的时间间隔不固定,轨迹重建是对 AIS 轨迹点的补全。一般来说,完整的轨迹点可以通过插值得到。船舶轨迹信息包括船舶位置(包括经度(lng)和纬度(lat))、速度和 COG。目前,AIS 轨迹的插值方法主要是线性插值。然而,需要诸如速度、COG、$DCPA$ 和 $TCPA$ 等参数来准确识别船舶会遇情况和运动特征。因此采用三次样条插值方法,在数据平滑和去噪方面取得了满意的效果。

在插值之前,分别对 AIS 原始轨迹进行压缩和补全。由于 AIS 点的时间间隔不同,所以存在不同大小的间隔,如图 2-2 中 a 所示。如果在这种情况下直接插补,船速和 COG 可能会发生突变,计算出的运动参数不利于运动分析。为了避免这种情况,轨迹重建方法分为三个步骤,如图 2-2 所示。

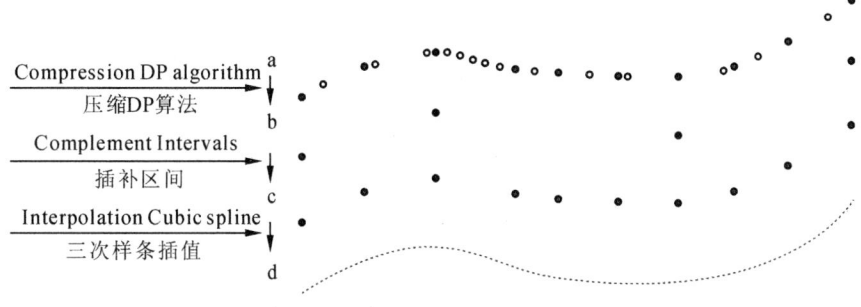

图 2-2 轨迹重建过程示意图

首先,采用 DP 算法对船舶轨迹进行压缩,以识别轨迹形状。DP 算法因其准确性和高效性在船舶轨迹压缩中得到广泛应用。根据海域情况和船舶交通流的特点,轨迹压缩阈值设置为50m。

然后,引入交叉值来保留运动参数。随着压缩后的轨迹点变得稀疏,时间间隔增加,数据中隐藏的相关特征插值后可能会有较大误差,船速相关特征没有保留。所以压缩后要用大时间间隔补点。考虑到船速变化是一个比较缓慢的过程,数据间隔保持在1～2min以内。

最后,与原始轨迹相比,压缩和补全后的轨迹点均匀分布,间隔适中。采用间隔为1s的三次样条插值可以得到平滑的船舶轨迹。船速V(kn)和COG(rad)可计算如下:

$$\begin{bmatrix} \mathrm{d}x \\ \mathrm{d}y \end{bmatrix} = 60 \begin{bmatrix} \cos\varphi_t & 0 \\ 0 & 1 \end{bmatrix} \begin{bmatrix} \lambda_{t+1} & -\lambda_t \\ \varphi_{t+1} & -\varphi_t \end{bmatrix} \quad (2\text{-}11)$$

$$V = \sqrt{\mathrm{d}x^2 + \mathrm{d}y^2} \quad (2\text{-}12)$$

$$COG = \begin{cases} \arccos(\dfrac{\mathrm{d}y}{V}) & \mathrm{d}x \geqslant 0 \\ 2\pi - \arccos(\dfrac{\mathrm{d}y}{V}) & \mathrm{d}x < 0 \end{cases} \quad (2\text{-}13)$$

其中,(λ_t, φ_t)和$(\lambda_{t+1}, \varphi_{t+1})$表示插值后相邻两点的经度和纬度。

2.2.2 船舶会遇识别

船舶会遇是一个动态变化的过程,一个完整的船舶会遇过程的直观表现就是船舶之间的距离由远到近,然后彼此逐渐远离。如果两船会遇并采取避碰行动,通常有两个指标,即时空约束和碰撞风险。

(1)时空约束模型

经过AIS数据预处理和轨迹重建,得到完整的船舶轨迹信息。对于任何船舶S_i,船舶轨迹是$T_i = \{p_1, p_2, \cdots, p_j, \cdots, p_n\}$,而$P_j = \{t_i, lat_{ti}, lon_{ti}, V_{ti}, COG_{ti}\}$。如果两艘船舶相遇,需要在时间上处于同一空间,并持续一段时间,才能完成会遇的过程。时空约束模型如下:

假设一定区域内S_i和S_j的时间戳集合分别为$TS_i = \{t_i, t_{i+1}, t_{i+2}, \cdots, t_{i+k}\}$和$TS_j = \{t_j, t_{j+1}, t_{j+2}, \cdots, t_{j+m}\}$。重叠持续时间定义如下:

$$I = TS_i \cap TS_j \quad (2\text{-}14)$$

$$\Lambda(I) = \begin{cases} 0 & t_i > t_{j+m} \text{ or } t_j > t_{i+k} \\ k & t_i > t_{j+m} \text{ and } t_{j+m} \geqslant t_{i+k} \\ m & t_j \geqslant t_i \text{ and } t_{i+k} \geqslant t_{j+m} \quad \Lambda(I) > N \\ t_{i+k} - t_j & t_j > t_i \text{ and } t_{j+m} \geqslant t_{i+k} \\ t_{j+m} - t_i & t_i > t_j \text{ and } t_{i+k} \geqslant t_{j+m} \end{cases} \quad (2\text{-}15)$$

其中,$\Lambda(\cdot)$表示集合中包含的元素数量;N代表时间要求的最小值。由于TS_i和TS_j中的集合是以1s为步长的连续时间戳,因此持续时间可计算如下:

$$\Lambda(I) = \begin{cases} 0 & t_i > t_{j+m} \text{ or } t_j > t_{i+k} \\ k & t_i > t_{j+m} \text{ and } t_{j+m} \geqslant t_{i+k} \\ m & t_j \geqslant t_i \text{ and } t_{i+k} \geqslant t_{j+m} \\ t_{i+k} - t_j & t_j > t_i \text{ and } t_{j+m} \geqslant t_{i+k} \\ t_{j+m} - t_i & t_i > t_j \text{ and } t_{i+k} \geqslant t_{j+m} \end{cases} \quad (2\text{-}16)$$

考虑到船速较慢,N 设为 3600s(1h)。

(2)碰撞风险模型

船舶只有在有碰撞危险的情况下才采取避让行动。基于包括 $DCPA$ 和 $TCPA$ 的参数,或船舶领域模型,通过计算或预测本船(OS)和目标船(TS)之间的地理关系来确定船舶碰撞风险。当船舶相互接近时,如果距离足够远,则认为没有碰撞危险。在开阔水域中,6n mile 一般被认为是船舶避碰决策的阈值,而公海中的船舶领域被认为是圆形的,这与 $DCPA$ 和 $TCPA$ 的情况相同。

在满足时空约束的基础上,计算船舶的 $DCPA$ 和 $TCPA$,确定碰撞风险。在计算的过程中,需要将经度差 $\Delta\lambda$ (°)和纬度差 $\Delta\varphi$(°)转换为 Δx (n mile)和 Δy (n mile),这是笛卡尔坐标系中的距离,如图 2-3 所示,使用式(2-11)进行近似转换。

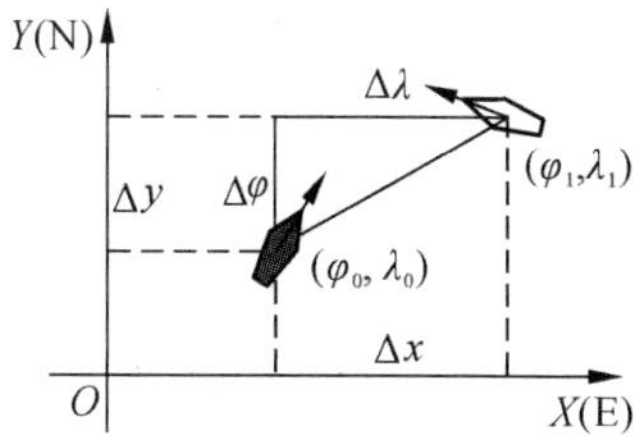

为了描述整个过程,计算距离 $d \leqslant$ 6n mile 之间的距离(d)、$DCPA(d_{cpa})$ 和 $TCPA(t_{cpa})$。碰撞风险模型如下:

图 2-3 坐标转换示意图

$$\left. \begin{array}{r} \min(d_{cpa}) \leqslant 1\text{n mile} \\ t_{cpa} > 0 \\ \min(d) \leqslant 2\text{n mile} \end{array} \right\} \quad (2\text{-}17)$$

2.2.3 船舶避让行为提取

根据船舶避让操作的特点,为了获得准确的航向变化时间和幅度,行为提取算法分为两个阶段:第一阶段用于获得避让时机的大致范围,第二阶段比较周期前后的船舶运动特征,获得精确的避让时机和范围。

(1)船舶避让过程分析

当 $d_{cpa} < s_{da}$ 时,船舶应在适当的时候采取避让行动以保持驶过让清。如图 2-4 所示,避免船舶碰撞可分为以下四个步骤:

第一步:转向阶段。根据避让方案,船舶采取避让行动。

第二步:新航向航行阶段。船舶完成转向后,船舶直线行驶。

第三步:复航。船舶折返行驶,直至原航向或航线。

第四步:继续航行。折返后,船舶继续按原航向或航线航行。

(2)第一阶段避让行为提取

船舶通过转向偏离原航向,转向幅度越大、避让时间越长,偏离距离越大。DP 算法在压缩轨迹时能很好地保持形状。因此,针对转向动作导致偏差的特点,采用 DP 算法对轨迹点进行处理,确定船舶转向点的大致位置。然后,如图 2-4(b)所示,计算每个相邻提取点之间的距离和方位。第一阶段避让行为提取算法基于 DP 算法的船舶避让行为如表 2-1 所示。

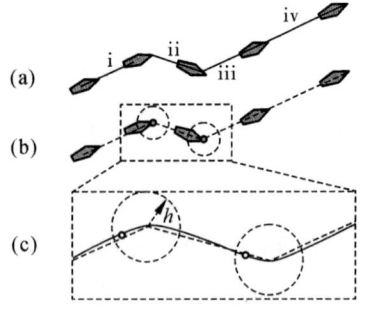

图 2-4 避让动作提取示意图

该算法的输入是预处理和重建的船舶轨迹点集 $T_i=\{p_1,p_2,\cdots,p_j,\cdots,p_n\}$,以及参数偏离 DP 算法所需的阈值 Thr_t,首先对轨迹点进行 DP 算法处理(第 1~15 行),然后根据处理后保留的船位点计算航行距离和方位(第 16~19 行),最后得到第一阶段行为提取结果 $C=\{c_1,c_2,\cdots,c_m\}$,作为输出(第 20 行)。考虑到船舶避让行为的持续时间和以往研究的模拟试验结果,将偏离阈值 Thr_t 设置为 0.054n mile(100m)。

表 2-1 第一阶段避让行为提取

算法:避让行为提取的第一阶段
输入:偏离阈值 Thr_t,$T_i=\{p_1,p_2,\cdots,p_j,\cdots p_n\}$
输出:第一阶段行为提取结果 $C=\{c_1,c_2,\cdots,c_m\}$
1. 选择轨迹的起点和终点到集合 S
2. 对时间戳集合 S 中集合的元素进行排序
3. For $i=1,2,\cdots,s-1$ in S
4. 连线点 S_i 和 S_{i+1}
5. 计算每个点 $P_j(P_j\in T_i\ \&\ P_j\notin S)$ 与其在直线 S_iS_{i+1} 上的投影的距离
6. End for
7. 求最大距离 d_{max}
8. If $d_{max}\geqslant Thr_t$
9. 将 d_{max} 对应的点 P_{max} 加到集合 S 中
10. End if
11. If 集合 S 保持与上一个周期一致
12. 转到第 12 行
13. Else
14. 转到第 2 行
15. End if
16. For $k=1,2,\cdots,s-1$ in S
17. 计算直线 S_kS_{k+1} 的距离 d_k 和方位 b_k
18. 保存 ship 的提取行为,$c_k=\{t_k,lng_k,lat_k,\delta b_k\}$
19. End for
20. 输出 $C=\{c_1,c_2,\cdots,c_m\}$

(3) 第二阶段避让行为提取

第一阶段确保船舶轨迹的形状。但由于惯性大、角速度慢的特点,船舶需要完成一段时间的转向操作后才能逐步转向目标航向。因此,避让点与实际转向点之间存在时间差,需要进一步处理以确定精确的避让行为。

船舶转向操作是通过操舵来实现的。在正常海况下(强风、海浪、台风等恶劣天气除外),虽然由于水文条件的影响,船舶在稳定航行状态下也有角速度,但是船舶转向角速度与稳定航行阶段存在差异,即使用于避碰的转向角较小,在整个转向过程中角速度的方向也是相同的。船舶操纵性有一阶、二阶和 MMG 模型。因此,如果船舶将舵角 δ_0 转到左舷(或右舷),船舶角速度将从一个很小的值连续增加到一个恒定值转到左舷(或右舷)。

为了准确获得避让点,构建了基于船舶操纵性的第二阶段行为提取算法。输入是行为提取第一阶段的结果 $C=\{c_1, c_2, \cdots, c_m\}$,船舶轨迹点集 $T_i=\{p_1, p_2, \cdots, p_j, \cdots, p_n\}$,搜索区域 h,平均 rot 的倍数 m_r,连续增量的数目 n_s,输出为精确的避碰行为 $A_i=\{a_1, a_2, \cdots, a_t\}$。该算法由以下两部分组成:

检查第一阶段行为提取点并更新避让点。如果在第一阶段行为提取点 P_j 的前后有 n_s 个连续的角速度大于整个轨迹平均角速度 r_{ave} 的 m_r 倍,则认为存在一个避碰行为点,该点是连续点的第一个点,否则删除该点(第 1~14 行)。

由于船舶很少在短时间内对同一方向采取多次避碰行动,将距离小于 1n mile 的动作组合,形成最终的行为提取结果 $A_i=\{a_1, a_2, \cdots, a_t\}$ 和输出(第 15~26 行)。考虑到船舶避让行为,h、n_s、m_r 分别设为 5min(300s)、60 和 1.75。基于动态特征的避让行为提取的第二阶段如表 2-2 所示。

表 2-2 基于动态特征的避让行为提取的第二阶段

算法:避让行为提取的第二阶段
输入:第一阶段行为提取结果 $C=\{c_1, c_2, \cdots, c_m\}$, $T_i=\{p_1, p_2, \cdots, p_j, \cdots, p_n\}$,搜索区域 h,平均 rot 的倍数 m_r,连续增量的数目 n_s
输出:最终行为提取结果 $A_i=\{a_1, a_2, \cdots, a_t\}$
1. 计算每一点 p_i 的航向变化率 r_i, $r_i = Cog_{i+1} - Cog_i$
2. 计算所有点的 r_i 绝对值的平均 r_{ave},$r_{ave} = \dfrac{1}{n}\sum_{i=1}^{n} r_i$
3. For $i=2, 3, \cdots, c-1$ in C
4. 计算比较运动特征前后的时间戳间隔 $b_1 = \max(tc_i - h, tp_1)$,$b_2 = \min(tc_i + h, tp_n)$
5. 确定 c_i 处提取行为的方向 e_i,$e_i = \dfrac{b_i - b_{i-1}}{|b_i - b_{i-1}|}$,$-1$ 和 1 分别表示向左转向和向右转向
6. 求 $f = \min\limits_{j} \begin{cases} r_j \cdot e_i > 0 \\ r_j > m_r \cdot r_{ave} \end{cases}$
7. 设置计数变量 $nb=0$,$nb_{max}=0$
8. For $j=f, f+1, \cdots, b_2$ in T_i

续表 2-2

算法：避让行为提取的第二阶段
9. 检查连续增加到行为方向的点数 nb
10. End for
11. If $nb_{\max} < n_s$
12. 从 C 中删除点 i
13. End if
14. End for
15. For $k=1,2,3,\cdots,c-1$ in C
16. 计算直线 $S_k S_{k+1}$ 的距离 d_k 和方位 b_k
17. 保存船舶的提取行为集，$c_k = \{t_k, lng_k, lat_k, d_k, \delta b_k\}$
18. End for
19. For $k=2,3,\cdots,c$ in C
20. 如果 $d_{k-1} < 1$ 且 $\delta b_{k-1} \cdot \delta b_k > 0$
21. 合并提取的 c_{k-1} 和 c_k 点，另存为 $a_t = \{t_{k-1}, lng_{k-1}, lat_{k-1}, d_{k-1}+d_k, \delta b_{k-1}+\delta b_k\}$
22. Else
23. 将 c_{k-1} 加入 A 中
24. End if
25. End for
26. 输出 $A = \{a_1, a_2, \cdots, a_t\}$

2.3 COLREGs

2.3.1 会遇态势划分

《国际海上避碰规则》(COLREGs)用于指导船舶制定避碰决策，但主要针对两船会遇，没有对多船会遇进行详细描述，需要将其划分为多个两两会遇分别判断。

会遇态势划分则是以存在碰撞危险为前提，一般情况下在两船距离≤6n mile 时进行。COLREGs 将会遇态势分为三种：追越、对遇和交叉相遇。根据船舶避让责任及各局面下采取的避让行动，将会遇场景进一步细分为 8 种：对遇、追越、被追越、小角度交叉、大角度交叉、居右交叉、互为左舷和互为右舷。其中，两船互为左舷和互为右舷不能划分到三种局面中，船舶驾驶员可以通过沟通协调做出避碰决策，而对于智能船舶则需要单独考虑。会遇态势示意图及划分见图 2-5 和表 2-3。

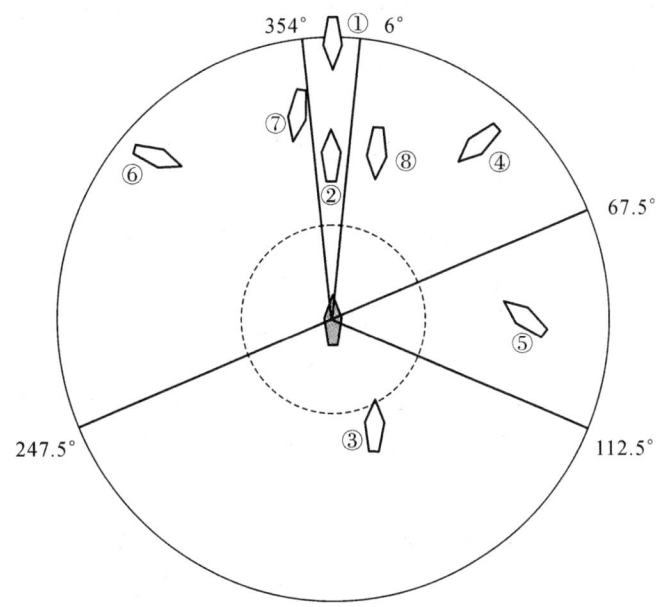

图 2-5 各会遇态势下船舶位置示意图

表 2-3 会遇态势划分

会遇态势		避碰责任	划分范围
对遇	—	负有同等避碰责任	$Q_{ij}, Q_{ji} \in [0°, 6°]$ $\cup [354°, 360°)$
追越	S_i 船追越	让路船	$Q_{ij} \in [112.5°, 247.5°]$ $V_j \cos(c_i - c_j) > V_i$
	S_j 船被追越	直航船	
交叉	S_j 居左小角度	让路船	$Q_{ij} \in [0°, 112.5°]$ $Q_{ji} \in [247.5°, 360°)$
	S_j 居左大角度		
	S_j 居右	直航船	
其他	互为左舷	—	$Q_{ij} \in [247.5°, 360°)$ $Q_{ji} \in [247.5°, 360°)$
	互为右舷	—	$Q_{ij} \in [0°, 112.5°]$ $Q_{ji} \in [0°, 112.5°]$

表 2-3 中，V_i、c_i 和 V_j、c_j 分别为 S_i 和 S_j 速度和船首向；Q_{ij} 为 S_j 相对 S_i 舷角；Q_{ji} 为 S_i 相对 S_j 舷角。

2.3.2 COLREGs 避碰责任

COLREGs 针对让路船的责任要求主要是在第十五和十六条中体现：

第十五条：交叉相遇局面 当两艘机动船交叉相遇致有构成碰撞危险时，有他船在本船右舷的船舶应给他船让路，如当时环境许可，还应避免横越他船的前方。

第十六条：让路船的行动。须给他船让路的船舶，应尽可能及早地采取大幅度的行动，宽裕地让清他船。

2.4 船舶避碰操纵模型

由于船舶惯性大，变向缓慢，需要一定时间才能稳定到特定航向上，船舶操纵性模型是避碰决策研究的前提和基础。选用 Nomoto 方程作为船舶操纵模型：

$$T\frac{\mathrm{d}r}{\mathrm{d}t}+r=k\delta \tag{2-18}$$

其中，k 为船舶旋回性指数；T 为船舶追随性指数；r 为船舶的角速度；δ 为船舶操舵的舵角，$\mathrm{d}r/\mathrm{d}t$ 为角加速度。由式(2-18)可知船舶舵角为 δ_0 时，t 时刻船舶角速度 $r(t)$ 为：

$$r(t)=k\delta_0(1-\mathrm{e}^{-\frac{t}{T}}) \tag{2-19}$$

对式(2-19)积分可得 t 时刻船舶航向 ψ_t：

$$\begin{aligned}\psi(t) &= \psi_0 + \int_0^t k\delta_0(1-\mathrm{e}^{-\frac{t}{T}})\mathrm{d}t \\ &= \psi_0 + k\delta_0(t-T+T\mathrm{e}^{-\frac{t}{T}})\end{aligned} \tag{2-20}$$

由于式(2-19)、式(2-20)仅适用于船舶固定舵角下的船舶角速度和航向计算，提出船舶舵角实时变化近似算法。假设 t 时刻船舶角速度为 $r(t)$、舵角为 $\delta(t)$，可以将式(2-18)近似表示为：

$$T(r(t)-r(t-1))+r(t)=k\delta(t) \tag{2-21}$$

因此 t 时刻船舶角速度 $r(t)$ 近似表示为：

$$\begin{aligned}r(t) &= \frac{k\delta(t)+Tr(t-1)}{T+1} \\ &= r(t-1)+k\delta(t)-r(t-1)/(T+1)\end{aligned} \tag{2-22}$$

利用式(2-22)可以从 $t-1$ 时刻更新到 t 时刻的角速度，从而更新船舶航向。

2.5 本章小结

本章重点对船舶避碰决策研究中涉及的基本知识进行全面介绍，包括船舶运动坐标系构建，基于历史 AIS 数据的船舶避让行为识别与提取，船舶会遇态势的划分原则，COLREGs 的主要条款说明，以及船舶操纵模型。后续章节中涉及相关的基础知识均参考本章内容。

参 考 文 献

[1] 毕修颖. 船舶碰撞危险度及避碰决策模型的研究[D]. 大连:大连海事大学,2000.
[2] 陈天德,黄炎焱,张永亮. 基于碰撞危险度的无陷阱动态航路规划[J]. 系统工程与电子技术,2019, 41(11):2496-2506.
[3] 勾翔宇. 基于动态环境的船舶碰撞危险度模型的研究[D]. 大连:大连海事大学,2019.
[4] 任鹏. 基于船舶碰撞危险度的避碰决策研究[D]. 大连:大连海事大学,2015.
[5] 翁建军. 正横前交叉相遇局面让路船减速时 TCPA 及 DCPA 的变化规律分析[J]. 武汉理工大学学报(交通科学与工程版),2003,27(3):370-372,376.
[6] WAWRUCH R. Comparative analysis of the usefulness of AIS and ARPA for anti-collision purposes and detection of ship manoeuvres[M]. Cham:Springer International Publishing,2019.

第 3 章 船舶领域碰撞风险模型

船舶领域(ship domain)是指船舶为了保障自身航行安全,禁止其他船舶或者障碍物进入的船舶周围一定范围水域。船舶领域的形状和大小受到很多因素的影响,例如水域类型、水文气象状况、交通流密度、船舶操纵性等,不同的学者针对不同的航行场景提出了许多船舶领域模型,不同模型的适用范围存在差异,也有各自的优缺点。本章主要介绍常用的船舶领域模型,包括确定性船舶领域模型和模糊船舶领域模型,对比分析不同模型的适用范围和优缺点。

3.1 Fujii 船舶领域

Fujii 最早于 1970 年借鉴航空交通中通过能力模型,研究水路航道通过能力问题,并最早提出了船舶领域的概念,其基本思路是利用雷达跟踪的船舶轨迹和人工观测方法,计算船舶在不同方位角的最近距离,据此确定船舶领域的边界。研究发现,左右方位上的最近会遇距离没有明显差异,因此将船舶领域设置为以船舶位置为中心的椭圆,椭圆的尺寸主要受船舶长度和速度的影响。研究结果显示,在一般情况下,船舶领域短半轴长度为 $a=3L$,长半轴为 $b=7L$;受限水域船舶领域短半轴长度为 $a=1.6L$,长半轴为 $b=4L$,如图 3-1 所示。椭圆的尺寸可以根据船舶速度适当调整,速度越大,船舶领域越大,反之越小。

Fujii 船舶领域模型很大程度上是基于对现有船舶交通流状况的观测获取的经验数据,没有考虑 COLREGs 的影响,在应用到避碰决策和碰撞风险评价时存在一定的局限。此外,研究中还确定了与水上静态障碍物之间的安全距离如下:

- 与水上铁塔的安全距离:约 $4L$
- 与水上浮标的安全距离:约 $2L$
- 与人工岛的安全距离:约 $5L$

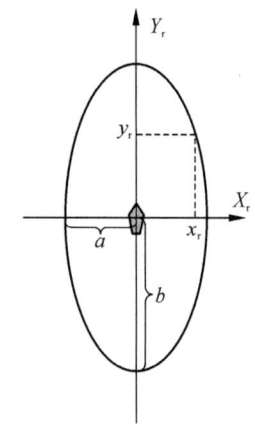

图 3-1 Fujii 船舶领域模型

3.2 Goodwin 船舶领域

Goodwin 船舶领域是在 Fujii 模型的基础上发展起来的,是由以船舶为圆心的三个扇形组合而成,该模型考虑了 COLREGs 中对船舶避碰责任划分带来的影响,认为船舶右舷范围内的扇形区域大于左舷,船尾区域的范围最小。如图 3-2 所示,三个扇形区域的半径分别为 $r_1=0.85\text{n mile}$, $r_2=0.70\text{n mile}$, $r_3=0.45\text{n mile}$,扇形区域分割线分别为舷角 $0°$,$112.5°$ 和 $247.5°$。

Goodwin 模型忽略了船舶尺寸、速度等因素的影响,将所有航行船舶的领域设置为相同尺寸,而且远大于其他类型的船舶领域,这可能降低繁忙水域的交通容量。受到船舶操纵性的差异、船舶避碰优先级的不同等因素影响,大型船舶和小型船舶设置相同尺度的船舶领域与实际情况存在较大差异。

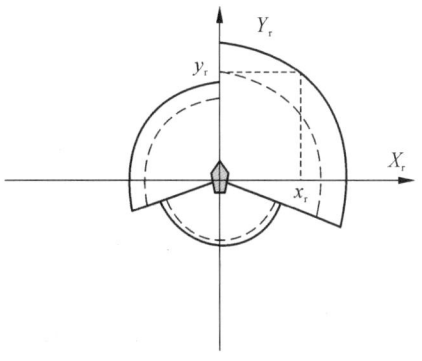

图 3-2 Goodwin 船舶领域模型

此外,在船舶领域半径突变的舷角附近可能会存在观测数据误差,导致判断是否侵入船舶领域存在困难。

3.3 Davis 船舶领域

Davis 船舶领域是在 Goodwin 扇形模型的基础上发展起来的,该模型克服了扇形区域半径突变的问题,将船舶领域设置为圆形区域,同时考虑了 COLREGs,使船舶的位置一定程度地偏离圆心,包括向船尾方向偏移和沿船首方向旋转,如图 3-3 所示。除此之外,还定义了动界(Arena)的概念,即目标船为了避免进入本船船舶领域,需要在进入动界区域前采取避让行动。船舶动界的半径为 $r_a=2.7\text{n mile}$,船舶领域半径为 $d_a=1.7\text{n mile}$;偏离动界中心的距离为 $r_d=1.7\text{n mile}$,偏离船舶领域中心的距离为 $d_d=0.7\text{n mile}$。

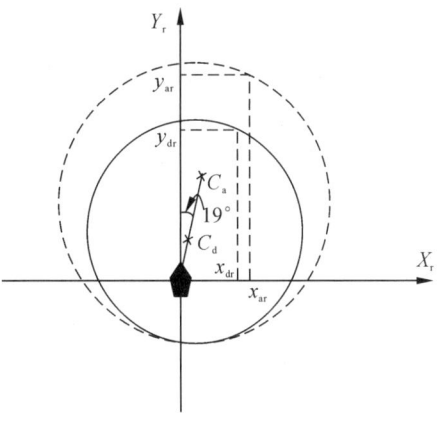

图 3-3 Davis 船舶领域模型

Davis 模型的边界具有连续性的优点,同时考虑了 COLREGs 中船舶避让责任的影响,而且提出的动界对船舶避碰时机的选择具有指导意义。但是该模型很大程度上属于经验模型,应用到具体水域时的有效性需要进一步验证。

3.4 Coldwell 船舶领域

Coldwell 提出了受限水域的船舶领域模型,该模型考虑了船舶的会遇态势,设计的对遇和交叉相遇场景下的船舶领域为船首方向的半个椭圆,而且船舶不再位于椭圆的中心,如图 3-4(a) 所示,$a_1=1.75L$, $a_2=3.25L$, $b=6.1L$;设计的追越局面下的船舶领域为椭圆形,且船舶位于椭圆中心,如图 3-4(b) 所示,$a=1.75L$, $b=6L$。

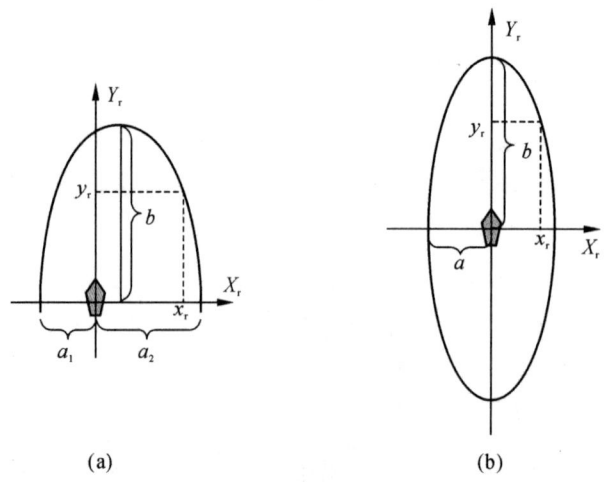

图 3-4 Coldwell 船舶领域模型

(a)对遇局面;(b)追越局面

Coldwell 模型针对不同会遇态势分别构建模型,但是一些处于模糊地带的特殊的会遇态势很难判断是追越还是交叉相遇,在会遇过程中可能会频繁切换两种模型,造成碰撞风险的波动性较大,影响避碰决策的稳定性。

3.5 多边形船舶领域

多边形船舶领域主要由波兰学者 Smierzchalski 和 Pietrzykowski 提出,该类模型将船舶领域简化为由船舶周围一系列点连线组成的多边形,多边形的尺寸通过设计调查问卷,咨询有经验的船舶驾驶员来确定。其中较为典型的为如图 3-5 所示的六边形和八边形船舶领域模型。

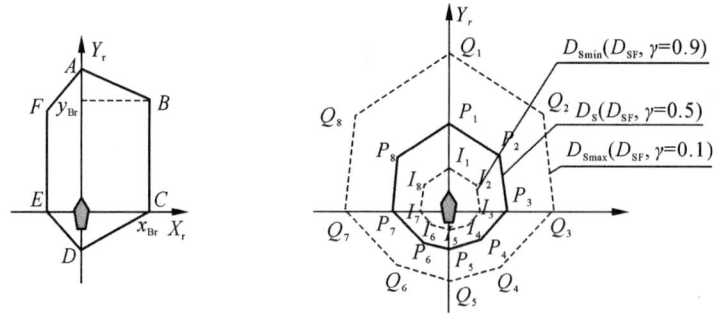

图 3-5 多边形船舶领域模型

(a)Smierzchalski 六边形模型;(b)Pietrzykowski 八边形模型

3.6 四元船舶领域

自 Fujii 和 Goodwin 首次提出这一概念以来,船舶领域已广泛应用于海上交通工程。尽管在过去 30 年中提出了各种船舶领域,但到目前为止还没有系统和灵活的船舶领域模型。而且现有的船舶领域大多以几何方式描述,这很容易理解,但在实际应用中很难实现。为了避免这个问题,王宁等人提出了描述船舶领域模型的统一分析框架,随后提出了四元船舶领域(QSD)。与其他船舶领域不同,他提出的 QSD 更可靠、更灵活,可供导航员用于决策。主要特点:区域大小由包含四个半径的四元数确定,即前、后、左和左舷,这充分考虑了影响船舶领域的因素(即船舶操纵能力、速度和航向等);此外,由于船舶边界不仅可以是线性或非线性的,也可以是薄的或厚的,因此区域形状由另一个参数建模,这使得 QSD 更加灵活。四元船舶领域模型如图 3-6 所示。

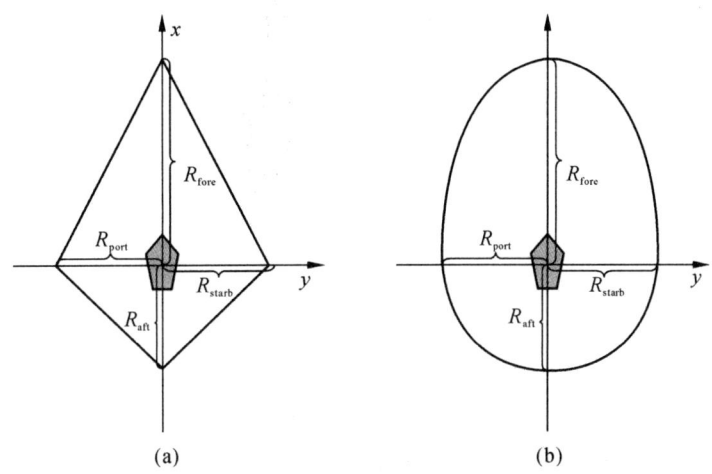

图 3-6 四元船舶领域模型

QSD 边界可以由幂变化的一系列参数化函数来建模,一般 QSD 可定义如下:

$$\text{QSD}k = \{(x,y) \mid fk(x,y;Q) \leqslant 1, Q = \{R_{\text{fore}}, R_{\text{aft}}, R_{\text{starb}}, R_{\text{port}}\}, k \geqslant 1\}$$
$$fk(x,y;Q) = \{2x/[(1+\text{sgn}x)R_{\text{fore}} - (1-\text{sgn}x)R_{\text{aft}}]\}^k + \{2y/[(1+\text{sgn}y)R_{\text{starb}} - (1-\text{sgn}y)R_{\text{port}}]\}^k$$

(3-1)

幂的系数 k 决定了四元船舶领域的形状,而四元参数 Q(即 R_{fore}、R_{aft}、R_{starb}、R_{port})则决定了船舶领域的大小。可以根据实际情况,调整参数 Q 和 k 构建合理的四元船舶领域模型。

3.7 模糊船舶领域

与传统的 0—1 船舶领域不同,模糊船舶领域将周围一定范围水域划分为若干模糊水域,每个水域的碰撞风险设置为 0—1 之间的某一数值,用于表示特定会遇状态的风险,船舶距离越近,碰撞风险越高,反之则越低。如图3-7所示是一个典型的模糊船舶领域模型。在避碰决策中需要设置碰撞风险阈值,而不同的船舶操纵人员对风险的容忍程度也会存在差异,因此避碰结果也会有所不同。

3.8 本章小结

本章系统介绍了船舶领域的研究进展,从最早通过人工观测和雷达观测确定船舶领域,到后续根据COLREGs的约束修正船舶领域的尺寸,再到根据碰撞风险等级确定模糊船舶领域。船舶领域的研究成果是后续避碰决策算法构建的基础,是评价避碰决策结果是否满足航行安全性的主要方法之一,本书后续的避碰决策算法主要以船舶领域模型作为约束条件。

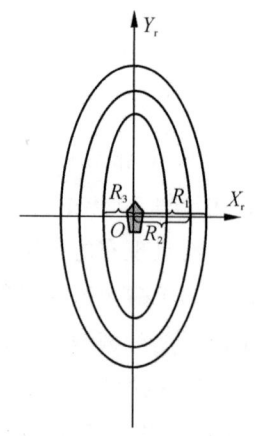

图3-7 模糊船舶领域模型

参考文献

[1] DAI J,WANG D L,LIU K Z. Calculation method of restricted waterway transit capacity harbor based on ship domain model[J]. Journal of Wuhan University of Technology:Transportation science & engineering,2009,33(4):679-283.

[2] LISOWSKI J,RAK A,CZECHOWICZ W. Neural network classifier for ship domain assessment [J]. Mathematics and computers in simulation,2000,51(3):399-406.

[3] MAVRAKIS D,KONTINAKIS N. A queueing model of maritime traffic in Bosporus Straits[J]. Simulation modelling practice and theory,2008,16(3):315-328.

[4] 陈伟炯,蔡存强.船舶碰撞责任的计算机辅助判析技术研究[J].中国航海,2000,23(2):62-69.

[5] 刘敬贤,文元桥.基于船舶行为特征的港口航道通过能力仿真[J].大连海事大学学报:自然科学版,2009,35(2):31-33,37.

[6] 郑中义,吴兆麟.最晚施舵点模型及其应用[J].航海技术,2001,000(002):2-4.

第4章 考虑避碰行为的碰撞风险量化模型

船舶的历史会遇场景中的行为特征、会遇参数的演化规律蕴含了丰富的碰撞风险知识。利用统计分析和数据挖掘方法从大量的会遇场景中提取和分析关键的风险因素,建立针对特定水域、特定船舶的碰撞风险模型,然后将实时会遇场景与历史会遇场景相匹配,实现碰撞风险的实时定量评价,是一种新的研究思路。本章以长江江苏段渡船穿越航道的行为分析为案例,对该模型的建模与分析过程进行详细论述。

4.1 历史会遇碰撞风险建模

4.1.1 建模思路

为分析船舶航行过程中的碰撞风险变化趋势,首先需要识别船舶航行过程中的会遇场景,建立会遇场景库,然后基于历史会遇场景中风险评价指标的统计分析,构建船舶碰撞风险定量评价模型。该模型可以根据船舶航行过程中采集的实时动态数据,更新历史会遇场景数据库,从而更新各个风险影响因子的权重和取值。这种建模思路采用动态碰撞风险建模理念,实现船舶实时碰撞风险评估,量化整个航程的碰撞风险水平。

在提取某一水域内船舶航行过程中的所有会遇场景后,以距离、相对速度、DCPA、TCPA作为碰撞风险评价指标,从会遇场景中获取风险评价指标数据的统计规律。应用熵权法得到各个指标的权重,根据此前历史会遇场景中各个指标的概率分布计算相应风险影响因子,构建船舶碰撞风险评估模型,实现船舶的实时风险评估和航程风险水平量化。

4.1.2 会遇场景提取

在某一特定水域中,船舶航行时会与水域内其他船舶形成会遇态势,构成一定程度的碰撞风险。船舶会遇事件可以定义为两艘或多艘船舶在相对运动时以一定的趋势相互接近,以致具有发生碰撞事故的风险,船舶的会遇事件为研究船舶碰撞风险提供了充足的素材。对于本船来说,一个会遇场景中通常存在多艘与其具有碰撞风险的目标船。

为提取船舶航行时的会遇事件,以每条船舶进出该水域的轨迹为一个完整航程,首先初步筛选可能与其会遇的候选目标船舶。如果一艘目标船航行过程中与本船存在冲突,则本船与该目标船在时空维度内足够接近,从船舶轨迹数据中体现为目标船的轨迹进入了本船周围水域,因此判别依据可表述为:对于其他船舶的轨迹,其时间与本船轨迹存在重合,可表示为:

$$\overline{t_n^O < t_1^T \bigcup t_m^T < t_1^O} \tag{4-1}$$

其中,t_1^O、t_n^O和t_1^T、t_m^T分别为本船和目标船轨迹起点和终点的时间。

并非所有候选目标船与本船之间都存在碰撞风险,需要进一步识别存在碰撞风险的会遇船舶,这里认为 DCPA 和 TCPA 小于一定阈值的会遇事件才存在碰撞风险。

由于本船和目标船轨迹数据的时间存在差异,需要对两个轨迹进行时间同步。以本船轨迹时间为基准,应用插值法对目标船轨迹进行时间对齐。由于在局部水域内目标船轨迹弯曲较小,可应用线性插值进行时间同步,线性插值可表示为:

$$\left. \begin{aligned} x_i^T &= x_j^T + \frac{t_i^O - t_j^T}{t_{j+1}^T - t_j^T}(x_{j+1}^T - x_j^T) \\ y_i^T &= y_j^T + \frac{t_i^O - t_j^T}{t_{j+1}^T - t_j^T}(y_{j+1}^T - y_j^T) \\ c_i^T &= c_j^T + \frac{t_i^O - t_j^T}{t_{j+1}^T - t_j^T}(c_{j+1}^T - c_j^T) \\ v_i^T &= v_j^T + \frac{t_i^O - t_j^T}{t_{j+1}^T - t_j^T}(v_{j+1}^T - v_j^T) \end{aligned} \right\} \tag{4-2}$$

其中 t_i^O 为本船轨迹中第 i 点的时间;t_j^T 为候选目标船轨迹中小于 t_i^O 的最大时间;t_{j+1}^T 为 t_j^T 后一点的时间;x_j^T、y_j^T、c_j^T、v_j^T 和 x_{j+1}^T、y_{j+1}^T、c_{j+1}^T、v_{j+1}^T 分别为插值前候选目标船在 t_j^T 和 t_{j+1}^T 时刻的经度、纬度、航向、航速;x_i^T、y_i^T、c_i^T、v_i^T 分别为插值后 t_i^O 时刻目标船的经度、纬度、航向、航速。至此可获得本船在航行过程中每一时刻附近候选目标船的运动状态,并计算出本船与每一候选目标船的 DCPA 和 TCPA。根据相关研究,并结合水域特点及船舶运动特征,将判断会遇的阈值条件设置为:

$$\left. \begin{aligned} DCPA &\leqslant 150\text{m} \\ TCPA &\leqslant 60\text{s} \end{aligned} \right\} \tag{4-3}$$

在识别出本船通过研究水域时的所有会遇船舶后,可以构建包含本船完整航程轨迹及相应时段内与其存在碰撞风险的多个目标船轨迹的多船会遇场景。从本船角度来看,它的一个会遇场景可表示为:

$$T_{\text{group}}^O = [T_{\text{pair}}^{O_x,T_y} \quad \cdots \quad T_{\text{pair}}^{O_x,T_y}] \tag{4-4}$$

针对流式的 AIS 数据,应用上述方法识别出了船舶每次通过研究水域的会遇事件。随着船舶航行及对于附近船舶信息的采集,持续提取并存储新的会遇场景数据,可以动态更新历史会遇事件数据库,为进一步的分析提供了数据基础。

4.1.3 碰撞风险评价指标

在会遇事件的碰撞风险建模之前,需要确定风险评价的因素集。本船与会遇船舶间的相对运动态势可以反映其碰撞风险及其演化特征,通过对不同会遇场景中船舶相对运动参数变化的统计分析,可以构建基于历史会遇场景特征的评价模型,实现船舶实时碰撞风险的量化。

(1)船舶间距离

船舶之间的距离是判断两船碰撞风险最直观的指标,一般认为距离越小,碰撞风险越大。根据本船和目标船的经纬度数据,可以计算出两船中心坐标的相对距离:

$$D_r = 2R\arcsin\sqrt{\sin^2(\frac{y^T-y^O}{2})+\cos(y^T)\cos(y^O)\sin^2(\frac{x^T-x^O}{2})} \quad (4-5)$$

其中,R 为地球的半径,取值为 6371000 m;x^O、y^O、x^T、y^T 分别为本船和目标船的经度、纬度。

在某一相对狭窄的水域,船舶尺寸是度量两船距离必须考虑的因素,假设 AIS 数据中的位置数据表示船舶中心所在位置,结合船舶几何碰撞直径的定义,可以计算出两船距离相互接触的实际长度,如图 4-1 所示。

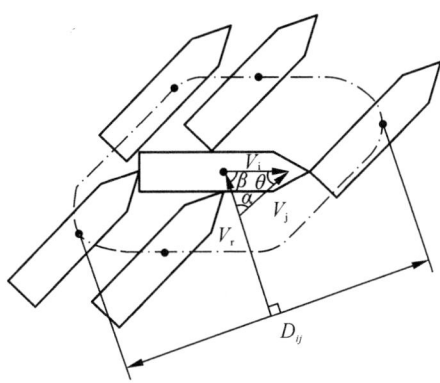

图 4-1 船舶几何碰撞直径

在计算几何碰撞直径的过程中,假设船舶形状近似为一个以船长和船宽为两个边长的矩形,本船和目标船之间的几何碰撞直径可表示为:

$$D_c = \frac{l^O v^T + l^T v^O}{V_r}\sin\theta + w^T\left[1-(\sin\theta\frac{v^O}{V_r})^2\right]^{1/2} + w^O\left[1-(\sin\theta\frac{v^T}{V_r})^2\right]^{1/2} \quad (4-6)$$

因此,本船和目标船之间的实际距离可表示为:

$$D = D_r - \frac{D_c}{2} \quad (4-7)$$

(2)相对速度

相对速度 V_r 也能反映两船之间的碰撞风险水平,一般认为相对速度越大,越难缓解两船逐渐接近的趋势,因此碰撞风险就越大。

(3)DCPA 和 TCPA

DCPA 和 *TCPA* 反映了会遇在空间和时间上的紧迫程度。当 *DCPA* 和 *TCPA* 都较小时,两船将在较短时间内到达距离较小的最近会遇点,说明更迫切地需要采取有效的避碰措施,因此可以认为两船之间的碰撞风险较大。

综合以上分析,可以确定包含距离、相对速度、*DCPA*、*TCPA* 的船舶碰撞风险评价指标集,用于量化船舶航行时的碰撞风险。

4.1.4 确定风险评价指标权重

为确定上述碰撞风险评价指标的权重,可应用客观赋权法中的熵权法。熵权法是来源于信息论的一种方法,熵是指每条消息中包含信息的平均量,消息代表来自分布或数据流中的事件、样本或特征。熵是对不确定性的一种度量,熵越大,包含的信息量越大,则指标的权重越大。可以通过熵值判断某个指标的离散程度,从而确定各个指标的权重。

在利用熵权法确定指标权重时,首先需要确定指标体系和样本集合。确定权重所用的样本来源于提取的船舶历史会遇场景,以所有场景中的全部 n 个点作为样本,统计四个指标的样本值,令 x_{ij} 为第 j 个指标的第 i 个样本值。为消除不同参数量纲的影响,分别对正向指标 D、$DCPA$、$TCPA$ 和负向指标 V_r 进行归一化得到各指标的样本值 y_{ij},对于正向指标的归一化可表示为:

$$y_{ij} = \frac{x_{ij} - \min[x_{1j}, \cdots, x_{nj}]}{\max[x_{1j}, \cdots, x_{nj}] - \min[x_{1j}, \cdots, x_{nj}]} \quad (4\text{-}8)$$

对于负向指标的归一化可表示为:

$$y_{ij} = \frac{\max[x_{1j}, \cdots, x_{nj}] - x_{ij}}{\max[x_{1j}, \cdots, x_{nj}] - \min[x_{1j}, \cdots, x_{nj}]} \quad (4\text{-}9)$$

然后计算第 j 个指标的第 i 个样本的比重:

$$p_{ij} = \frac{y_{ij}}{\sum_{i=1}^{n} y_{ij}} \quad (4\text{-}10)$$

第 j 个指标的熵值可表示为:

$$e_j = -\frac{1}{\ln(n)} \sum_{i=1}^{n} p_{ij} \ln(p_{ij}) \quad (4\text{-}11)$$

信息熵冗余度可表示为:

$$d_j = 1 - e_j \quad (4\text{-}12)$$

第 j 个指标的权重可表示为:

$$w_j = \frac{d_j}{\sum_{j=1}^{4} d_j} \quad (4\text{-}13)$$

重复以上步骤,可以计算出四个指标的权重,权重向量可表示为:

$$w = \begin{bmatrix} w_D \\ w_{V_r} \\ w_{DCPA} \\ w_{TCPA} \end{bmatrix} \quad (4\text{-}14)$$

4.1.5 船舶碰撞风险量化

船舶航行时与其他船舶之间的碰撞风险可由 CRI 来衡量。将 D、V_r、$DCPA$、$TCPA$

作为碰撞风险的风险评价指标后,需要进一步将其映射到最终需要量化的船舶碰撞风险。航行水域中具有类似行为船舶的会遇事件在相同的标准下能够反映船舶的碰撞风险,因此可以根据历史会遇场景参数的概率分布分析船舶碰撞风险。通过对历史会遇场景中各个风险评价指标的统计分析,发现其累积分布情况符合某种理论概率分布,且在取不同时段的历史会遇场景样本时也存在相同的规律,其中20天和40天会遇参数的累积分布如图4-2所示。

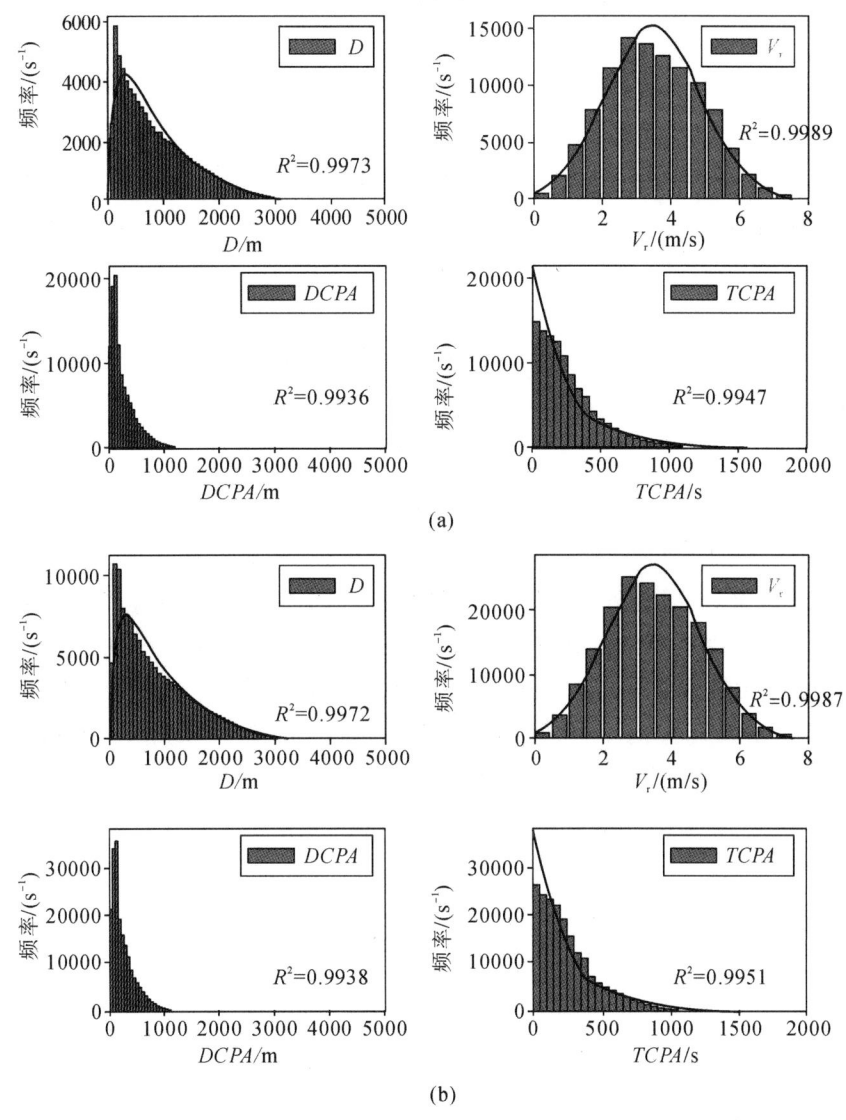

图4-2 风险评价指标累积分布

(a)20天会遇参数累积分布;(b)40天会遇参数累积分布

将风险影响因子(risk influencing factor,RIF)定义为能够反映碰撞风险的指标在统计的历史数据中所处的水平,其值通过相应取值在历史数据理论分布中的累积概率来计算。一个指标的RIF越大,说明从该指标的角度上看,碰撞风险水平已经超过了更大比例的历史会遇场景。根据会遇参数的频率分布特征，V_r 采用正态分布拟合，$DCPA$ 和 $TCPA$ 采用指数分布拟合，D 采用卡方分布拟合。四个风险评价指标的概率密度函数分别可表示为式(4-15)至式(4-18)：

$$f_D(x) = \frac{1}{2^{\frac{k}{2}} \Gamma\left(\frac{k}{2}\right)} x^{\frac{k}{2}-1} \exp\left(-\frac{x}{2}\right) \tag{4-15}$$

$$f_{V_r}(x) = \frac{1}{\sqrt{2\pi}\sigma} \exp\left[-\frac{(x-\mu)^2}{2\sigma^2}\right] \tag{4-16}$$

$$f_{DCPA}(x) = \lambda_1 e^{-\lambda_1 x} \tag{4-17}$$

$$f_{TCPA}(x) = \lambda_2 e^{-\lambda_2 x} \tag{4-18}$$

其中，$\Gamma\left(\frac{k}{2}\right)$ 为伽马函数；k、μ、σ、λ_1、λ_2 分别为通过概率拟合得到的参数。根据一艘船舶 40 天会遇参数的拟合结果，四个指标的拟合函数可分别表示为：

$$\begin{aligned} f_D(x) = & \frac{1}{2^{2.6156/2} \Gamma(2.6156/2)} \times \left(\frac{x+5.1109}{334.2039}\right)^{2.6156/2-1} \times \\ & \exp\left[-\left(\frac{x+5.1109}{334.2039}\right)/2\right] \end{aligned} \tag{4-19}$$

$$f_{V_r}(x) = \frac{1}{\sqrt{2\pi} \times 1.4449} \exp\left[-\frac{(x-3.6480)^2}{2 \times 1.4449^2}\right] \tag{4-20}$$

$$f_{DCPA}(x) = 0.0021 \times e^{-0.0021x} \tag{4-21}$$

$$f_{TCPA}(x) = 0.0044 \times e^{-0.0044x} \tag{4-22}$$

根据拟合效果计算，四个指标的决定系数 R^2 均接近于 1，说明拟合效果良好，因此可以通过拟合的概率密度函数来计算风险影响因子。对于 V_r 来说，RIF 的值随着 V_r 的增大而增大，可通过累积分布函数来反映碰撞风险水平。相反，对于 $DCPA$、$TCPA$、D，RIF 随着其值的减小而减小，可通过互补累积分布来计算 RIF，如图 4-3 所示。

四个指标 RIF 的计算公式可表示为式(4-23)：

$$\left. \begin{aligned} RIF_D &= 1 - \int_0^D f_D(x) \mathrm{d}x \\ RIF_{V_r} &= \int_0^{V_r} f_{V_r}(x) \mathrm{d}x \\ RIF_{DCPA} &= 1 - \int_0^{DCPA} f_{DCPA}(x) \mathrm{d}x \\ RIF_{TCPA} &= 1 - \int_0^{TCPA} f_{TCPA}(x) \mathrm{d}x \end{aligned} \right\} \tag{4-23}$$

将某一时刻本船与一条目标船的风险影响因子矩阵表示为：

$$\boldsymbol{f} = \begin{bmatrix} RIF_D & RIF_{V_r} & RIF_{DCPA} & RIF_{TCPA} \end{bmatrix} \tag{4-24}$$

在分析船舶会遇场景并对其碰撞风险进行评估时，需要考虑本船和目标船的会遇态势，判断两条船舶是逐渐远离还是接近，在会遇的不同阶段各个指标对于风险的反映效果也会发生变化。当两船逐渐接近时，若 $DCPA$ 和 $TCPA$ 较小，两船在保持当前运动状

第 4 章 考虑避碰行为的碰撞风险量化模型

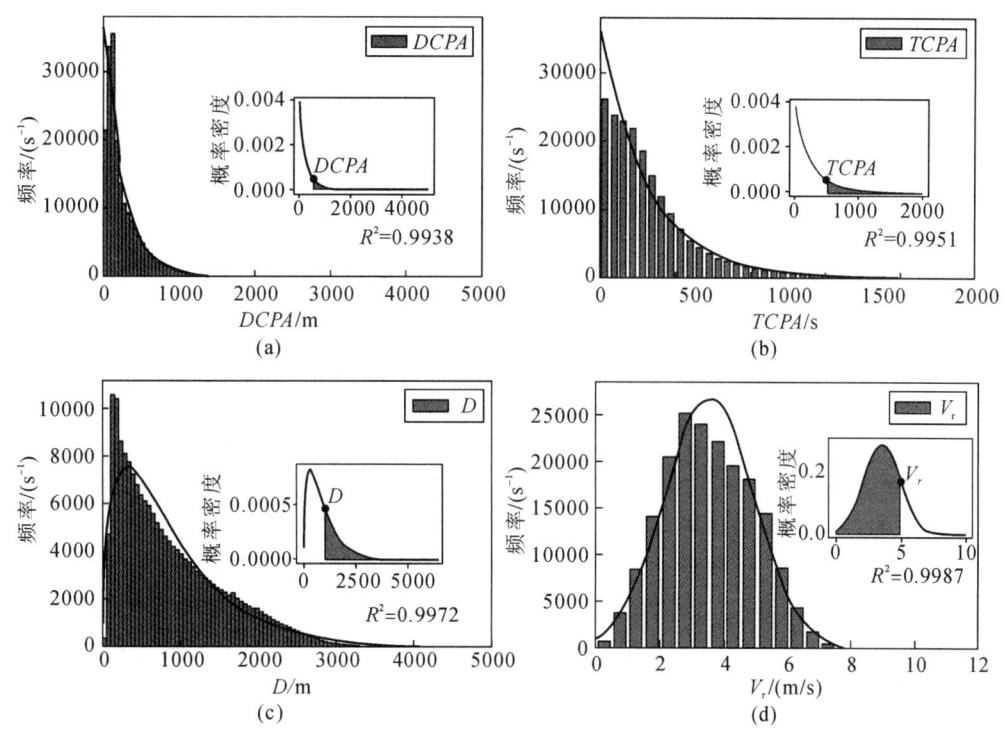

图 4-3 风险影响因子计算示意

(a)DCPA;(b)TCPA;(c)距离;(d)相对速度

态的条件下,在较短时间内会达到最近距离。在此过程中,距离并不是反映风险的最显著的指标,DCPA 和 TCPA 更能反映潜在的风险。当两船相互远离时,TCPA<0,说明本船已经通过了最近会遇点,此时本船的碰撞风险会逐渐降低,即使此时 DCPA 较小,也认为碰撞风险较低。因此,在本船通过最近会遇点后,DCPA 和 TCPA 反映本船碰撞风险状态的能力减弱,此时需要更多关注的是本船继续航行时是否与目标船之间保持安全距离,需要降低 DCPA 和 TCPA 在风险评估模型中的权重。

基于上述分析,在根据权重和风险影响因子计算某一时刻本船与目标船之间的碰撞风险时,可以分为两种情况。当 $TCPA>0$ 时,根据熵权法得到各个指标的权重。当 $TCPA<0$ 时,仅考虑距离的权重。

考虑到在整个航程中本船与各目标船的会遇情况,在 t_i 时刻,本船 O_x 和目标船 T_y 的碰撞风险可表示为:

$$CRI_{pairi}^{O_x,T_y} = fw = RIF_D \cdot w_D + RIF_{V_r} \cdot w_{V_r} + RIF_{DCPA} \cdot w_{DCPA} + RIF_{TCPA} \cdot w_{TCPA}$$

(4-25)

与本船会遇的目标船通常不止一艘,当分析本船在整个航程中的碰撞风险时,需要考虑与所有目标船间的会遇情况,此时 CRI 可以表示为:

$$CRI_{pairi}^{O_x} = [CRI_{pairi}^{O_x,T_y} \quad \cdots \quad CRI_{pairi}^{O_x,T_z}]$$

(4-26)

本船在某一时刻的碰撞风险通常由关键会遇船舶决定,即对本船安全威胁最大的船舶,此时本船与所有会遇船舶之间的整体 CRI 不会低于与其中一艘会遇船舶之间的 CRI。因此将风险值最高的作为关键会遇船舶,将最高风险值作为本船该时刻的碰撞风险:

$$CRI_{\text{group}i}^{O} = \max(CRI_{\text{pair}i}^{O}) \tag{4-27}$$

在船舶完成一个航程后,便可得知在航程中的风险变化趋势,可表示为:

$$CRI_{\text{group}}^{O} = \begin{bmatrix} CRI_{\text{group}1}^{O} \\ \vdots \\ CRI_{\text{group}n}^{O} \end{bmatrix} \tag{4-28}$$

本模型还可实现船舶在某一水域内航程风险的量化,即船舶在整个航程中的平均碰撞风险可表示为:

$$CRI_{\text{voyage}}^{O} = \frac{\sum_{t_1}^{t_n} CRI_{\text{group}}^{O} \, dt}{t_n - t_1} \tag{4-29}$$

4.2 船舶碰撞风险算子

4.2.1 建模方法

由于在开阔水域,海上航行范围约束较小,交通状况较为复杂,绝大多数的研究主要侧重于建立一艘或一对相遇船舶的微观模型,对航行水域的宏观把握不准确,容易造成操作失误等情况。在开阔水域的航行风险分析虽已取得很多重大进展,但很多研究仍存在局限性,尤其是对繁忙海域内多船碰撞风险的分析建模。对研究水域航运交通状况的宏观了解,有利于船舶安全航行路径规划和高风险水域规避措施的实施。

针对开阔水域多艘船舶相遇过程的交通风险,提出船舶碰撞风险算子(vessel collision risk operator, VCRO)模型,以风险严重度的三个量化标准为出发点定性分析风险影响因素。由 AIS 提供的航行大数据可以支持开阔水域交通风险建模,构建船舶区域碰撞风险算子(regional vessel collision risk operator, RVCRO),随后可以实现目标区域内的交通风险状况的建模评估,如图 4-4 所示。

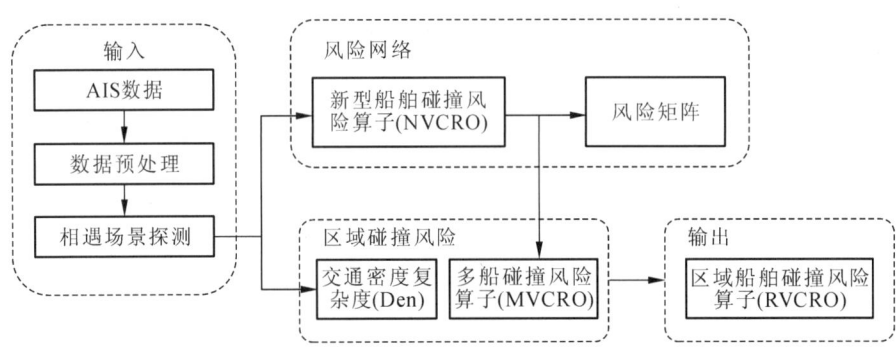

图 4-4 区域船舶碰撞风险评估模型

船舶区域碰撞风险评估模型主要包括四个模块：

(1)船舶轨迹数据处理。AIS提供的航运大数据经过数据填补、时空对齐、插值等一系列预处理后，基于风险评估的原则，以船舶会遇过程的数据作为整个风险模型的输入。一般将船舶间逐渐远离的场景视为安全，而主要研究则集中于两船逐渐靠近的会遇情景。

(2)碰撞风险矩阵构建。根据所提供的船舶相遇过程的大数据，包括位置、速度、航向等标准，量化风险影响因素，建立NVCRO模型。基于NVCRO模型，为6n mile区域内每艘船舶建立碰撞风险矩阵。利用风险矩阵，搭建区域风险网络，宏观展示各船舶间的碰撞风险。

(3)引入Den用于描述目标区域6n mile内的船舶密度分布状况的MVCRO模型，评估两艘及两艘以上船舶的碰撞风险。

(4)由Den和MVCRO组成的RVCRO预测6n mile区域内的船舶碰撞风险，宏观地表现目标区域内的航行风险状况。

基于船舶碰撞风险算子，实现船舶碰撞风险评估的流程可以表示为：

(1)根据AIS数据的处理，将碰撞风险和碰撞可能产生的后果结合，建立新型船舶碰撞风险算子(new vessel collision risk operator, NVCRO)，该算子用于评估船和船之间的碰撞风险。

(2)建立碰撞风险网络，所提供的碰撞风险算子作为风险矩阵中的元素，辅助目标船舶了解与周围船舶的碰撞风险。

(3)为评估目标区域内船舶的交通密度分布状况，引入交通密度复杂度(density complexity, Den)。针对目标区域内存在多艘船舶航行的情况，提出多船碰撞风险算子(multi-vessel collision risk operator, MVCRO)和船舶区域碰撞风险算子(RVCRO)，用来评估目标区域内的船舶交通状况。

(4)利用提出的风险评估算法，对两个目标区域船舶进行风险量化分析，并通过区域航运风险分类，可以标识出高风险热点区域，获得整个海域的风险分布状况。

4.2.2 区域船舶碰撞风险的因素组成

NVCRO模型对于碰撞风险矩阵和网络的建立具有重要的意义，它在一定程度上反映了船和船发生碰撞风险的可能性和严重性。最初，使用VCRO模型来估计两艘船舶的碰撞风险。通过引入船舶领域和MDTC(minimum distance to collision)影响因子(minimum distance to collision influencing factor, C_{MDTC})的概念，可以对VCRO进一步改进。其中，MDTC为度量相对航向角对碰撞严重度的影响，在考虑一对相遇船舶的安全域和可能发生碰撞的位置后，提出了NVCRO模型，考虑的因素组成如图4-5所示，包括相对速度、安全距离、相对航向、C_{MDTC}、船体可能碰撞位置、安全域等。

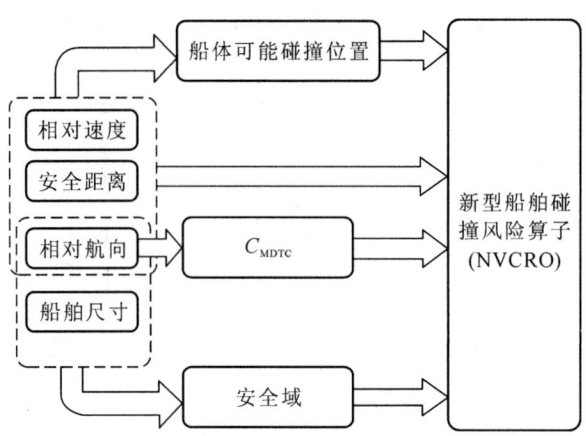

图 4-5　船舶碰撞风险因素集合

(1) 安全距离。船舶间的安全距离定义为一对相遇船舶的安全域边界间的距离。安全域通常与船体的大小成正比,定义为以一艘船舶为中心的周围区域,该区域用于提示目标船舶与其他船舶保持距离以避免碰撞。对于船舶安全域的设计不仅需要考虑其船体大小和形状,还需要考虑其用途和定义上的差异,主要包括椭圆、圆形和多边形。根据实际的研究调查以及船体的形状,采用椭圆船舶领域,如图 4-6 所示。

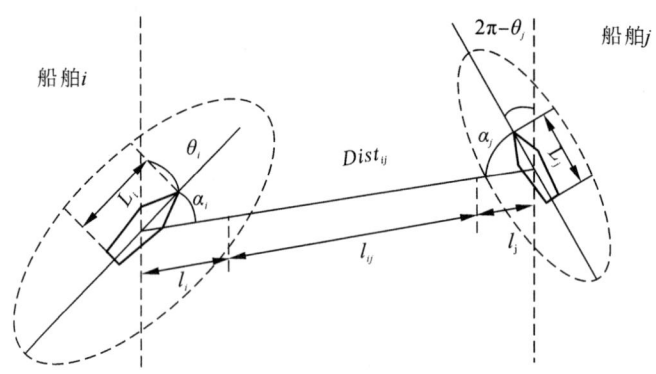

图 4-6　船舶安全距离和安全域的设计

根据船舶 i 和船舶 j 的椭圆安全域,相遇船 i 和船 j 间的安全距离 l_{ij} 可表示为:

$$\alpha_i = \arccos\left[\frac{y_j - y_i}{\sqrt{(x_j - x_i)^2 + (y_j - y_i)^2}}\right] - \theta_i \quad (4\text{-}30)$$

$$\alpha_j = \pi - \alpha_i - \theta_i \quad (4\text{-}31)$$

$$l_i = \sqrt{\frac{1 + \tan^2\alpha_i}{\frac{1}{(1.6L_i)^2} + \frac{\tan^2\alpha_i}{(4L_i)^2}}} \quad (4\text{-}32)$$

$$l_{ij} = Dist_{ij} - l_i - l_j \quad (4\text{-}33)$$

其中,$Dist_{ij}$ 为船 i 和船 j 的相对距离,相对距离定义为船 i 的纬度和经度坐标 (x_i, y_i) 和船 j 的纬度和经度坐标 (x_j, y_j) 之间的距离;α_i 为船 i 与 $Dist_{ij}$ 的夹角;θ_i 是船 i 的航向与经度之间的夹角;L_i和L_j分别为船i和船j的长度;l_i为船i到其安全域边界的距离。

(2)相对速度。相对速度表现为相遇过程中距离的变化率,速率的大小影响碰撞风险大小。

(3)相对航向。在实际航行中,两艘相遇船舶的相对航向表示为船头航行的相对方向。通过正负航向角表示船舶间处于相遇还是远离状态,其中,(+ve)和(−ve)分别表示相遇和远离。引入MDTC的概念,即船舶在不同会遇角度下同时采用最有效的转向操作刚好能够避免发生碰撞的最小安全距离。通过拟合MDTC在不同航向角下的数值,定义C_{MDTC}来描述船舶在不同航向角下碰撞风险的严重度。基于傅里叶级数展开的数据拟合曲线表示为:

$$C_{MDTC} \sim \sum_{k=1}^{n} m_k \sin(k \cdot \theta_{ij}) \qquad (4-34)$$

式中,n为傅里叶级数的阶数;θ_{ij}为相对航向;m_k为傅里叶级数的系数。

式(4-34)中θ_{ij}的角度在$(-N\pi,0)$范围意味着船舶间处于远离状态,若为正则表示船舶彼此接近。

(4)船舶尺寸。在实际航行中,船舶的长度和宽度可以从AIS数据中获得。根据船舶的尺寸可以大致推断与碰撞后果相关的船舶重量。

(5)基于区间分析的可能相对碰撞位置。根据区间分析,目标船舶的碰撞类型如图4-7所示,分为五种:船头对碰、首尾相碰、后侧碰、前侧碰和正碰。其中,相对碰撞的位置表示为空心船舶(目标船舶)受到的碰撞,虚线为船舶的安全域。引入安全域代替实际船体的碰撞位置,通过数据分析和处理,能有效避免碰撞。在分析船体不同受碰位置的损伤严重度基础上,进一步扩展,详细分析船体在危险接近情况下,可能受到碰撞的位置以及碰撞的严重度。为反映船体碰撞的严重度,引入"船体毁坏严重度",作为碰撞风险分析的重要组成部分。

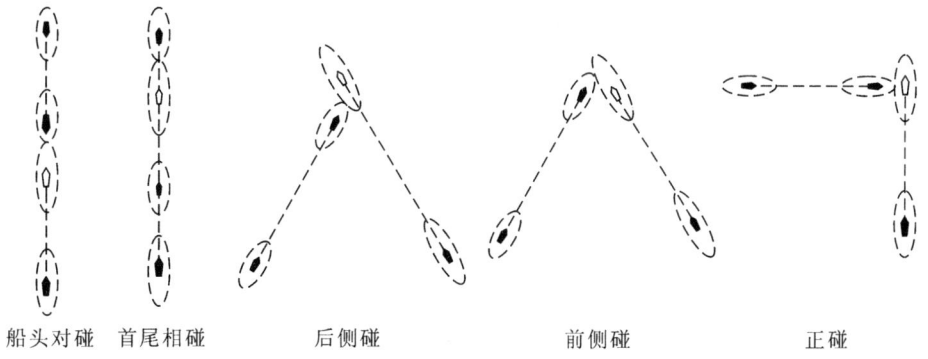

船头对碰　　首尾相碰　　　后侧碰　　　　前侧碰　　　　正碰

图 4-7 五种类型的碰撞以及目标船舶的可能相对碰撞位置

碰撞的可能后果在风险评估中起着重要作用。在考虑船体可能受碰的情况下,建立船体不同受碰位置的毁坏严重度与风险严重度间的关系,即NVCRO与船体毁坏严重度间的映射关系。对于会遇的船舶i和j,假设船体长度比σ_{ij}为固定值,船体毁坏严重度取决于船体可能发生碰撞的位置,可表示为:

$$NVCRO_{j\to i} \sim f[R_i(S_i,\theta_{ij},\sigma_{ij})] \tag{4-35}$$

由于安全域大小以及可能发生碰撞的船体位置不同,每艘船舶相对于另一艘船舶而言具有不同的碰撞风险,即 NVCRO 值不同。

4.2.3 NVCRO 建模

用于描述 NVCRO 特征的数学模型建立在对风险定性和定量分析的基础上,根据 VCRO 的分析,船舶之间距离大于 6n mile 一般被认为处于安全航行状态。在 6n mile 附近,预期的碰撞风险较小。NVCRO 的数学模型如下:

$$NVCRO_{j\to i} = R \cdot \frac{|v_{ij}|}{Dist_{ij}-l_i-l_j} \cdot \frac{R_i(S_i,\theta_{ij},\sigma_{ij})}{L_i} \cdot \sum_{-\infty}^{+\infty} m_k \cdot \sin(k\cdot\theta_{ij}) \tag{4-36}$$

其中,R 是 NVCRO 模型的系数;$|v_{ij}|$ 是船 i 和船 j 相对速度的标量值;S_i 表示船舶可能发生碰撞的位置。如果 $NVCRO<0$,则两艘船舶分离,在开阔海域内公认为是安全航行,可将这种情况的风险值标记为 0。此外,船舶 i 和 j 的船位到安全域边界的距离分别为 l_i 和 l_j,$Dist_{ij}$ 为船舶之间的相对距离。

为了宏观体现目标区域范围内各船舶的航行风险,基于 NVCRO 模型,定义了目标船舶 i_m 与周围船舶的碰撞风险。

$$i_m = (NVCRO_{i_{m+1}\to i_m} \quad \cdots \quad NVCRO_{i_{m-1}\to i_m}) \tag{4-37}$$

该公式反映了在观测水域内本船与周围船舶的碰撞风险,有助于本船做出实时航行决策,更好地规避风险。

4.2.4 区域风险网络

基于风险矩阵,引入区域风险网络反映所有船舶的航行风险状况。作为 MVCRO 的重要组成,辅助多艘船舶在开阔海域内的航运安全。此风险网络将船舶作为分析节点,每个节点由水上移动通信业务标识码(maritime mobile service identify, MMSI)标记。船舶间的碰撞风险值反映在风险矩阵中,通过碰撞风险的严重度来计算船舶间的"风险连接强度",即如果存在碰撞风险则建立船与船的连接。此风险网络的构成有以下四个部分:(1)将每条船舶看作图中的一个节点;(2)碰撞风险矩阵;(3)节点之间的连接,由碰撞风险的严重度决定;(4)节点与节点间的连接方向,连接方向由一对船舶中具有较小碰撞风险(NVCRO)的船舶指向具有较大碰撞风险的船舶。船与船之间的距离在 6n mile 左右被认为安全航行,其碰撞风险值在较低时定义为 5。

$$NVCRO_{i_m,i_k} = \sqrt{\frac{NVCRO_{i_m\to i_k}^2 + NVCRO_{i_k\to i_m}^2}{2}} \tag{4-38}$$

该风险网络显示了船舶的航行状况,尤其是碰撞风险的严重性。利用均方根计算 $NVCRO$,若数值较高则表示有较高的可能性发生碰撞。此外,网络中的节点间的方向由碰撞风险值确定,从较小数值指向较大数值。对船舶间的风险进行定性和定量分析后,在目标区域内,具有较高 $NVCRO$ 的航行场景可以用来提高双方船员的安全意识。

建立区域风险网络主要分为三个步骤：首先将用于 MMSI 标记的船舶作为区域风险网络的节点；然后，将代表碰撞风险严重程度的船舶之间的连接强度作为网络节点间的连接线；最后，建立风险矩阵反映目标船舶与其他船舶的碰撞风险严重性。为了量化影响碰撞风险的因素，对 NCVRO 进行修改，提高碰撞风险评估的准确性，不仅需要考虑两艘船间的碰撞影响，同时对目标船舶与周围环境的影响做详细的分析。

NVCRO 作为碰撞风险矩阵中的数值可以反映区域多艘船舶间碰撞风险。利用 NVCRO 数据建立 MVCRO 模型，用来对多艘船舶情况下的碰撞风险进行宏观判断。如果存在 NVCRO 数值极高的情况，则 MVCRO 数值偏高，公式如下：

$$MVCRO = \sqrt{\frac{\sum_{i,j=1}^{n}(NVCRO_{j \to i}^2 + NVCRO_{i \to j}^2)}{2 \times C_n^2}}, i \neq j \quad (4-39)$$

除了 MVCRO 和 NVCRO，引入交通密度状况的评估方法用来增加对碰撞风险判断的可靠性。密度复杂度作为描述海上交通状况的有效方法，通过对交通状况的定性分析，以及对交通密度相同但航行复杂度不同的两个区域作对比，建模表示 Den 矩阵。

$$Den_{ij} = \lambda \cdot e^{-\alpha \frac{Dist_{ij}}{4 \cdot (L_i + L_j)}}, i \neq j \quad (4-40)$$

上式中的 α 和 λ 取决于船舶的类型和航行环境，指数上的分母为两艘船舶总船长的四倍，目标区域以 6n mile 为一研究场景。为了评估多艘船舶碰撞风险的严重性，对目标区域内 MVCRO 进行分析并通过 C_n^2 计算多艘船舶风险的均方根。为反映目标区域的交通状况，引入密度复杂度。由上述的描述，区域风险的整体评估 RVCRO 由 MVCRO 和密度复杂度 Den 组成。区域风险评估如下式：

$$RVCRO = \frac{\sum_{1 \leqslant i,j \leqslant n} Den_{ij}}{C_n^2} + MVCRO, i \neq j \quad (4-41)$$

4.3 案例研究

4.3.1 渡船穿越航道场景分析

为进一步验证碰撞风险模型的有效性，选取南京板桥汽渡水域一个渡船穿越航道过程中的多船会遇场景进行说明，应用上述碰撞风险评价模型便能实现渡船穿越过程中的实时风险评估和航程风险量化。

选取 2019 年 10 月 15 日 19 时板桥汽渡七号从长江南岸码头驶向北岸码头的一个场景，首先从中识别出了在渡船穿越过程中与其会遇的 6 条目标船，其中包括 3 条上行船和 3 条下行船，船舶信息如表 4-1 所示，渡船和 6 条会遇目标船的轨迹如图 4-8 所示。

表 4-1 会遇场景船舶信息

船名	MMSI	船长/m	船宽/m	船舶类型	船舶标签
豫信货 10277	413804135	44	8	货船	上行船
豫信货 12296	413822669	66	12	货船	上行船
豫信货 12320	413823009	66	11	货船	上行船
鲁菏泽货 1666	413814147	77	14	货船	下行船
华泰 1898	413829506	59	11	货船	下行船
金勇 1568	413964335	62	11	货船	下行船
板桥汽渡七号	413795787	80	20	客船	南北渡船

渡船和会遇目标船的航速和航向如图 4-9 所示，3 条上行船的航向基本相同，为 60°左右，3 条下行船的航向为 240°左右，上、下行船的航向比较平稳，航速均稳定在 2m/s 左右。渡船航向在 240°~360°波动较大，航速则由 0 增大到 4m/s，航程中间在 2m/s 左右波动，最后在接近终点处逐渐减小到 0。

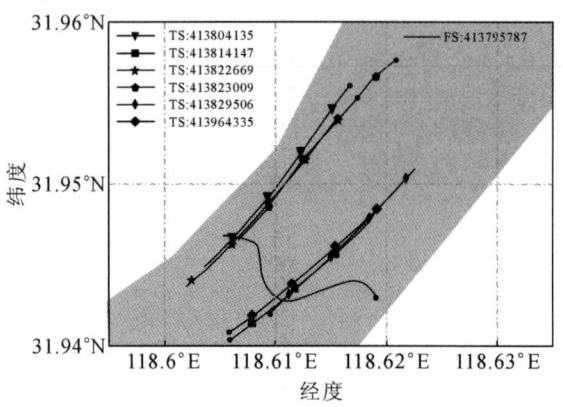

图 4-8 渡船与会遇目标船轨迹

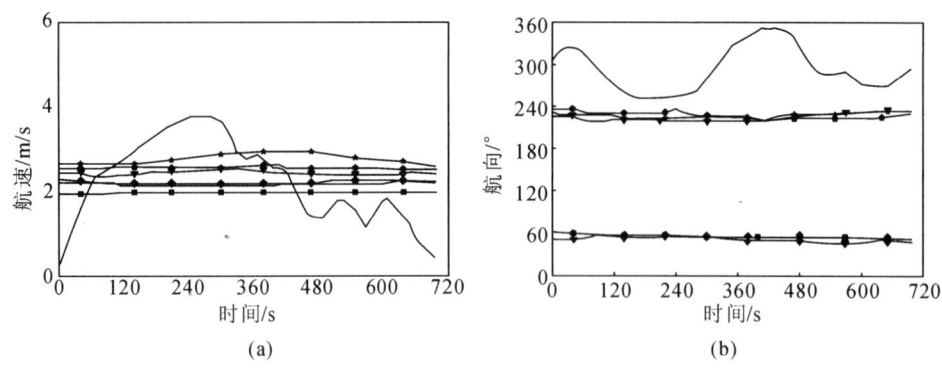

图 4-9 渡船和会遇目标船的航速和航向变化趋势

(a)航速；(b)航向

4.3.2 渡船穿越航道碰撞风险评估

根据渡船和其他几条会遇目标船每一时刻的位置、航速和航向,可以计算出整个航程中渡船与目标船之间各个风险评价指标的值,如图 4-10 所示。从渡船和各个目标船的距离来看,通常呈现先减小后增大的趋势,同时存在一个最小值。从相对速度来看,由于渡船的航速和航向波动较大,导致各条目标船与渡船之间的相对速度也存在较大波动,但总体分布在 2~6m/s。从 DCPA 和 TCPA 来看,在渡船穿越过程中,与附近目标船之间的最近会遇距离和最短会遇时间都达到了最小值。

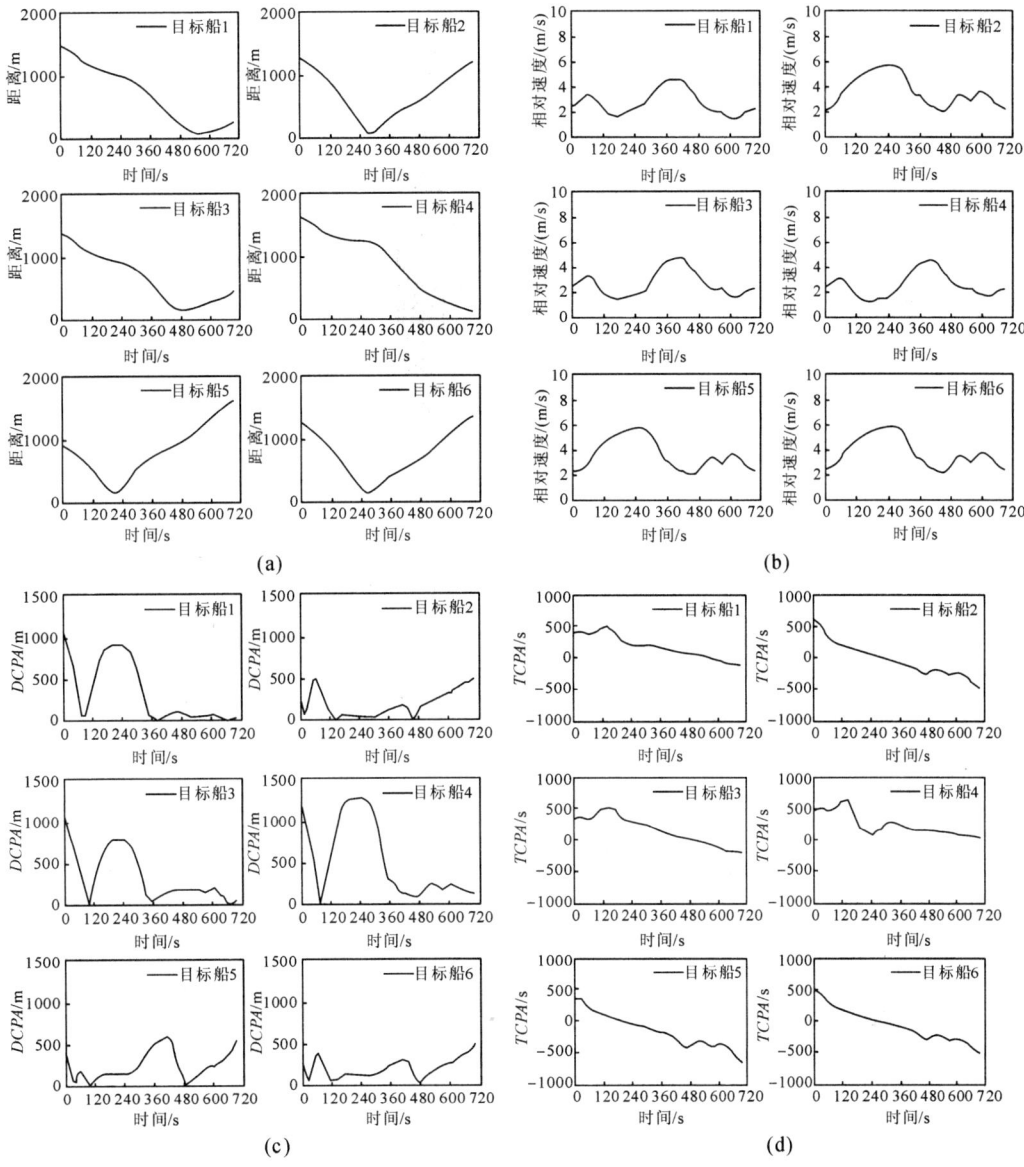

图 4-10 渡船穿越期间各个风险评价指标变化趋势
(a)距离;(b)相对速度;(c)DCPA;(d)TCPA

根据该场景中每一时刻各个指标的取值，结合基于此前历史会遇数据得到的风险影响因子和权重，可计算出渡船与各目标船之间的实时风险变化趋势，并进一步计算出渡船穿越航道的实时风险和航程整体风险，如图4-11所示。其中，渡船穿越过程中每一时刻的碰撞风险均由当前的关键危险船舶决定，即与渡船碰撞风险最高的目标船。例如，在240s左右时，渡船的实时航程风险等于渡船与各目标船之间碰撞风险的最大值。

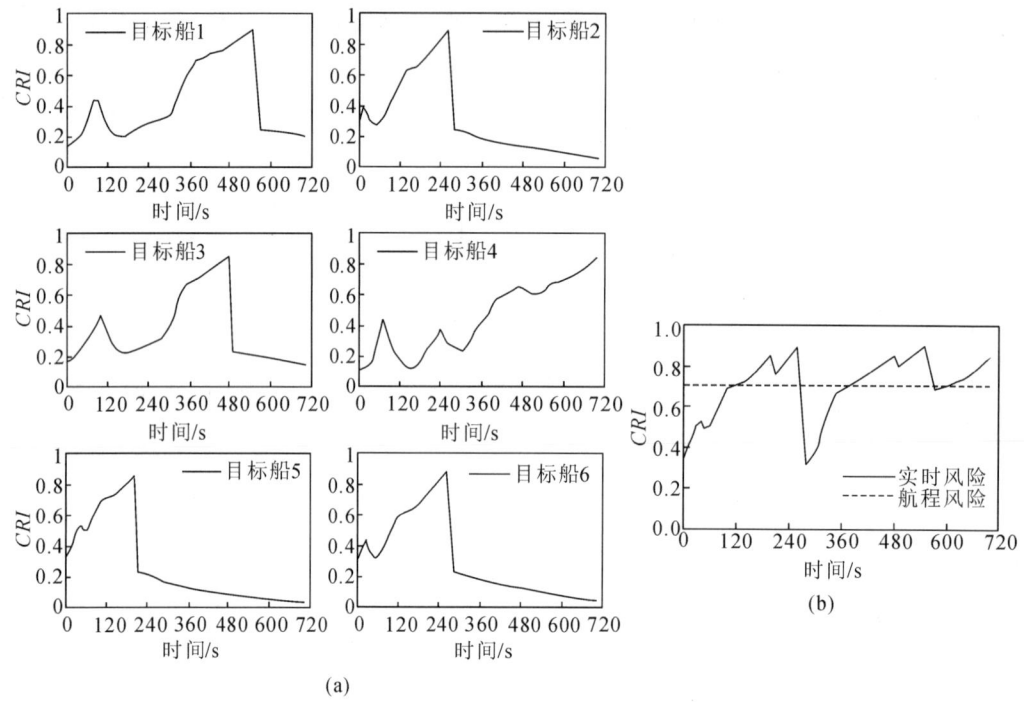

图 4-11　渡船穿越碰撞风险
(a)渡船与各目标船的碰撞风险；(b)渡船航程风险

各个航程中碰撞风险随着渡船的航行而变化的趋势反映了渡船穿越过程中碰撞风险的空间分布，在识别出渡船每个航程中碰撞风险最高的点后，可进一步识别出渡运水域中的高碰撞风险区域，此时可以认为在最高风险点密集的区域，渡船碰撞风险较高。

为反映渡运水域渡船高碰撞风险区域分布情况，以所有高碰撞风险点的集合为圆心，创建若干具有一定半径的圆形区域，在该区域内渡船的航行安全会受到不同程度的影响。假设圆心的权重为1，在此处渡船受到的影响最高，边缘的权重为0，从圆心向边缘辐射，权重呈线性变化降低。根据所有圆形重叠情况进行权重累加，得到渡运水域碰撞风险热力图，如图4-12所示。

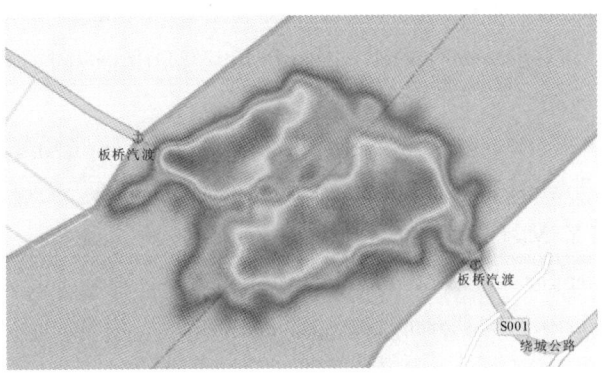

图 4-12 渡运水域碰撞风险热力图

4.4 本章小结

本章基于提取出的渡运水域中渡船和顺航道行驶船舶的轨迹数据,从航程特点、运动特征、断面分布、行为差异、对其他船舶航行的影响、受冲突的影响等方面对渡船航行行为进行分析,然后以渡船完整的航程为研究对象,提取出渡船穿越过程中的多船会遇场景,以距离、相对速度、DCPA、TCPA 作为渡船碰撞风险评价指标,应用熵权法确定各指标的权重,基于历史场景中各个指标的概率分布确定其风险影响因子值,构建了渡船穿越时的多船会遇碰撞风险评价模型,实现了渡船穿越场景的实时风险评价和航程风险量化。以南京板桥汽渡水域为例验证了模型的有效性,并识别了板桥汽渡水域渡船穿越路径上的高碰撞风险区域。

参 考 文 献

[1] LI C, YUAN Z B, OU J M, et al. An AIS-based high-resolution ship emission inventory and its uncertainty in Pearl River Delta Region, China[J]. Science of the total environment, 2016, 573: 1-10.

[2] MARTINS M R, MATURANA M C. Application of Bayesian belief networks to the human reliability analysis of an oil tanker operation focusing on collision accidents[J]. Reliability engineering & system safety, 2013, 110(2): 89-109.

[3] MONTEWKA J, EHLERS S, GOERLANDT F, et al. A framework for risk assessment for maritime transportation systems—A case study for open sea collisions involving ropax vessels[J]. Reliability engineering & system safety, 2014, 124: 142-157.

[4] MONTEWKA J, HINZ T, KUJALA P, et al. Probability modelling of vessel collisions[J]. Reliability engineering & system safety, 2010, 95(5): 573-589.

[5] MUJEEB-AHMED M P, SEO J K, PAIK J K. Probabilistic approach for collision risk analysis of powered vessel with offshore platforms[J]. Ocean engineering, 2018, 151: 206-221.

[6] PEDERSEN P T. Review and application of ship collision and grounding analysis procedures[J]. Marine structures, 2010, 23(3): 241-262.

[7] PRZYWARTY M, GUCMA L, MARCJAN K, et al. Risk analysis of collision between passenger ferry and chemical tanker in the western zone of the Baltic Sea [J]. Polish maritime research, 2015, 22(2): 3-8.

[8] RONG H, TEIXEIRA A P, GUEDES-SOARES C. Data mining approach to shipping route characterization and anomaly detection based on AIS data[J]. Ocean engineering, 2020, 198: 106936.1-106936.12.

[9] SHELMERDINE R L. Teasing out the detail: How our understanding of marine AIS data can better inform industries, developments, and planning[J]. Marine policy, 2015, 54: 17-25.

[10] SILVEIRA P A M, TEIXEIRA A P, GUEDES-SOARES C. Use of AIS data to characterise marine traffic patterns and ship collision risk off the coast of Portugal[J]. Journal of navigation, 2013, 66(6): 879-898.

[11] GUEDES-SOARES C, TEIXEIRA A P. Risk assessment in maritime transportation [J]. Reliability engineering & system safety, 2001, 74(3): 299-309.

[12] SOTIRALIS P, VENTIKOS N P, HAMANN R, et al. Incorporation of human factors into ship collision risk models focusing on human centred design aspects [J]. Reliability engineering & system safety, 2016, 156: 210-227.

[13] VALDEZ B O A, GOERLANDT F, KUZMIN V, et al. Risk management model of winter navigation operations[J]. Marine pollution bulletin, 2016, 108(1-2): 242-262.

[14] WANG Y, ZIO E, Wei X Y, et al. A resilience perspective on water transport systems: the case of eastern star [J]. International journal of disaster risk reduction, 2019, 33: 343-354.

[15] WU X, MEHTA A L, ZALOOM V A, et al. Analysis of waterway transportation in southeast Texas waterway based on AIS data[J]. Ocean engineering, 2016, 121: 196-209.

[16] XIAO F L, HAN L, GULIJK C V, et al. Comparison study on AIS data of ship traffic behavior[J]. Ocean engineering, 2015, 95: 84-93.

[17] XU H, RONG H, GUEDES-SOARES C. Use of AIS data for guidance and control of path-following autonomous vessels [J]. Ocean engineering, 2019, 194: 106635.

[18] ZHANG D,YAN X P,Yang Z L,et al. Incorporation of formal safety assessment and Bayesian network in navigational risk estimation of the Yangtze River[J]. Reliability engineering & system safety,2013,118:93-105.

[19] ZHANG J F,TEIXEIRA P,GUEDES-SOARES C ,et al. Quantitative assessment of collision risk influence factors in the Tianjin port[J]. Safety science,2018,110: 363-371.

[20] ZHANG J F,TEIXEIRA P,GUEDES-SOARES C ,et al. Maritime transportation risk assessment of Tianjin port with Bayesian belief networks[J]. Risk analysis, 2016,36(6):1171-1187.

[21] ZHANG L,MENG Q,FWA T F. Big AIS data based spatial-temporal analyses of ship traffic in Singapore port waters[J]. Transportation research part E:Logistics and transportation review,2019,129:287-304.

[22] ZHANG M Y,ZHANG D,YAO H J,et al. A probabilistic model of human error assessment for autonomous cargo ships focusing on human-autonomy collaboration[J]. Safety science,2020,130:104838.

第 5 章　船舶碰撞风险时空评价

本章重点针对微观碰撞风险评价问题，从船舶行为的角度出发，研究会遇的两条船舶相互干扰下的避碰行动决策风险问题，该问题的解决将有利于认定碰撞事故的主要责任，挖掘出驾驶员避碰决策的内在规律。针对船舶避碰提出一种时空评价方法，首先对船舶 AIS 数据进行模拟，在此基础上，提出两条船舶在时间维度和空间维度内的避让效果定量评价方法，进一步利用模糊理论和证据理论对时间和空间数据进行融合，对船舶避让决策的效果进行评价。

5.1　研究方法简介

5.1.1　船舶避碰分步决策和操纵模型

针对两条船舶的避碰问题，首先建立动态分步决策和操纵模型(decision and maneuvering process，DMP)。DMP 是迭代的决策过程，两条船舶根据对方的行动特点实时地进行碰撞风险评价，并采取相应的行动，具体过程如图 5-1 所示。

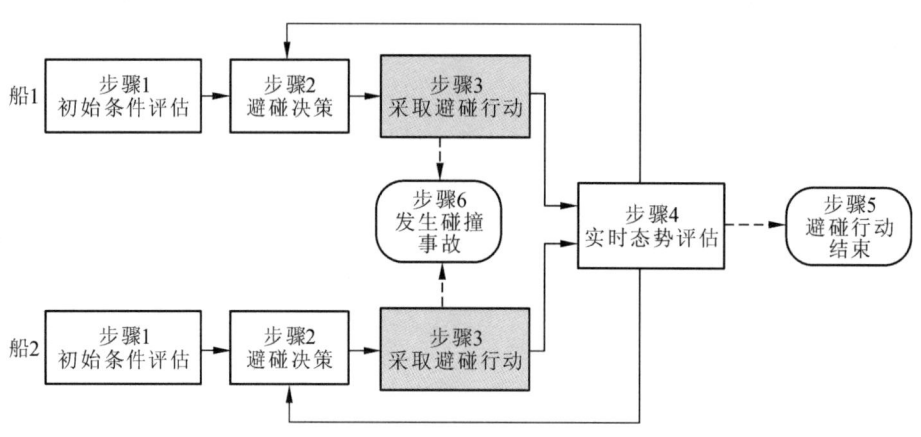

图 5-1　两条船舶实时避让决策过程

如图 5-1 所示，两条船舶行动决策可以看作是一个紧密耦合系统，二者之间的行动会产生相互影响，每条船舶都会根据对方的行动做出自己认为最有效的避让决策。船舶的决策过程共分为六个步骤，其中步骤 1 为初始条件评估，只有当存在碰撞风险时才会继续进行接下来的决策。步骤 5 和 6 为可能的两种结果，第一种结果是避碰行动结束，碰撞被成功避免；第二种结果则是发生碰撞事故。步骤 2—4 则是一个闭坏的迭代系统，两条船舶实时评估会遇态势，以同步的方式做出各自认为最有效的避让决策和行动。

从图 5-1 可以看出，船舶避让决策是在时间维度内进行。为了实现将时间和空间维度相结合的目的，将决策过程划分为若干离散的时间点。如图 5-2 所示，在时刻 T_{i-1}，船舶进行态势评估，并采取避让行动决策同时执行（步骤 2—4），则 T_i 时刻的船舶态势即为 T_{i-1} 时刻的决策产生的结果。显然，当两个时刻之间的差别足够小时，避碰决策可以无限地接近实时同步决策过程。

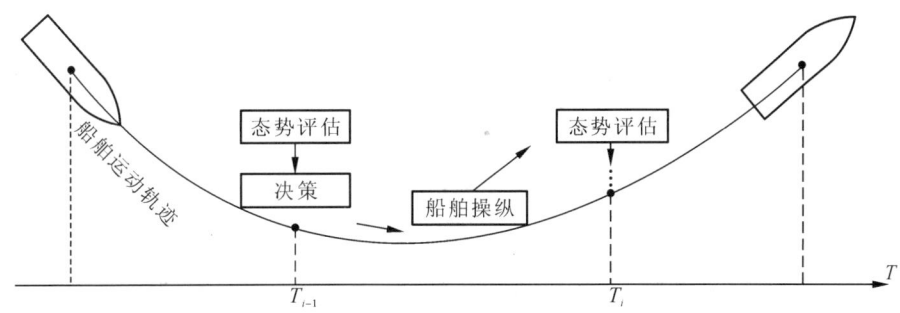

图 5-2　基于船舶运动轨迹的状态转移

5.1.2　交叉取证方法

在 DMP 决策框架下，两条船舶的行动都会对对方的决策产生影响，并通过不断监控对方的行为来采取措施进行响应。因此，可以采用交叉取证的方法对双方决策行动的效果进行定量分析。图 5-3 所示为两条船舶交叉取证的具体进程。

由图 5-3 可知，两条船舶的交叉取证是在同步的条件下进行，而在实际情况下，AIS 数据是采用自组织时分多址（self-organized TDMA）的方式发射，即每条船舶以自组织和竞争的方式获得时间片段，并在该时间片段内发送数据，这就造成了不同船舶之间 AIS 数据的不同步。另外，受自然环境等因素的影响，AIS 数据还可能产生丢包现象。因此，在交叉取证研究之前需要对 AIS 数据进行修复和预测。

5.1.3　基于 AIS 数据的船舶状态同步方法

在部分 AIS 数据缺失的情况下，可以根据船舶的运动规律和相邻时刻的 AIS 数据进行预测和修复。如图 5-4 所示，假设以船舶 2 的 AIS 数据所在时刻为基准，与之对应的相同时刻船舶 1 的 AIS 数据用空心点表示，本章将其定义为虚拟 AIS 数据。

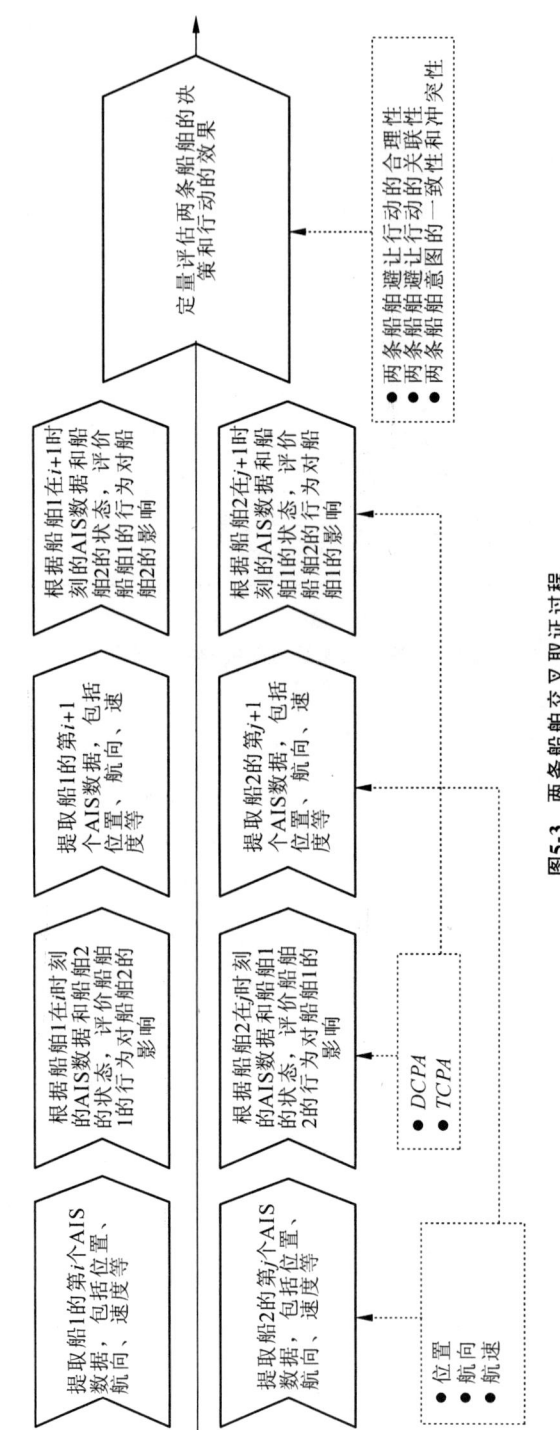

图5-3 两条船舶交叉取证过程

第 5 章 船舶碰撞风险时空评价

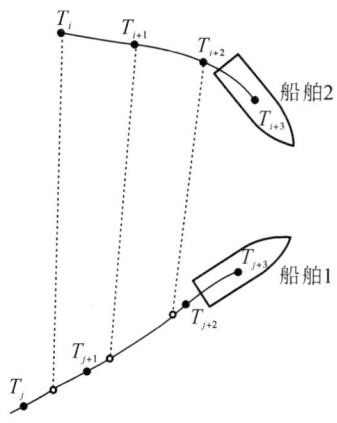

图 5-4 AIS 数据同步算法示意图

如图 5-4 所示，T_i 和 T_j 分别表示两条船舶不同时刻的 AIS 数据。从图 5-4 可以看出，$T_j < T_i < T_{j+1} < T_{i+1} < T_{i+2} < T_{j+2}$。因此，为了使两条船舶的动态数据同步，需要获取 T_i 和 T_{i+1} 时刻船舶 1 对应的 AIS 数据。可以采用三次样条插值的方法获取这些数据。例如，为了获取 T_i 时刻船舶 1 的数据，可以利用船舶在时刻 T_j 和 T_{j+1} 的船舶位置、速度和航向信息进行船舶轨迹的拟合，具体的插值方法如图 5-5 所示。

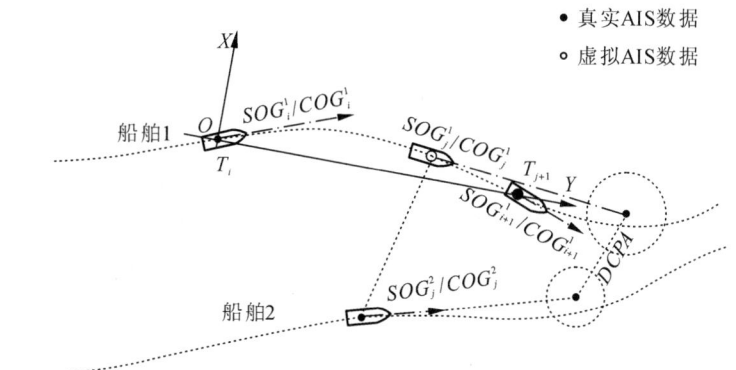

图 5-5 基于三次样条插值的 AIS 数据预测

假设船舶 $r(r=1,2)$ 在时刻 T_i 的 AIS 数据记为 $A_i^r = \{X_i^r, Y_i^r, C_i^r, S_i^r\}$，其中 X_i^r 和 Y_i^r 分别表示船舶的经度和纬度坐标，C_i^r 表示船舶的航向，S_i^r 表示船舶的对地航速。在以下表述中，COG_i^r 和 C_i^r，SOG_i^r 和 S_i^r 的表示方法可以认为是相同的。

此时，船舶 1 在 T_j 时刻的虚拟 AIS 数据可以按照以下步骤进行计算：

步骤一：以船舶 1 在时刻 (X_i^1, Y_i^1) 为圆心，以 (X_i^1, Y_i^1) 和 (X_{i+1}^1, Y_{i+1}^1) 之间的连线为 Y 轴建立 XOY 直角坐标系，此时，$(X_i^1, Y_i^1) = (0,0)$，且 (X_{i+1}^1, Y_{i+1}^1) 位于 X 轴上，即 $Y_{i+1}^1 = 0$。此时可以建立满足以下条件的船舶运动轨迹预测方程 $y = f(x)$：

$$f(0) = 0 \quad f(X_{i+1}^1) = 0$$
$$f'(0) = C_i^1 \quad f'(X_{i+1}^1) = C_{i+1}^1$$
(5-1)

通过求解以上方程组,即可获得船舶 1 的运动轨迹方程。

步骤二:假设船舶在相邻时刻 T_i 和 T_{i+1} 的加速度保持不变(这一假设在两个时刻之间的间隔较小的情况下可以认为是合理的)。此时,可以利用线性插值的方法获取船舶 1 在任意时刻 t ($T_i < t < T_{i+1}$) 的航向,如下式所示:

$$S^1(t) = S_i^1 + (S_{i+1}^1 - S_i^1) \times (t - T_i)/(T_{i+1} - T_i) \tag{5-2}$$

且船舶在 T_i 到 t 时间内航行的距离为 $D^1(T_i,t) = \int_{T_i}^{t} S^1(w) dw$。由于船舶航行的距离即为拟合的船舶轨迹在这两个时刻之间的长度,因此假设将船舶在 T_j 时刻的位置记为 $P_j = (x_j, y_j)$,则从船舶初始位置到 P_j 之间的弧线长度为:

$$D^1(T_i, T_j) = \int_0^{x_j} \sqrt{1 + [f'(w)]^2} dw \tag{5-3}$$

由于方程 $y = f(x)$ 为三次多项式形式,上式中的积分部分很难获得解析解,因此可以采用数值计算的方式求解 x_j,此时可以获取船舶的位置信息 $P_j = [x_j, f(x_j)]$,并可以通过求函数在 P_j 处的导数获得船舶的航向数据。

通过以上两个步骤的计算,可以获取 T_j 时刻船舶 1 的 AIS 数据,将其表示为 $\tilde{A}_j^1 = \{\tilde{X}_j^1, \tilde{Y}_j^1, \tilde{C}_j^1, \tilde{S}_j^1\}$,其中波浪线表示虚拟 AIS 数据。

5.2 交叉评价方法整体架构

5.2.1 两船决策交叉分析

两条船舶交叉评价方法如图 5-6 所示,图 5-6 中所示为评价船舶 2 的避碰决策,主要通过船舶在相邻两个时刻的实际位置或预测位置的两两比较实现。

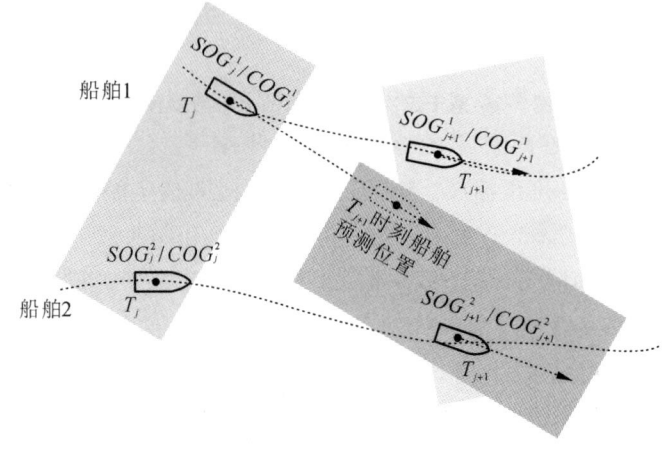

图 5-6 船舶决策效果评价时的相对位置预测和比较

从图 5-6 中可以看出,两条船舶相对位置的比较有以下两种类型:第一种类型为相同时刻两条船舶真实位置之间的比较。例如，在 T_j 时刻，船舶 2 的 AIS 数据表示为 $A_j^2 = \{X_j^2, Y_j^2, C_j^2, S_j^2\}$，对应相同时刻的船舶 1 的 AIS 数据可以利用以上介绍的插值方法获得，记为 $\widetilde{A}_j^1 = \{\widetilde{X}_j^1, \widetilde{Y}_j^1, \widetilde{C}_j^1, \widetilde{S}_j^1\}$。此时，从船舶 2 角度的二者相对位置比较可以记为 $\langle A_j^2, \widetilde{A}_j^1 \rangle$。$T_j$ 时刻两条船舶之间的比较记为 $\langle A_{j+1}^2, \widetilde{A}_{j+1}^1 \rangle$。

第二种类型则为预测 AIS 信息与真实或虚拟的 AIS 数据之间的比较。定义在获取 $\widetilde{A}_j^1$ 数据条件下的 T_{j+1} 时刻的预测 AIS 数据为 $P_{j+1|j}^1 = \{X_{j+1|j}^1, Y_{j+1|j}^1, \widetilde{C}_j^1, \widetilde{S}_j^1\}$，其中预测的位置信息 $(X_{j+1|j}^1, Y_{j+1|j}^1)$ 为假设船舶在 T_j 时刻保向保速运动得到的位置，可以将此类信息称为伪 AIS 信息。在获得伪 AIS 数据后，可以通过比较 $\langle A_{j+1}^2, P_{j+1|j}^1 \rangle$ 获得船舶 2 在 T_{j+1} 时刻的先验信息。

5.2.2 避碰决策定量分析方法

在实际的避碰操作过程中，两条船舶的会让意图是以实时的方式相互影响。因此，以下将提出两种船舶避碰决策效果定量评价方法，即先验知识和后验知识的量化，进而通过先验知识和后验知识的比较来评价船舶避让效果。

5.2.2.1 先验知识定量分析

采用证据理论对先验和后验知识进行定量分析。首先，定义识别框架为 $\Theta = \{P, NP\}$。式中，P 为操纵行为是有利于船舶避碰；NP 为不利于船舶避碰。在此识别框架下，Θ 的幂集为 $2^\Theta = \{\{P\}, \{NP\}, \{P, NP\}, \varnothing\}$，按照证据理论的要求，需要为幂集的每个元素赋 $[0,1]$ 之间的任意值(BPA)，且满足以下两个条件：

$$\left. \begin{array}{l} m(P) + m(NP) + m(P, NP) = 1 \\ m(\varnothing) = 0 \end{array} \right\} \quad (5\text{-}4)$$

式中，$m(P)$ 为决策有利于船舶避碰的概率；$m(NP)$ 为决策不利于船舶避碰的概率，$m(P, NP)$ 则表示无法确定决策是否有利于船舶避碰的概率。为了判断船舶的决策是否有利于避碰，可以从时间和空间两个维度进行评价。假设 A_i^r 和 A_j^s 分别表示任意时刻两条船舶的 AIS 数据，定义 $D(\langle A_i^r, A_j^s \rangle)$ 为该时刻两条船舶之间的距离，$DCPA(\langle A_i^r, A_j^s \rangle)$ 为两条船舶的最近会遇距离，$TCPA(\langle A_i^r, A_j^s \rangle)$ 为两条船舶的最近会遇时间。如果两条船舶处于逐渐远离的趋势，$DCPA(\langle A_i^r, A_j^s \rangle)$ 和 $TCPA(\langle A_i^r, A_j^s \rangle)$ 将会被赋一个足够大的值 M（如 2^{10}）。在此基础上，分别做以下两种定义：

定义 1 定义空间接近因子为 $D(\langle A_i^r, A_j^s \rangle)$ 和 $DCPA(\langle A_i^r, A_j^s \rangle)$ 的加权平均值，即：

$$CI(\langle A_i^r, A_j^s \rangle) = \lambda D(\langle A_i^r, A_j^s \rangle) + (1-\lambda) DCPA(\langle A_i^r, A_j^s \rangle) \quad (5\text{-}5)$$

式中，$0 \leqslant \lambda \leqslant 1$，表示二者之间的权重分配。

定义 2 在给定一组 AIS 数据 $\langle A_j^2, A_j^1 \rangle$ 和 $\langle A_{j+1}^2, P_{j+1|j}^1 \rangle$ 的条件下，定义船舶 2 的操纵决策在时间区间 $[T_j, T_{j+1}]$ 内的先验时间增益为：

$$PriG_S^2([T_j, T_{j+1}]) = CI(\langle A_{j+1}^2, P_{j+1|j}^1 \rangle) / CI(\langle A_j^2, \widetilde{A}_j^1 \rangle) \quad (5\text{-}6)$$

先验空间增益为：

$$PriG_T^2([T_j,T_{j+1}])=TCPA(\langle A_{j+1}^2,P_{j+1|j}^1\rangle)/TCPA(\langle A_j^2,\widetilde{A}_j^s\rangle) \quad (5\text{-}7)$$

先验时间和空间增益可以很好地反映出船舶操纵的避让效果，两个增益值越大，避让效果越好。因此可以根据这两个参数的数值来为证据理论框架下的各个 BPA 赋值。

在 BPA 赋值时，另外一个需要考虑的问题是船舶的行动是否遵守国际海上 COLREGs 的要求。COLREGs 针对船舶会遇情况规定了让路船和直航船，并要求让路船尽早地采取最有效的避让措施，而直航船则只需要保持航向和航速不变。因此，在对先验知识定量分析时，应该将遵守 COLREGs 和违反 COLREGs 的船舶加以区别对待。综合考虑以上因素，分别为遵守 COLREGs 和违反 COLREGs 两种情况设置 BPA 函数。利用模糊集的思想，引入以下基准函数：

$$f_0(x,\alpha,\beta)=\begin{cases}1-e^{-(\frac{x-\alpha}{\beta})^2} & \alpha\leqslant x\\ 0 & x<\alpha\end{cases} \quad (5\text{-}8)$$

在以上基准函数条件下，分别为遵守 COLREGs(a) 和违反 COLREGs(b) 设定以下 BPA 赋值函数：

图 5-7(a) 中的 $m(\{P\})$ 曲线：$f_1(x)=f_0(1.5\times x,0.6,0.7)$。

图 5-7(a) 中的 $m(\{NP\})$ 曲线：$f_2(x)=f_0(2-1.15\times x,0.6,0.7)$。

图 5-7(a) 中的 $m(\{NP,P\})$ 曲线：$f_3(x)=1-f_1(x)-f_2(x)$。

图 5-7(b) 中的 $m(\{P\})$ 曲线：$f_4(x)=f_0(1.5\times x,0.6,2)$。

图 5-7(b) 中的 $m(\{NP\})$ 曲线：$f_5(x)=f_0(4-1.5\times x,0.6,1.7)$。

图 5-7(b) 中的 $m(\{NP,P\})$ 曲线：$f_6(x)=1-f_4(x)-f_5(x)$。

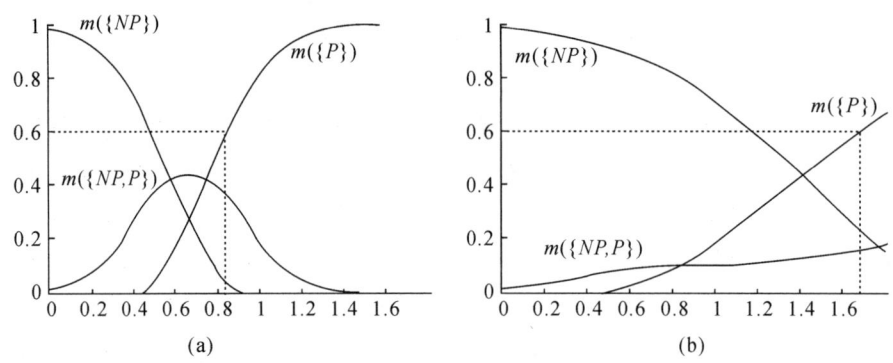

图 5-7　BPA 赋值函数

(a)遵守避碰规则；(b)违反避碰规则

各个赋值曲线如图 5-7 所示。赋值曲线根据经验选取，但是应该遵循以下基本规律：时间/空间增益越大，则 $m(\{P\})$ 越大，$m(\{NP\})$ 越小。另外，在同样的时间/空间增益条件下，遵守 COLREGs 和违反 COLREGs 两种情况下的赋值函数应当有所区别。如图 5-7 所示，如果想让 $m(\{P\})$ 达到 0.6，在遵守 COLREGs 条件下只需要时间/空间增益值达到 0.85 左右，而违反 COLREGs 情况下则需要达到 1.65 左右。也就是说，在相同的时间/空间增益情况下，遵守 COLREGs 的评价结果优于违反 COLREGs 的评价结果。

5.2.2.2 后验知识定量分析

后验知识的定量分析与先验知识分析方法类似,唯一的不同之处是船舶 1 的伪 AIS 数据 $P_{j+1|j}^1$ 被 T_{j+1} 时刻的 $\tilde{A}_{j+1}^1$ 取代,用于比较的一对 AIS 数据变为 $\langle A_j^2, \tilde{A}_j^1 \rangle$。在这种情况下,同样对后验的时间和空间增益作如下定义:

定义 3:在给定一组 AIS 数据 $\langle A_j^2, \tilde{A}_j^1 \rangle$ 和 $\langle A_{j+1}^2, \tilde{A}_{j+1}^1 \rangle$ 的条件下,定义船舶 2 的操纵决策在时间区间 $[T_j, T_{j+1}]$ 内的后验时间增益为:

$$PostG_S^2([T_j, T_{j+1}]) = CI(\langle A_{j+1}^2, \tilde{A}_{j+1}^1 \rangle) / CI(\langle A_j^2, \tilde{A}_j^1 \rangle) \tag{5-9}$$

后验空间增益为:

$$PostG_T^2([T_j, T_{j+1}]) = TCPA(\langle A_{j+1}^2, \tilde{A}_{j+1}^1 \rangle) / TCPA(\langle A_j^2, \tilde{A}_j^1 \rangle) \tag{5-10}$$

基于后验时间/空间增益的 BPA 赋值采用相同的方式,基于图 5-7 中的相应曲线进行赋值。

5.2.2.3 先验和后验知识差异分析

在实际的船舶避碰操纵中,由于船舶通常需要进行转向操作,因此 $\tilde{A}_{j+1}^1$ 和 $P_{j+1|j}^1$ 一般是不相同的,这就会造成先验知识和后验知识之间产生差异,而这种差异可以在很大程度上反映本船对他船避让意图理解的局限性程度,这种局限性会对操船人员下一阶段的决策产生影响。

为了描述这种差异性,将先验知识和后验知识分别看作是一个证据体,并定义两个证据之间的距离来量测二者之间的差异:

定义 4 令 $E_2^{j+1} = [m_2^{j+1}(\{P\}), m_2^{j+1}(\{NP\}), m_2^{j+1}(\{NP,P\})]$ 为船舶 2 在 T_{j+1} 时刻时的先验量测信息,$\hat{E}_2^{j+1} = [\hat{m}_2^{j+1}(\{P\}), \hat{m}_2^{j+1}(\{NP\}), \hat{m}_2^{j+1}(\{NP,P\})]$ 为对应的后验量测信息,将 E_2^{j+1} 和 $\hat{E}_2^{j+1}$ 之间的距离定义为:

$$D_2^{j+1} = \left[\frac{1}{2}(E_2^{j+1} - \hat{E}_2^{j+1}) \mathbf{D} (E_2^{j+1} - \hat{E}_2^{j+1})^T \right]^{\frac{1}{2}} \tag{5-11}$$

式中,$\mathbf{D} \triangleq \begin{bmatrix} 1 & 0 & 1/2 \\ 0 & 1 & 1/2 \\ 1/2 & 1/2 & 1 \end{bmatrix}$。二者之间的距离越大,表明先验知识和后验知识的差别越大,对下一时刻的决策影响也越大。

5.2.2.4 先验和后验知识融合

先验知识和后验知识的融合流程如图 5-8 所示。图 5-8 中的先验证据体和后验证据体都是通过时间增益和空间增益获得的 BPA 赋值函数利用证据融合得到。例如,如果将船舶 2 在 T_{j+1} 时刻的先验空间增益定义为:

$$E_{2,S}^{j+1} = [m_{2,S}^{j+1}(\{P\}), m_{2,S}^{j+1}(\{NP\}), m_{2,S}^{j+1}(\{NP,P\})]$$

相应的时间增益定义为:

$$E_{2,T}^{j+1} = [m_{2,T}^{j+1}(\{P\}), m_{2,T}^{j+1}(\{NP\}), m_{2,T}^{j+1}(\{NP,P\})]$$

那么船舶 2 的先验证据体可以通过融合两个证据获得,如下式所示:

$$E_2^{j+1} = E_{2,S}^{j+1} \oplus E_{2,T}^{j+1} \tag{5-12}$$

后验知识的证据体可以采用相同的方法获得。

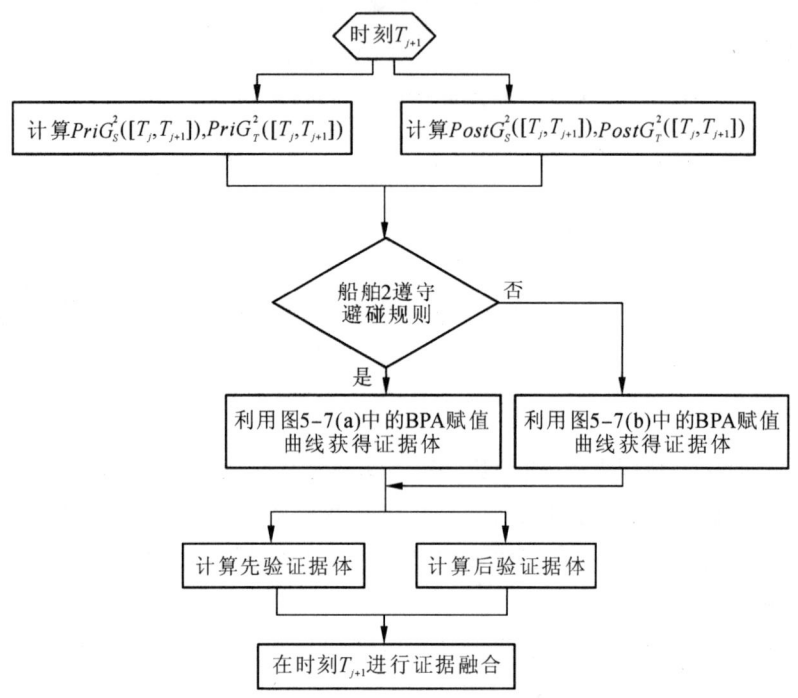

图 5-8　先验知识和后验知识融合流程图

5.3　仿真与分析

5.3.1　船舶会遇态势构建

基于以上提出的模型,对两船会遇下的避碰决策问题进行案例研究。船舶 1 在上行航道中航行,船舶 2 在下行航道中航行,并准备穿过船舶 1 的航线,进入上行航道。按照 COLREGs 的要求,船舶 2 应当为让路船,船舶 1 为直航船,而且船舶 2 应当从船舶 1 的尾部穿过,从而达到成功避让的目的,即应当按照图 5-9(a)的方式相互避让。在图 5-9(b)中,船舶 1 违反了 COLREGs,采取向左转向的操作,此时船舶 2 根据船舶 1 的行动做出响应,增加了向左转向的幅度,也成功地避免了碰撞。而图 5-9(c)中,船舶 1 同样违反了 COLREGs,而此时船舶 2 没有采取有效的应对措施,仍然按照原来的决策采取行动,最终发生碰撞事故。

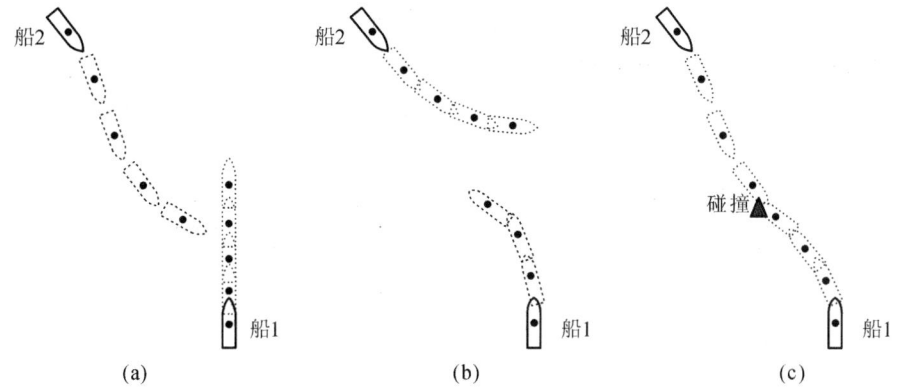

图 5-9 两条船舶在三种会让意图下的避碰效果
(a)避碰方式 1；(b)避碰方式 2；(c)避碰方式 3

对以上三种会遇和避碰操纵情况进行仿真实现，假设船舶 1 的初始位置位于坐标原点(0,0)，航速为 20kn，船舶 2 的初始位置为(−400,693)，航速为 10kn。仿真所得到的两条船舶的运动轨迹如图 5-10 所示，图中标出了不同时刻两条船舶的位置。在以上仿真中，当两条船舶避碰行动结束（TCPA 为无穷大）或者发生碰撞时，仿真就会终止。三种情况下的仿真结束时间分别为 35s、60s 和 30s。

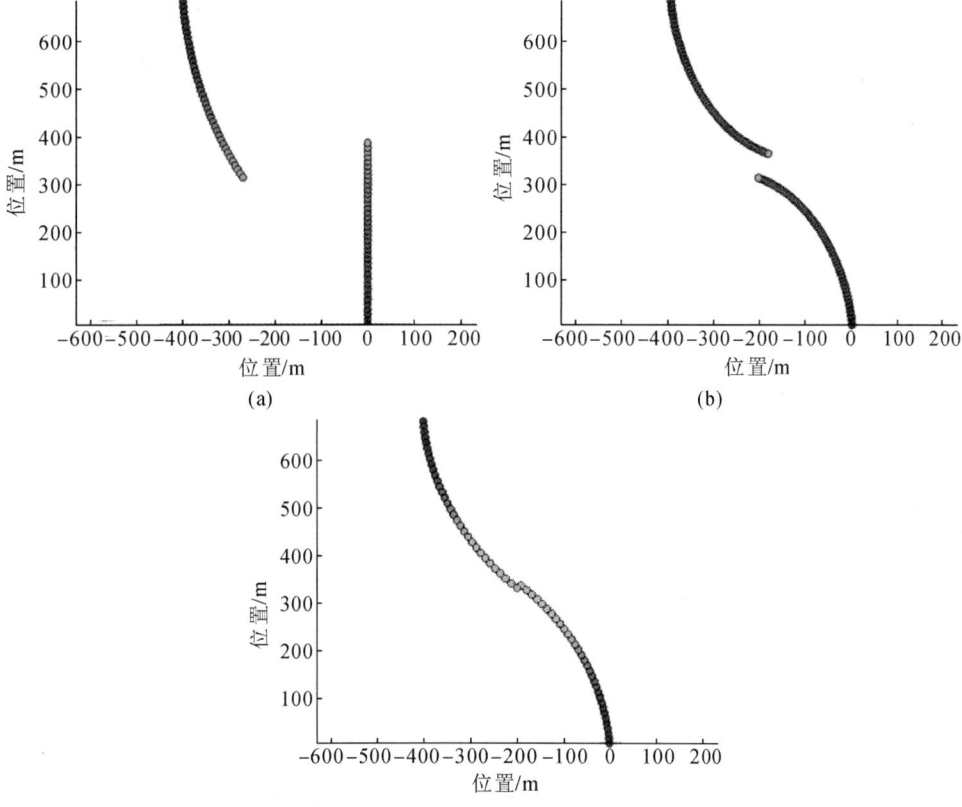

图 5-10 三种情况的船舶轨迹仿真结果
(a)避碰方式 1；(b)避碰方式 2；(c)避碰方式 3

通过以上仿真,可以得到两条船舶在任意时刻的位置、航向和速度信息。而在实际情况中,通常无法获取实时的 AIS 信息。根据国际电信联盟(ITU)的规定,AIS 信息的发射周期应当与船舶的运动态势有关,且 A 台和 B 台的要求也有所区别。表 5-1 所列为 ITU 对 A 台和 B 台 AIS 信号的发射周期要求。

表 5-1 ITU 关于 A 台和 B 台 AIS 信号发送频率要求

A 台 AIS	发送频率/s	B 台 AIS	发送频率/s
抛锚、停泊或速度≤3 kn	180	航行速度≤2 kn	180
抛锚、停泊或速度>3 kn	10	辅助导航	180
航行速度 0~14 kn	10	航行速度 2~14 kn	30
航行速度 0~14 kn 并改变航向	$3\frac{1}{3}$	航行速度 14~23 kn	15
航行速度 14~23 kn	6	航行速度>23 kn	5
航行速度 14~23 kn 并改变航向	2		
航行速度>23 kn	2		
航行速度>23 kn 并改变航向	2		

假设两条船舶均装备的是 A 台 AIS 设备,根据两条船舶的速度,可以得到船 1 在直线航行时的信号周期为 6 s,转向时信号周期为 2 s;船 2 在直线航行时信号周期为 10 s,转向时信号周期约为 3.33 s。此外,考虑 AIS 发射的数据可能受自然环境等因素的影响而丢失,假设信号丢失的概率为 0.2。为了得到其他时刻的 AIS 数据,可以采用 5.2.3 介绍的三次样条插值的方法得到虚拟 AIS 数据。

另外,需要指出的是,AIS 数据中的船舶位置是以经度和纬度的形式发送,而本章的研究是在平面坐标系中进行。因此,可以采用以下方法将船舶的经纬度信息转换成平面坐标系下的坐标:

$$\left.\begin{array}{l} X = K\ln\left[\tan\left(\frac{\pi}{4}+\frac{B}{2}\right)\left(\frac{1-e\sin B}{1+e\sin B}\right)^{\frac{e'}{2}}\right] \\ Y = K(L-L_0) \end{array}\right\} \quad (5\text{-}13)$$

其中,$e=\sqrt{0.006693423}$ 为地球的第一离心率;$e'=\sqrt{(a/b)^2-1}$ 为地球的第二离心率,a、b 分别为地球的长半轴和短半轴长度;$K=N_{B_0}\cos B_0 = \dfrac{a^2/b}{\sqrt{1+e'^2\cos^2 B_0}}$。由于本章的仿真中可以直接获取船舶在平面坐标系下的位置,因此不再需要转换,仅在模型的实际应用时需要利用这种转换方式。

5.3.2 避碰决策定量分析

在以上船舶轨迹仿真的基础上,可以对三种条件下的避碰决策进行定量分析,接下来将分别对空间评价、时间评价及时空证据融合等结果进行仿真和分析。

5.3.2.1 空间评价结果

在空间评价之前,首先需要确定式(5-5)中的权重参数 λ。该参数反映了空间增益中对 $DCPA$ 和两船距离考虑的重要程度。由于 $DCPA$ 是评价碰撞风险时的重要参数之一,因此将 λ 设为 0.2,即参数 $DCPA$ 将在空间评价中发挥主要作用。

为了进行空间评价分析,首先需要计算先验和后验空间增益,然后利用判断船舶是否遵守 COLREGs 的要求,来确定采用图 5-7 中的何种曲线对 BPA 进行赋值。本章以船舶 2 为研究对象,得到的三种情况下的先验空间增益如图 5-11 所示,从图中可以看出,在条件(a)情况下,两条船舶均遵守了 COLREGs 的要求,$m(P)$,$m(NP)$ 和 $m(P,NP)$ 都处于较为稳定的状态,且 $m(P)$ 处于 0.8 左右,$m(NP)$ 在 0.15 左右。这一规律反映了船舶 2 的决策对于避免碰撞十分有利。

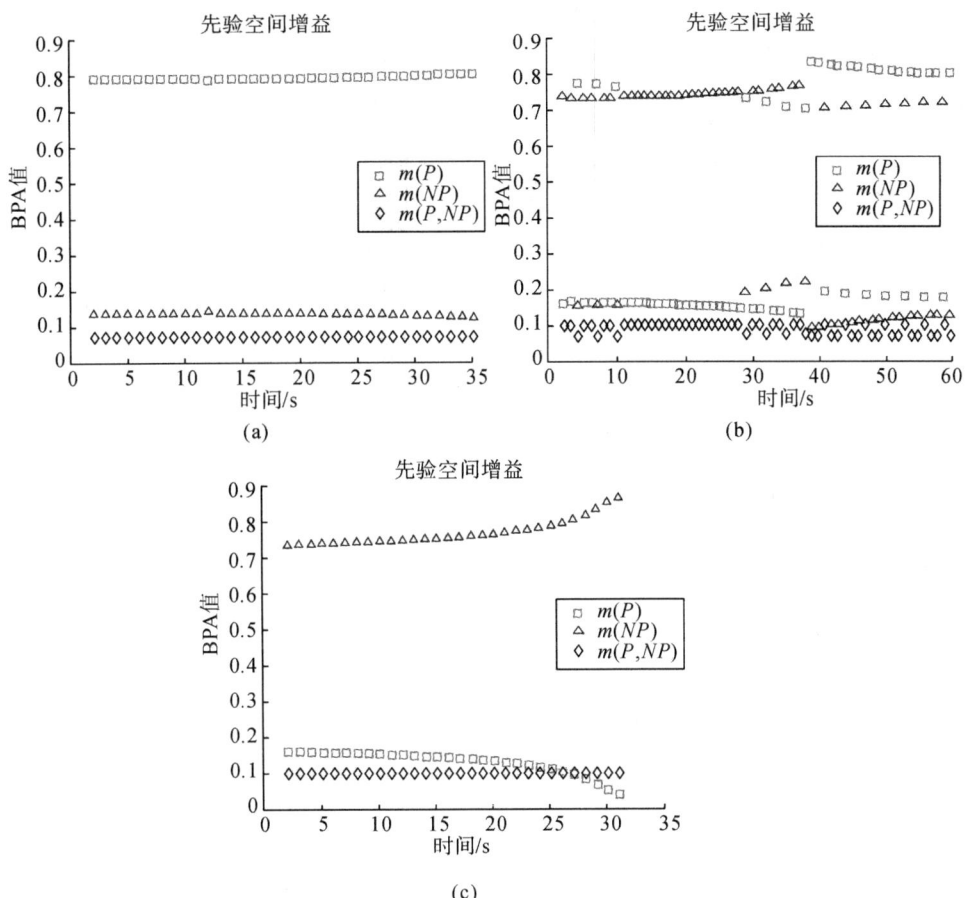

图 5-11 三种避碰决策条件下的空间增益 BPA 值变化规律
(a)避碰方式 1;(b)避碰方式 2;(c)避碰方式 3

对于第二种避碰决策来说,$m(P)$ 和 $m(NP)$ 随着时间的变化发生较为明显的波动。在这种避让形势下,船舶 2 违反了 COLREGs 的要求,尽管船舶 1 采取了应对措施,但是在避让过程中,两条船的角色经常发生变化,往往出现船舶 2 在上一时刻被定义为让路船,而到下一时刻则被定义为直航船。出现这种现象的原因是两条船舶误解了对方的避让意图,并各自采取应对措施,从而进入避让意图相互冲突的恶性循环。尽管成功避免了碰撞事故的发生,但是$m(P)$在0.85到0.15之间,$m(NP)$在0.8和0.1之间有明显的震荡,说明船舶2的避让效果有很大的不确定性。因此在实际操作中应当尽量避免这种避碰方式。

而在第三种避碰决策中,尽管两条船舶都采取了避让措施,仍然发生了碰撞事故。从图5-11(c)可以看出,$m(P)$一直处于较低的水平,且有逐渐下降的趋势,在发生碰撞的时刻趋近于0,而$m(NP)$则一直处于很高的水平,而且由开始的0.72上升到0.85。说明船舶B的避让行动是十分不合理的,因此最终导致碰撞事故的发生。

5.3.2.2 时间评价结果

时间评价方法与空间评价方法类似,首先需要计算先验/后验时间增益,然后利用同样的方法计算时间增益的BPA,计算结果如图5-12所示。

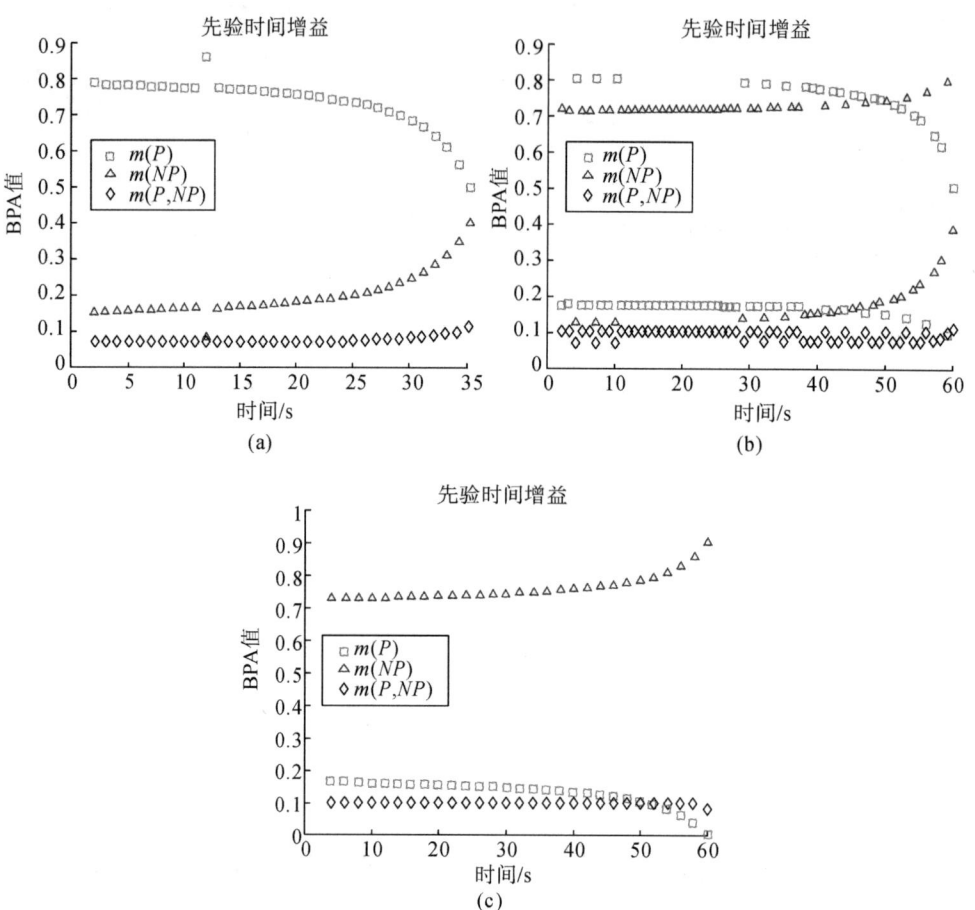

图5-12 三种避碰决策条件下的时间增益BPA值变化规律
(a)避碰方式1;(b)避碰方式2;(c)避碰方式3

由图 5-12(a)可知,先验时间增益的变化规律与先验空间增益有所不同,尽管在避碰行动初期 $m(P)$ 和 $m(NP)$ 有很大的差距,且 $m(P)$ 明显大于 $m(NP)$,但是它们的变化规律是 $m(P)$ 逐渐减小,而 $m(NP)$ 则逐渐变大,导致二者之间的差距逐渐缩小,这说明从整体上看,船舶 2 的决策是合理的,但是随着时间的推移,在时间维度内的避让效果正在逐渐减弱。

从图 5-12(b)可以看出时间增益的 $m(P)$ 和 $m(NP)$ 同样处于不断震荡的状态,而且 $m(P)$ 的上限和下限均处于不断下降的趋势。相反,$m(NP)$ 的上下限则不断上升。这种现象同样表明随着时间的推移,船舶 2 时间增益对避让效果的影响力越来越小。$m(P)$ 的下限一直处于较低的水平(0.2 以内),显示了船舶 2 的避让决策不够合理。通过比较图 5-11(c)和 5-12(c)可以看出,空间增益和时间增益的三个 BPA 值 $m(P)$、$m(NP)$ 和 $m(P,NP)$ 处于相同的水平,而且变化规律也较为类似,说明船舶 2 的决策对避免碰撞没有起到积极的作用。后验时间增益和空间增益可以利用相同的方法获得。

5.3.2.3 时空信息融合评价结果

将空间增益和时间增益看作是两个证据体,利用式(5-12)证据融合的方法进行融合处理,得到空间时间增益融合的 BPA 值变化规律如图 5-13 所示。

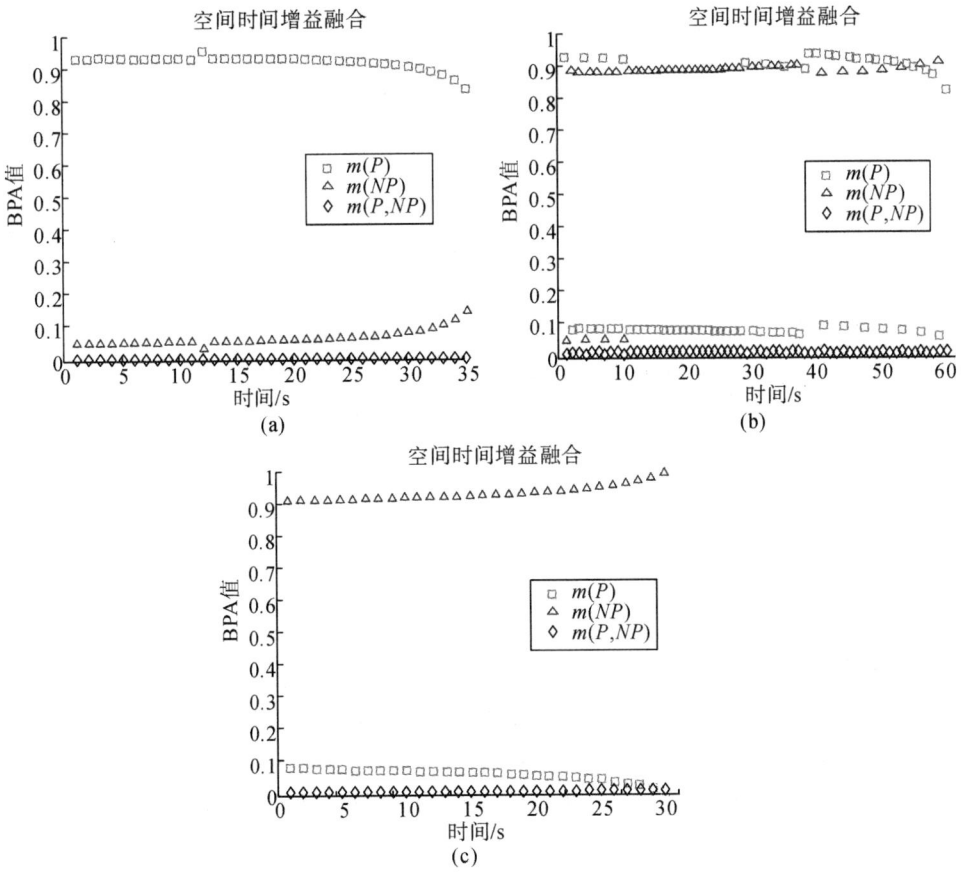

图 5-13 三种避碰决策条件下的时间空间增益 BPA 值融合结果
(a)避碰方式 1;(b)避碰方式 2;(c)避碰方式 3

通过图 5-13 与图 5-11、图 5-12 的比较,可以发现融合后的结果具有以下特征:

(1)融合后的结果保留了先验空间和时间增益的主要特征,即融合后 $m(P)$、$m(NP)$ 和 $m(P,NP)$ 的震荡、增加或降低的趋势和时间/空间增益保持一致。

(2)融合后的结果变化规律趋于稳定,同时导致 $m(P)$ 和 $m(NP)$ 之间的差别变得更加明显。这一现象说明融合后的数据在可靠性方面有了进一步的提高。

(3)融合后 $m(P,NP)$ 的值进一步减小,说明通过时间和空间增益的融合,可以进一步降低对避碰决策效果定量评价的不确定性。

5.3.2.4 先验后验信息不一致性分析

尽管先验知识和后验知识之间的差别较小,但是二者的差别不能忽略,它可以反映主观决策的效果和实际避让行动的效果。按照时间顺序选取 4 个时刻对三种避碰决策行为的先验和后验知识的不一致性进行量测,得到相邻两个时刻的时间间隔分别为 2s、4s 和 8s 时的不一致性量测结果如表 5-2 所示。

表 5-2　不同时间间隔下先验和后验知识不一致性

场景		时间间隔:2s 不一致性		时间间隔:4s 不一致性		时间间隔:8s 不一致性	
		空间	时间	空间	时间	空间	时间
(a)	1	3.46E-05	2.80E-06	2.17E-04	1.14E-05	1.11E-03	7.70E-05
	2	3.55E-05	2.90E-06	2.28 E-04	1.74E-05	1.16E-03	1.01E-04
	3	3.77E-05	3.70E-06	2.38E-04	2.20E-05	9.06E-04	1.39E-04
	4	4.02E-05	4.67E-06	2.47E-04	3.55E-05	1.25E-03	2.11E-04
(b)	1	4.35E-05	2.41E-05	2.50E-04	1.45 E-04	1.11E-03	6.64E-04
	2	4.59E-05	2.51E-05	6.90E-04	2.98E-04	1.20E-03	6.60E-04
	3	5.11E-05	2.53E-05	2.95E-04	1.49E-04	1.29E-03	6.78E-04
	4	5.46E-05	2.56E-05	3.26E-04	1.55E-04	1.41E-03	7.02E-04
(c)	1	4.44E-05	1.18E-05	2.69 E-04	7.56E-05	1.23E-03	3.58E-04
	2	5.21E-05	1.41E-05	3.14E-04	8.21E-05	1.43E-03	3.90E-04
	3	6.13E-05	1.54E-05	3.71E-04	9.13E-05	1.67E-03	4.29E-04
	4	7.44E-05	1.67E-05	4.44 E-04	1.03 E-04	1.99E-03	4.77E-04

从表 5-2 可知,随着抽样时间间隔的增加,不一致度的量测值也会随之增加。而在船舶实际的转向避碰操作中,时间间隔越大,图 5-6 中 T_{j+1} 时刻的预测船舶位置与虚拟船舶位置之间的差别就越大,因此不一致度也会越大。因此,这一变化趋势与实际情况相一致。

从表 5-2 中数据还可以看出,在大多数情况下,随着时间的推移,采样点的先验和后验知识的不一致程度呈现上升的趋势。这一现象说明在避让过程中,两条船舶在不断接近时的先验和后验量测的敏感性不断增加。在个别情况下(如时间间隔为 8s 时的第二种避碰决策)不同时刻的不一致度处于波动的状态,这种情况可能是由于船舶在避让过程中意图不够明显,让路船和直航船的角色不断变化造成的。

5.3.2.5 不确定性控制和敏感性分析

本节重点对时空评价模型的不确定性控制问题和敏感性问题进行分析。本章提出的避碰决策定量评估方法本质上是计算连续两个时刻内的相关参数之间的"距离"。这些参数包括两船间距离、DCPA、TCPA 等数据,并将这些数据分为时间和空间两类,根据数据的类型可以计算出先验和后验增益的 BPA 值。在本章提出的评价框架下,评价结果的不确定性可以通过 $2^\Theta = \{\{P\},\{NP\},\{P,NP\},\varnothing\}$ 的 BPA 赋值进行定量分析。$m(P,NP)$ 可以看作是无法确定避碰决策是有利的还是不利的程度,即评价结果的模糊度。另外,由于图 5-7 中的 BPA 赋值函数根据主观经验设定,存在一定的不确定性,这也导致了 $m(P)$ 和 $m(NP)$ 本身也有一定的不确定性。

针对以上提出的问题,首先对评价结果的不确定性进行定量评价。采用以下方式定义模糊度:

定义 5:假设 $m(\{P\}), m(\{NP\}), m(\{P,NP\})$ 分别为 BPA 赋值函数得到的评价结果,那么该评价结果的模糊度定义如下:

$$AM(m) = -BetP_m(\{P\})\log_2 BetP_m(\{P\}) - BetP_m(\{NP\})\log_2 BetP_m(\{NP\}) \tag{5-14}$$

$$BetP_m(\{P\}) = \frac{m(\{P\})}{|\{P\}|} + \frac{m(\{P,NP\})}{|\{P,NP\}|} = m(\{P\}) + \frac{1}{2}m(\{P,NP\}) \tag{5-15}$$

$$BetP_m(\{NP\}) = \frac{m(\{NP\})}{|\{NP\}|} + \frac{m(\{P,NP\})}{|\{P,NP\}|} = m(\{NP\}) + \frac{1}{2}m(\{P,NP\}) \tag{5-16}$$

由以上定义可知,模糊度 AM 的取值范围为 $[0,\log_2|\Theta|]$,而集合 Θ 中元素的个数为 2,因此 AM 的取值范围为 $[0,1]$。接下来就可以利用该定义分别对图 5-7 中的两种情况下的模糊度进行量测,得到遵守和违反 COLREGs 两种情况下的模糊度曲线,如图 5-14 所示。

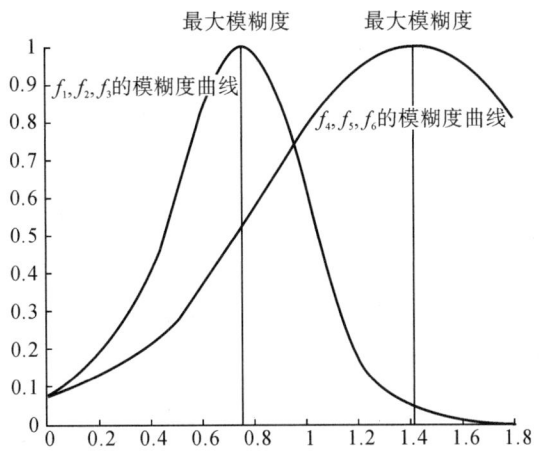

图 5-14 模糊度量测曲线

图 5-14 中的左侧曲线为遵守 COLREGs 时 BPA 赋值函数的模糊度,右侧为违反 COLREGs 时的模糊度。两条曲线的最大值分别出现在 0.76 和 1.42 处。以 COLREGs 下的模糊度曲线为例,横坐标表示 ACMSG/ACMTG,当模糊度达到最大值时,表明根据时间和空间增益得到的避让效果评价结果包含的信息量最少,因此对避让行动效果的评价也最为困难。而当 ACMSG/ACMTG 逐渐远离峰值时,其评价结果的确定性逐渐增加,模糊度也会相应降低。

利用上述模糊度量测曲线,得到三种避碰决策行动评价结果的模糊度变化趋势如图 5-15 所示。从图 5-15 可以看出,通过将时间和空间证据融合,评价结果的模糊度在大多数情况下都比单独采用空间/时间评价时的模糊度有了较大程度的降低。说明利用证据理论将时间和空间的证据进行融合,可以有效提升评价结果的可靠性。

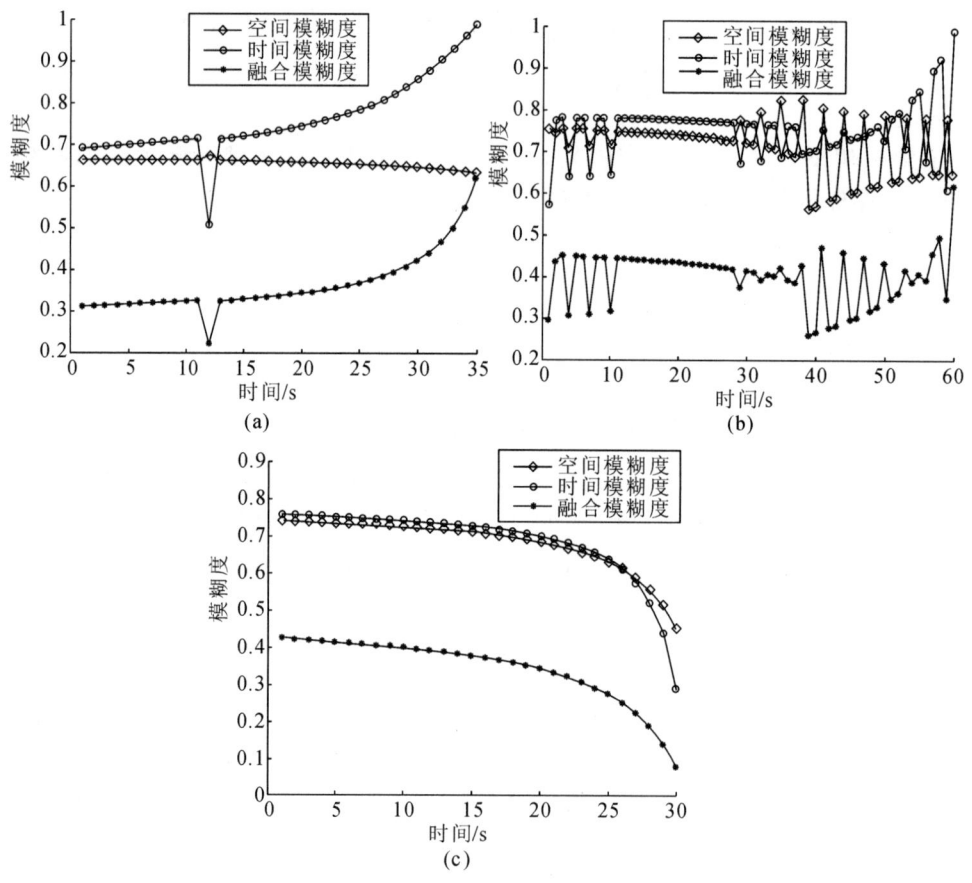

图 5-15　三种情况下的模糊度量化结果
(a)避碰方式 1;(b)避碰方式 2;(c)避碰方式 3

本章提出的评价模型中的第二个问题是图 5-7 中的 BPA 赋值曲线是根据主观的经验选取的,这也会在一定程度上带来不确定性。为了评价由赋值函数带来的不确定性,接下来对赋值曲线进行重新定义,利用新的赋值曲线对三种情况再次进行评价,并与之前的结果进行比较。根据 BPA 的基本要求,赋值函数需要被限制在区间[0,1]内,此外,赋值函数还应当至少满足以下条件:

(1) 曲线 $m(P)$ 和 $m(NP)$ 都应该为单调递增函数,而且 $m(P)$ 为单调非减函数,$m(NP)$ 为单调非增函数。这种趋势可以反映出 ACMSG/ACMTG 越大,避碰决策的效果越好。

(2) 由于 $m(\{P\})$、$m(\{NP\})$ 和 $m(\{P,NP\})$ 在任何情况下的和均为 1,因此在区间 $[0,\infty)$ 内,应当满足 $m(\{P\})+m(\{NP\})\leqslant 1$。

图 5-7 中的各条曲线都是采用基准函数 $f_0(x,\alpha,\beta)$ 进行赋值,唯一不同的是赋值参数的选取。赋值参数的选取不仅需要满足以上两个条件,而且应当能够很好地反映时间/空间增益的变化,这就给参数的选取增加了很大的困难。接下来针对这个问题,对 BPA 赋值曲线采用更加简单的方式重新定义。在满足条件(1)和(2)的情况下,遵守和违反 COLREGs 条件下的赋值曲线如图 5-16 所示。

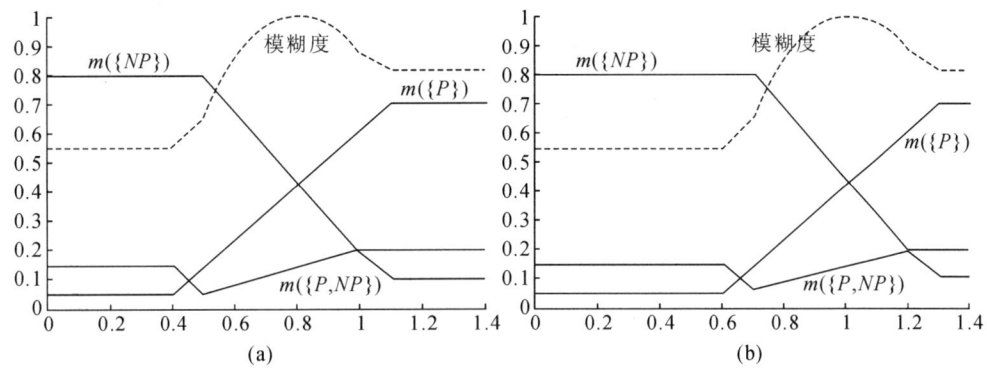

图 5-16 遵守(a)和违反(b)COLREGs 条件下的 BPA 赋值函数

另外,需要指出的是,图 5-16 中的 BPA 赋值曲线还反映了在相同的时间/空间增益条件下,遵守 COLREGs 的评价结果要好于违反 COLREGs 的评价结果。这一条件也和实际情况相符。图 5-17 比较了图 5-7 和图 5-16 中的赋值曲线变化规律,由于赋值函数满足条件 $m(\{P\})+m(\{NP\})+m(\{P,NP\})=1$,因此在 XYZ 三维坐标系内,如果将 X 轴、Y 轴和 Z 轴分别代表 $m(\{P\})$,$m(\{NP\})$ 和 $m(\{P,NP\})$,那么每条曲线必然处于平面 $X+Y+Z=1$。

将新的赋值曲线代替图 5-7 中相应的赋值曲线,得到三种避让条件下的空间时间增益的融合结果如图 5-18 所示。通过与图 5-13 中对应的结果相比较可以发现,三种情况下的空间时间增益融合后的结果保持相同的变化趋势,表明赋值函数的选取对最终评价结果没有实质的影响。另外,利用新的 BPA 赋值函数得到的 $m(\{P,NP\})$ 曲线上的值普遍要高于原始的 BPA 赋值函数,表明在这种曲线下得到的决策效果评价结果的可靠程度有所降低。

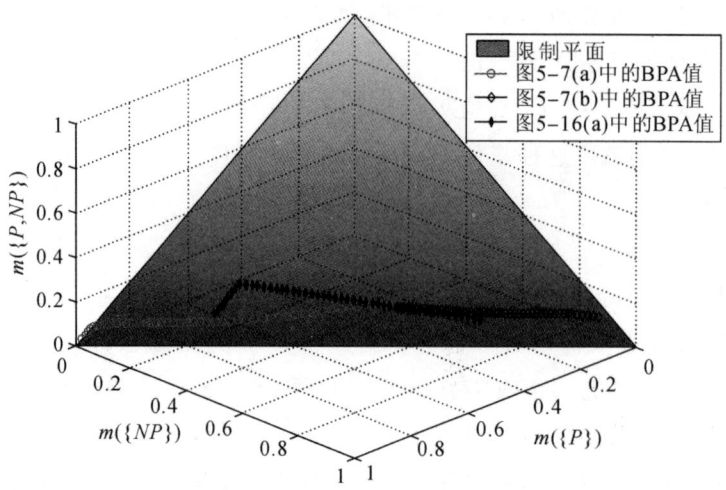

图 5-17 两种 BPA 赋值函数比较

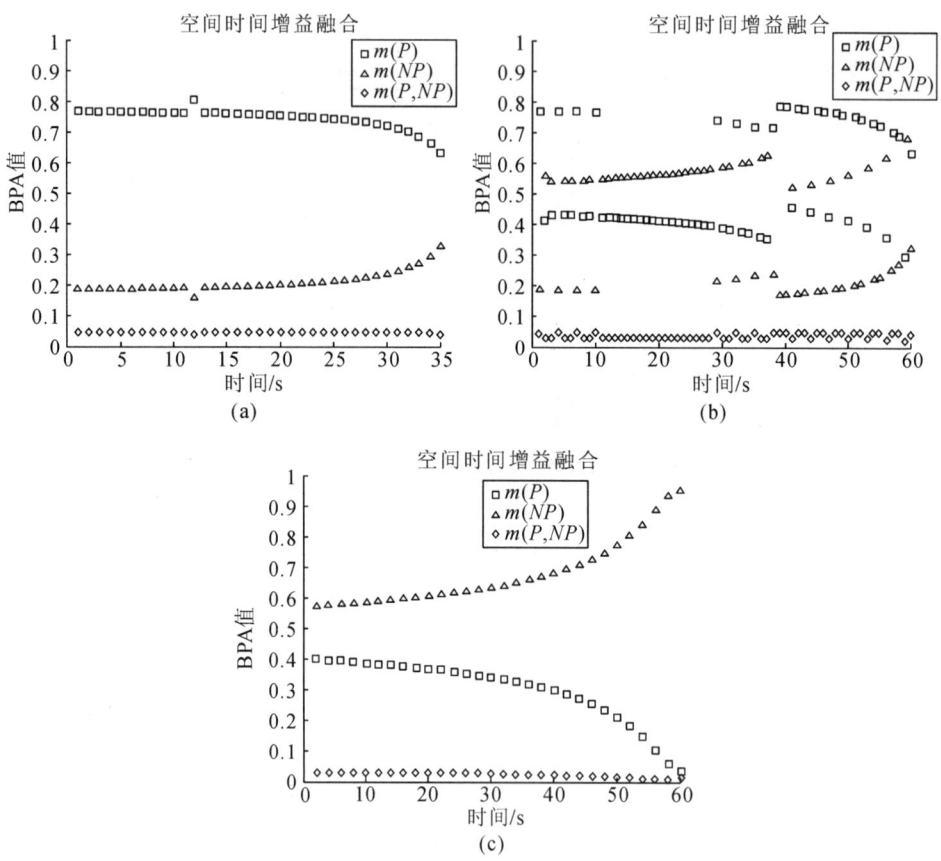

图 5-18 采用新的 BPA 赋值函数得到的时间空间增益融合结果
(a)避碰方式 1;(b)避碰方式 2;(c)避碰方式 3

另外,通过比较图 5-7 和图 5-16 中的模糊度曲线可以发现,新的 BPA 赋值函数的变化幅度相对较小,而模糊度曲线可以反映船舶避碰决策评价效果的不确定性。因此,在实际应用中,可以通过调整 BPA 赋值函数来控制模糊度曲线的变化,从而对评价结果的不确定性进行量化。

5.4 本章小结

船舶碰撞事故分析和调查一直以来是水上交通风险评价领域中的热点问题之一。大量的研究表明,大多数的碰撞事故都是人为因素造成的,也就是说,驾驶员在避碰过程中的决策对于是否能够成功避免碰撞起到关键的作用。本章针对两条船舶的碰撞事故提出一种时空评价风险评价模型,在时间序列内对两条船舶在各个阶段避让行动的有效性进行定量评价,主要工作如下:

(1)根据 AIS 数据的发射特性进行模拟,得到船舶在避碰过程中的位置、速度、航向等数据,并针对不同船舶的 AIS 数据不同步问题,提出了基于三次样条插值的数据修复算法,实现数据同步。

(2)在时间序列内分析两条船舶的避让操纵的实际效果,将后一时刻的避让效果看作是前一时刻避碰决策和行动所产生的结果,并利用两条船舶在相同时刻的真实 AIS 数据(或虚拟 AIS 数据)与预测的 AIS 数据进行两两比较,综合考虑两船之间的距离、DCPA 和 TCPA,获取先验/后验时间和空间增益。

(3)将直航船和让路船的行动效果评价进行区别对待,构建 BPA 赋值函数对先验/后验增益进行赋值,实现船舶避碰行动效果的定量评价。

(4)利用 D-S 证据理论的基本思想,将时间和空间增益分别看作是一个证据体,并进行证据融合,得到每个时刻的决策效果评价结果。在此基础上进一步对模型的敏感度和可靠性进行分析。

本章的研究限定在两条船舶碰撞风险的定量分析,而在实际情况中可能存在多船会遇的情况,在这种情况下对船舶驾驶员避碰决策的评价将会更加复杂,这也是在今后需要进一步考虑的问题。另外,对于船舶驾驶人员来说,他们不仅希望能够对自身的决策效果进行评价,更加重要的是在避碰决策不合理的情况下如何在下一时刻采取最为有效的行动。因此在将来还可以对决策不合理条件下的避让策略修正方法进行更深入的研究。

参 考 文 献

[1] DEMPSTER A P. Upper and lower probabilities induced by a multi-valued mapping[J]. The annals of statistics,1967,38(2):325-339.

[2] EMPSTER A P,CHIU W F. Dempster-shafer models for object recognition and classification[J]. International journal of intelligent systems,2006,21(3):283-297.

[3] DURU O,BULUT E,YOSHIDA S. Regime switching fuzzy AHP model for choice-varying

priorities problem and expert consistency prioritization: A cubic fuzzy-priority matrix design[J]. Expert systems with applications,2012,39(5):4954-4964.
[4] JIANG Q M,CHEN C H. A multi-dimensional fuzzy decision support strategy[J]. Decision support systems,2005,38(4):591-598.
[5] KOKOTOS D X,LINARDATOS D S. An application of data mining tools for the study of shipping safety in restricted waters[J]. Safety science,2011,49(2):192-197.
[6] MULLAI A,PAULSSON U. A grounded theory model for analysis of marine accidents[J]. Accident analysis and prevention,2011,43(4):1590-1603.
[7] TRUCCO P A,CAGNO E A,RUGGERI F B,et al. A Bayesian belief network modeling of organizational factors in risk analysis: A case study in maritime transportation[J]. Reliability engineering and system safety,2008,93:823-834.
[8] YIP T L. Port traffic risks:A study of accidents in Hong Kong waters[J]. Transportation research part E logistics & transportation Review,2008,44(5):921-931.
[9] ZADEH L A. Fuzzy sets[J]. Information and control,1965,8(3):338-353.
[10] ZHANG J F,YAN X P,CHEN X Q,et al. A novel approach for assistance with anti-collision decision making based on the International Regulations for Preventing Collisions at Sea[J]. Journal of engineering for maritime environment,2012,226(3):250-259.

第 6 章　基于速度障碍的碰撞风险模型

速度障碍(velocity obstacle，VO)最早被提出适用于水面无人艇的避碰，然后被引入到商船之间的碰撞风险可视化和避碰决策。本章主要介绍将 VO 作为船舶碰撞风险识别、量化及避让决策支持模型。针对船舶航行过程中的感知参数存在不确定性的问题，提出了不确定性非线性速度障碍模型(uncertain non-linear velocity obstacle，UNLVO)，综合考虑目标船的速度不确定性和位置不确定性，适当扩展速度障碍区域，并将本船的可行速度场划分为四个子区域，并对该模型包含的船舶运动识别模型、运动不确定性模型及不确定速度障碍模型进行详细分析。

6.1　速度障碍法简介

在船舶会遇风险研究中，目前大多数研究方法并不能清晰地描述本船与会遇目标船舶之间的动态关系，当会遇场景中一个参与主体的速度或者航向发生变化时，其他相关主体不能快速感应航行状态变化，且不能够将这种变化内化到对自身的影响。以前的研究有一个假设，即参与主体都是部分或完全可控的，这个假设在现实中不可能实现。人们无法控制他人的行动，也无法提前知道他人的导航信息。例如对渡船穿越航道来说，频繁与其他目标船形成会遇局面，需要快速感应目标船航行状态的变化，并及时做出反应，因此需要一种能够快速清晰描绘船舶之间航行状态关联程度的方法。

VO 是描绘两个主体之间速度航向位置等快速变化的一种方法，常被用于机器人、航行器等避碰和路径规划。它假设当前会遇局面中参与主体保持当前速度行驶，描绘出了主体在某个时刻会导致与另一个主体发生碰撞的所有速度的集合，如果参与主体选择速度障碍内的速度，那么两个主体最终会发生碰撞；如果选择速度障碍外的速度，则保证不会发生这种碰撞。速度障碍法最开始是试图研究不可选速度集合，传统的速度障碍法将遇到的实体视为非反应性的障碍物，会导致构建的速度障碍区域发生较大波动。因此，为了体现主体之间的沟通交流，建立了概率速度障碍法。随后，学者们将速度障碍法逐步扩展应用到多主体，互换速度障碍、混合互换速度障碍、安全速度障碍等模型逐渐建立。接着，速度障碍法逐步被应用到船舶避碰中。原始 VO 模型如图 6-1 所示。

VO 模型构建的基本思想如下：图 6-2 中，A,B 代表本船和目标船，以 B 为圆心的区域代表了目标船周围的一定范围区域，一般是基于目标船重心的船舶领域。一旦本船进入该区域，就认为两船碰撞。AB_1、AB_2 分别是由本船中心为起点，并与该圆形区域相切的射线。在 t 时刻，$\boldsymbol{V}_A^{(t)}$，$\boldsymbol{V}_B^{(t)}$ 分别是此时两船的真速度向量，$\boldsymbol{V}_{AB}^{(t)}$ 是 A 相对于 B 的相对速度，而 L_{AB} 则是本船相对于目标船的相对运动线。

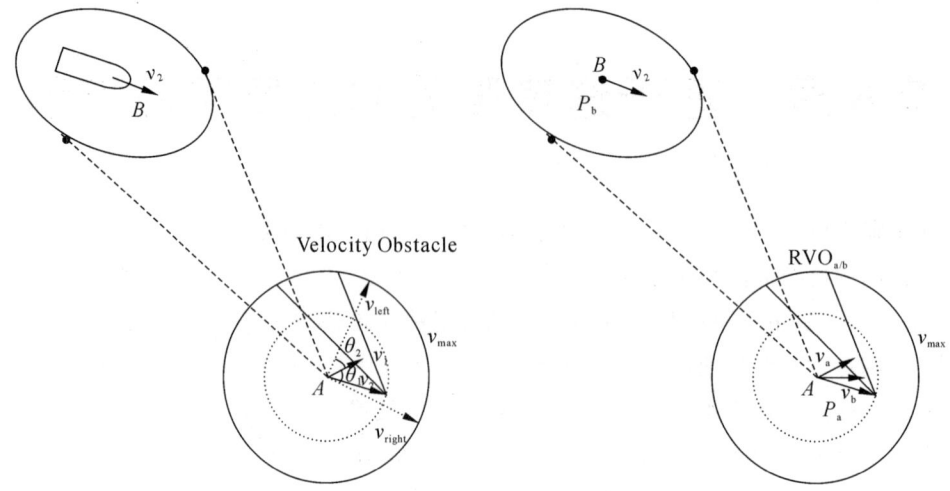

图 6-1 原始 VO 模型

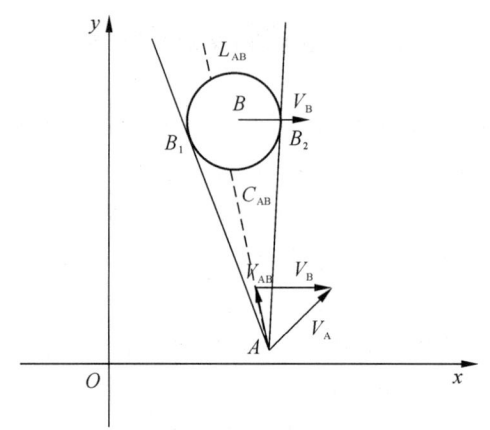

图 6-2 速度障碍模型

如果 B 是静态目标,$V_B^{(t)}=0$,当 $V_A^{(t)}$ 的方向落入 $\angle B_1AB_2$ 的范围,则 A 将会与 B 发生碰撞;如果 B 是移动目标,则 $V_B^{(t)}\neq 0$,如果 $V_{AB}^{(t)}$ 的方向落入 $\angle B_1AB_2$ 区域,则将发生碰撞。

速度障碍区:A 相对于 B 的速度障碍区 $C_{AB}^{(t)}$ 是以 A 为顶点的一个扇形区域,当两船 A 相对于 B 的相对速度以 A 为起点并指向区域内任意一点时,A 相对于 B 的相对运动线将和 B 相交(碰撞发生)。亦即:

$$C_{AB}^{(t)}=\{V_{AB}^{(t)}\mid L_AB\cap B\neq\varnothing\} \tag{6-1}$$

在图 6-2 中,速度障碍区 $C_{AB}^{(t)}$ 就是三角形区域 $\angle B_1AB_2$。

速度障碍:速度障碍 $\boldsymbol{VO}^{(t)}$ 就是速度障碍区对应的相对速度矢量和目标船速度矢量合成的集合,即:

$$\boldsymbol{VO}^{(t)}=\boldsymbol{C}_{AB}^{(t)}\otimes\boldsymbol{V}_B^{(t)} \tag{6-2}$$

6.2 不确定性非线性速度障碍模型

6.2.1 模型框架

考虑到现有渡船碰撞风险识别和量化方法不能准确度量风险,且没有将目标船舶行为意图和运动特点融合到风险量化过程中,因此,在传统速度障碍模型的基础上,建立了一个考虑船舶运动识别和船舶运动不确定性的风险意识框架。首先,利用转折点识别船舶运动模式。其次,分析目标船被视为速度障碍物时船舶运动模式的不确定性。然后,基于 UNLVO 模型,根据船舶会遇过程中不同操作行为对碰撞风险进行量化。该模型如图 6-3 所示。

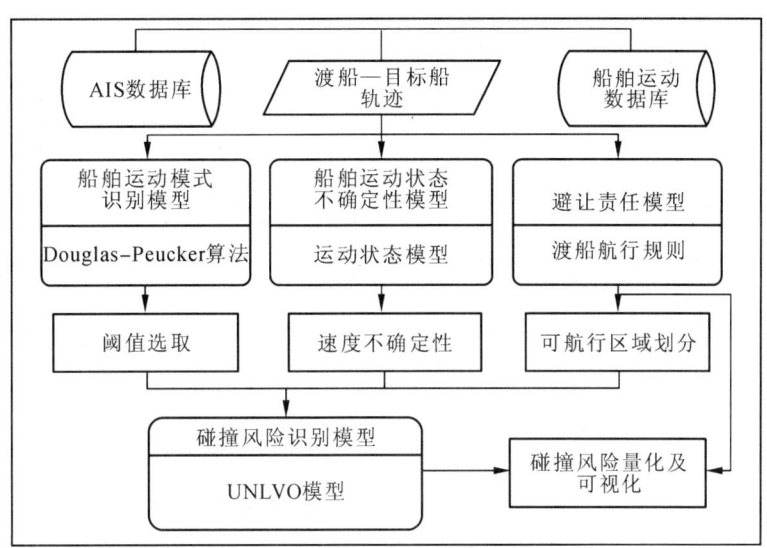

图 6-3 渡船碰撞风险识别量化模型框架

由图 6-3 可知,该模型包括两个子模型,分别为船舶运动识别模型、船舶运动状态不确定性模型。其中船舶运动识别模型旨在使用轨迹抽稀算法,通过设置不同阈值来识别船舶运动过程中的波动范围;船舶运动状态不确定性模型主要是通过选取船舶航行过程中动态影响因素来识别船舶运动状态不确定性。这两个模型与船舶避让责任相融合,实现基于不确定性非线性速度障碍模型对穿越风险的识别和量化。

6.2.2 船舶运动模式识别模型

船舶运动是一个复杂的系统,有多种因素对其产生影响。船舶运动特点可以根据需要从大量的船舶轨迹中提取,通过使用特征提取算法,在保持船舶轨迹主要特征的同时,可以获得船舶行动的关键信息。其中,船舶轨迹的转折点就包含了大量有用信息,它可以用来识别异常点,确定轨迹波动区间,识别船舶经典航线等。不同阈值下提取出来的转折点具有不同作用。获取转折点的方法有很多种,比如聚类方法。Douglas-Peucker (DP)算法最初由 Douglas 和 Peucker 于 1973 年提出。该算法可以根据阈值变化显示不同的模式。结合内河船舶运动特点,本章介绍了一种新的 DP 算法的实现方案,为了简化和标准化阈值选择过程,可以利用一组阈值步长对压缩程度进行可视化。因此首先采用阈值区间,然后根据阈值区间和压缩结果确定区间步长。阈值的选择与压缩的目的和用途完全相关。本章将记录压缩率作为压缩程度的指标。COM 表示压缩程度。$Records_{t-1}$ 表示根据前一个时间段的阈值计算保留的点数。$Records_t$ 表示根据当前阈值计算保留的点数。

$$COM = Records_{t-1} - Records_t, t \in T \tag{6-3}$$

阈值区间、阈值确定和迭代如图 6-4 所示。

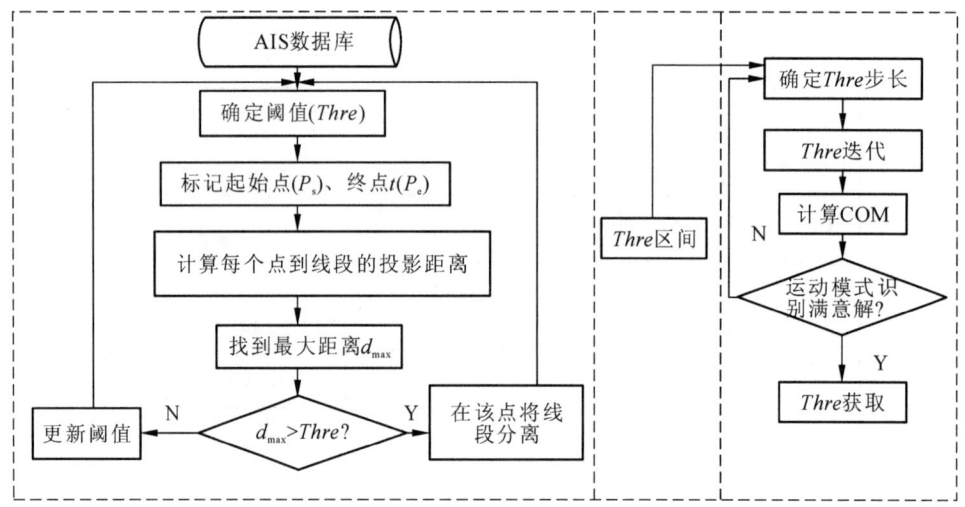

图 6-4　NLVO 改进 DP 算法流程图

根据 DP 理论,AIS 轨迹可以标记为点集 $D=\{P_1,\cdots,P_i\}$。临界值变化是反映航向变化范围的一个关键因素,它随船型、航道和环境条件等因素的变化而变化。为了计算点到线的距离,地理坐标应转换为墨卡托投影中的坐标。轨迹点 (X,Y) 的投影坐标计算如下:

$$r_0 = \frac{a\cos\varphi_0}{\sqrt{1-e_0^2\sin^2\varphi_0}} \tag{6-4}$$

$$q = \ln\left[\tan\left(\frac{\pi}{4}+\frac{\varphi}{2}\right)\left(\frac{1-e\sin\varphi}{1+e\sin\varphi}\right)^{\frac{e}{2}}\right] \tag{6-5}$$

$$X = r_0 \times \lambda \tag{6-6}$$

$$Y = r_0 \times q \tag{6-7}$$

其中,φ 和 λ 为经纬度;φ_0 为投影中的标准纬度;a 为地球椭球的长半径;e 为地球椭球体的第一个偏心率;r_0 为标准纬度平行圆的半径;q 为等距纬度。

6.2.3 船舶运动不确定性模型

对船舶碰撞风险进行有效的检测、预测和感知,是驾驶员进行避碰决策的必要条件。碰撞风险的大小受到船舶行为的不确定性影响,这种不确定性与环境和操作因素有关。主要研究船舶的速度和航向,试图对船舶的运动进行概率评估。船舶作用不确定性模型可以表示为:

$$I_i = \{V_i, C_i\} \tag{6-8}$$

其中,V_i、C_i 为船舶速度和航向形成的动作不确定性模型。非线性速度障碍(NLVO)算法的贡献在于将船舶运动视为受到船舶动态信息测量误差影响,以及外部干扰的非线性运动。由于船舶操纵性、船舶结构、法规和环境的影响,船舶航行速度会存在一定程度的波动。速度分布作为 NLVO 模型中的一个关键因素,在船舶运动不确定性识别中起着重要的作用。在一些航道中,可以发现同一类型的船舶几乎具有相同的速度特征,船的速度在一定的范围内变化。这意味着大多数船舶不能全速航行,高斯模型可以有效地描述这种情况。因此,速度分布可以表示为:

$$f(v) = \frac{1}{\sqrt{2\pi\sigma_v^2}} \exp\left\{-\frac{(x-u_v)^2}{2\sigma_v^2}\right\} \tag{6-9}$$

其中,u_v 为样本的均值;σ_v 为样本的标准差。

6.2.4 不确定性非线性速度障碍模型

在船舶运动模式识别模型和船舶运动不确定性模型的基础上,建立不确定性非线性速度障碍模型。与传统速度障碍模型对比,非线性速度障碍模型(nonlinear velocity obstacles,NLVO)的主要优势在于该模型将船舶运动的不确定性加以考虑,与实际场景更接近。NLVO 集合是导致船舶碰撞的所有冲突速度向量场的集合,基本思想是识别出当让路船舶的速度落入 NLVO 集合时,在未来一段时间内会产生碰撞风险的速度场集合:

$$\left. \begin{array}{l} U_{\text{NL-VO}(t)} = \bigcup\limits_{t}^{\infty} \left[\dfrac{P_A(t)-P_B(t_0)}{t-t_0} \oplus \dfrac{ConfP(O,R)}{t-t_0} \right] \\ ConfP(O,R) = \{\parallel P_A(t)-P_B(t_0) \parallel \leqslant R\} \end{array} \right\} \tag{6-10}$$

其中 $U_{\text{NL-VO}(t)}$ 表示碰撞风险的 NL-VO 集合;P_A、P_B 分别是本船和目标船的位置。$ConfP(O,R)$ 是指在时间 t,当本船与目标船舶发生碰撞风险时,描述目标船舶所有可能位置的映射。

根据前面对 NLVO 模型的分析可以发现,B 船的速度、两船之间的距离和船舶安全领域是影响 VO 区域形状和顶点的关键因素。以船舶 B 为例,可以将速度不确定性表示为:

$$V_{bt\text{new}} \in \{V_t | \dot{V}_t \in \{P_\psi | (\parallel V_t \parallel - \parallel V_{bt} \parallel) < \sigma_b |\}, V_t \in f(V_{bt}, \sigma_b), \psi \in (0,1)\} \tag{6-11}$$

其中,$V_{bt\text{new}}$ 是概率为 ψ 的速度区间的迭代集,这样就形成了高斯分布。该分布建立的假设是下一个采样时间内船舶将以较大概率保持当前速度。对于船舶 B 的动作识别,可以将历史船舶交通轨迹作为先验知识,以预测船舶的位置。在当前航线或者历史航线的子轨迹上找到相应的阈值集。对于开阔水域来说,可以根据 OOWs 的偏好、船舶动力学等影响因素在集合中选择一个阈值。在狭窄的水道或转弯区域,阈值可以由 OOWs 决定。对于不同的决策时间片段,船舶 B 运动不确定性可表示为:

$$L_{bt\text{new}} \in \{L_t \mid L_t \in \{E(L_{bt}, \partial)\}\} \tag{6-12}$$

其中,$L_{bt\text{new}}$ 是一组位置,可以将位置范围简化为以当前位置 L_{bt} 为中心的圆或椭圆;∂ 表示半径或半长轴,位置范围平行于船舶 B 的速度。考虑不确定性和船舶运动模式识别的 UNLVO 如图 6-5 所示。

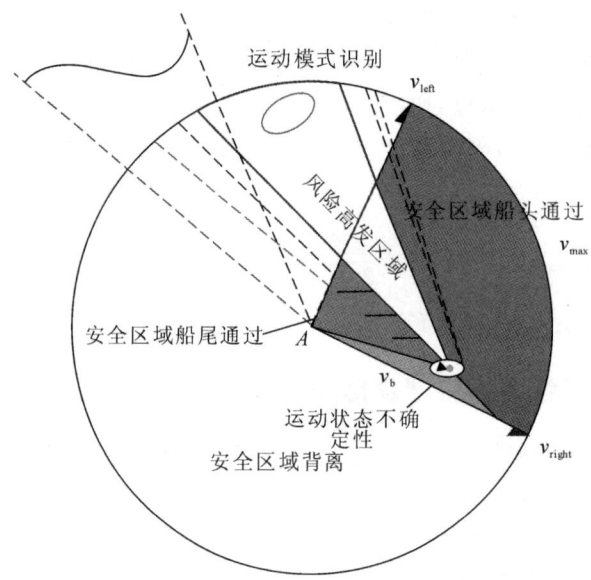

图 6-5 UNLVO 模型划分碰撞风险区域

基于船舶行为模式识别模型、船舶运动不确定性模型和会遇场景的碰撞责任分析,在传统 NLVO 模型的基础上,构建了 UNLVO 模型。

表示每个时间片段位于点 A 的一个半径为 $V_{at\max}$ 的角度为 $C_{at\max}$ 的闭合可航行空间。$A \oplus B = \{a+b \mid a \in A, b \in B\}$ 为船舶 A 和目标船 B 的闵可夫斯基和,$D(p_{at}, A \oplus B)$ 表示所约束的区域内的点。UNLVO 算法的基本思想是,当 OS 的速度处于这个集合时,在特定的时间片中识别出存在碰撞风险的 UNLVO 集合,在下一次的时间片中,每个实体将获得新的速度,并更新 UNLVO 集合。其表达式如下:

$$\left.\begin{aligned}
&\lambda(p_{at}, c_{at\max}, v_{at\max}) = \{qp_{at} \mid \|qp_{at} - p_a\| < v_{at\max}, \forall c_{at} \leqslant c_{at\max}\} \\
&D(p_{at}, A \oplus B) = \{q_{at} \in (\tan(A \oplus B), p_{at})\} \\
&A \oplus B = \{a+b \mid a \in A, b \in B\} \\
&t \in T; i \in I; c_{at\max} \in C; v_{at\max} \in V \\
&U_{NLVO(t)} = \bigcup_{t \in T, i \in I} \{|v_{at}| W_{ai} \times [\lambda(p_{at}, c_{at\max}, v_{at\max}) \cap D(p_{at}, A \oplus B) \neq \varnothing]\}
\end{aligned}\right\} \tag{6-13}$$

该模型可以替代传统的 VO 模型,从而建立一种能够实现更加精确的风险量化 UNLVO 新方法。

6.3 基于 UNLVO 的碰撞风险量化

航行船舶一般采用 $DCPA$ 和 $TCPA$ 两个参数来确定两船碰撞危险度,但是在有些场景中,船舶保持航向的时间很短,$DCPA$ 和 $TCPA$ 数值会发生频繁的变化,导致碰撞风险值波动性很大,给驾驶员判断危险度带来很大的困难;同时,获取 $DCPA$ 和 $TCPA$ 的精确数值很困难,因此,驾驶员多是凭经验进行驾驶。

在构建模型评估渡船会遇场景的碰撞风险之前,需要确定风险评价的因素集。船舶之间相对运动态势可以反映碰撞风险及其演化特征,通过对不同会遇场景中相对运动参数变化的统计分析,可以构建基于历史会遇场景特征的评价模型,实现实时碰撞风险的量化。为更好地研究船舶碰撞风险,除了转向、减速外,还将对船舶遵守规则的避让风险和避让难易程度进行量化。

A 船由 B 船引起的 UNLVO 集合是一组危险速度,但 UNLVO 中的速度风险因碰撞三角形直径的不同而不同,顶点附近的速度风险较小。转向和减速是避免碰撞最常见的策略。转向指改变航向同时保持速度不变,而减速指保持方向不变同时降低速度,图 6-6 标识出了风险识别和量化指标。

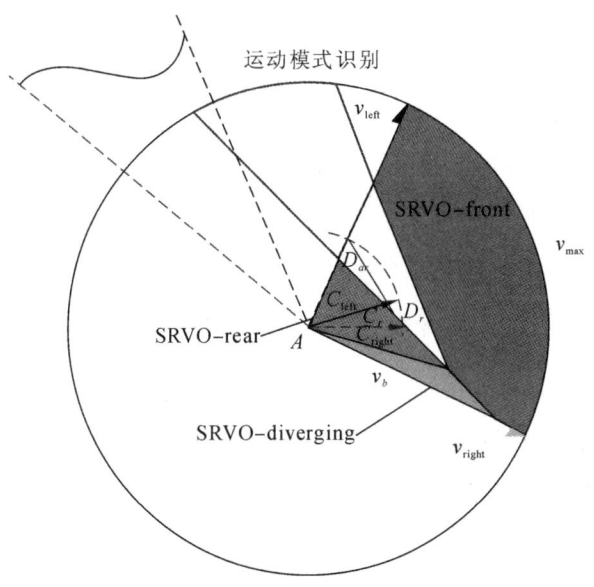

图 6-6 风险识别与量化

6.3.1 转向风险

船舶与形成碰撞风险的船舶会遇的过程中,一般情况下优先选择转向避碰,而船舶的转向一般都是以国际海上避碰为指导,以操作人员经验为主。对于为什么选择转向以及不同幅度的转向产生的风险大小没有具体的量化方法。

假设会遇船舶形成碰撞危险局面,需要采取行动来避免碰撞,渡船要转向到安全速度集合,假设转向后的速度大小不变,渡船转向到安全速度集合的临界线,那么以当前速度与最优速度的角度作为转向的风险。角度越大,表示转向的难度越高,因此风险越大,反之风险越小。

结合图 6-6 中的模型,当前速度下的转向风险可以通过转向到 VO 边界上的 $\mathfrak{J}VO_b$ 点来度量,转到该线上说明从目标船船尾通过。因此当前速度下的转向风险计算公式为:

$$VO_{tdist}(v_t, VO_{bt}) = \| v_t - \mathfrak{J}VO_{bt} \|, v_t \in RVO_{bt}, t \in T, b \in B \tag{6-14}$$

在选定时间段内,$VO_{tmaxdist}$ 为距离最大值,计算公式为:

$$VO_{tmaxdist}(v_t, VO_{bt}) = \max \| v_t - \mathfrak{J}VO_{bt} \|, v_t \in RVO_{bt}, t \in T \tag{6-15}$$

因此,转向风险可表示为:

$$R_{abt} = \frac{VO_{tdist}(v_t, VO_{bt})}{VO_{tmaxdist}(v_t, VO_{bt})}, v_t \in RVO_{bt}, t \in T, b \in B \tag{6-16}$$

6.3.2 减速风险

减速是避免碰撞的另一种方法。通常情况下采用减速避让的场景比较少,但当遇到特殊紧急情况时,为了避免危险局面的发生,仍然可以选择减速。减速的风险可以表示为从当前速度减小到安全速度的难易程度。与转向风险计算方法类似,对于特定时间段内,减速幅度可表示为:

$$VO_{vtdist}(v_t, VO_{vbt}) = \| v_t - \mathfrak{J}VO_{vbt} \|, v_t \in RVO_{bt}, t \in T, b \in B \tag{6-17}$$

因此,减速风险可表示为:

$$P_{vtcollision} = R_{vabt} \times P_\psi(V_{btnew}), \psi \in (0,1), t \in T, b \in B \tag{6-18}$$

6.3.3 考虑/不考虑航行规则的避让风险

船舶在会遇过程中,需要考虑避让 COLREGs 和穿越风险及行动幅度之间的平衡。COLREGs 中要求让路船尽量避免从目标船舶的船艏穿过,但是如果与目标船舶距离较远,从经济性的角度来看,也可以选择从目标船的船艏穿过。因此,可以用考虑/不考虑 COLREGs 的难易程度来量化避让风险。在某些会遇场景中,不遵守规则的避让风险更小,此时可以选择不遵守规则进行避让,只需要明确避让策略,给操作人员确切的操作指导以避免行动冲突。

在 UNLVO 模型中,可以用遵守/不遵守规则的可选速度集合占总速度集合的面积来表征遵守/不遵守 COLREGs 的难易程度。

在每个采样时间或时间片中,由 UNLVO 约束的三个安全区域代表渡船将选取不同的避让策略。$Z_{UNLVOvt}$表示在时间间隔t内以速度v航行的UNLVO的面积，$Z_{RSRVOvt}$表示在时间间隔t内遵守规则的可选速度集合的面积，$Z_{ORSRVOvt}$表示不遵守规则的速度集合的面积，那么三者面积之和应该是渡船可行的速度集合。因此遵守/不遵守规则的风险可表示为：

$$\left.\begin{aligned}R_{vabt}&=\frac{Z_{UNLVOvt}}{Z_{RSRVOvt}}, v_t \in RVO_{bt}, t \in T, b \in B\\ R_{rabt}&=\frac{Z_{ORSRVOvt}}{Z_{RSRVOvt}}\end{aligned}\right\}\quad(6\text{-}19)$$

6.4 模型应用

2018年1月6日19:20′07″至20:04′48″期间，"桑吉轮"和"长峰水晶轮"在东海发生碰撞，两条船舶的航速、位置和航向信息从AIS中获得。为了得到有用的信息，对异常点进行了预处理。经度和纬度在墨卡托投影中以米为单位进行转换，船舶航行轨迹如图6-7所示。

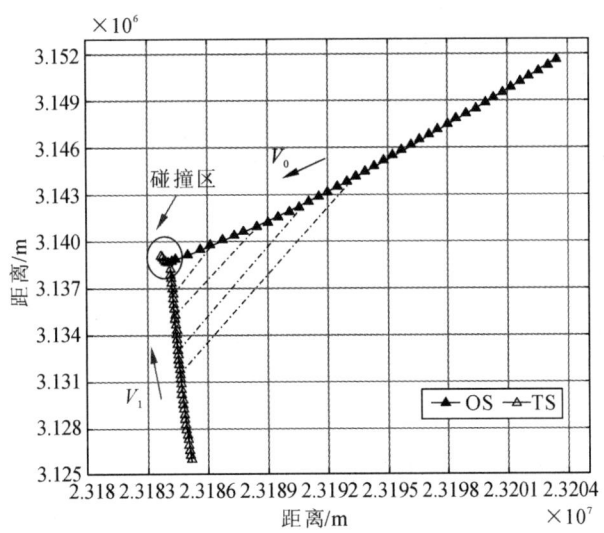

图6-7 两船实时运行轨迹

(1) 两船运动模式识别

对两艘船舶碰撞前一段时间的AIS数据进行详细分析。根据AIS数据确定阈值步长为5m(位置范围可以用动态阈值表示船舶运动的不确定性。该阈值受航行区域、航速、船型、航迹等因素的影响)。两条轨迹压缩后效果如图6-8所示。

由图6-8可以看出，25m和30m的最高点可以用来识别OS(本船)和TS(目标船)的运动波动范围。此外，还可以选择其他阈值区间来描述船舶运动。船舶驾驶员可以根据航道条件等因素来选择不同阈值。基于上述分析，考虑两船航行在宽阔水域，因此选择

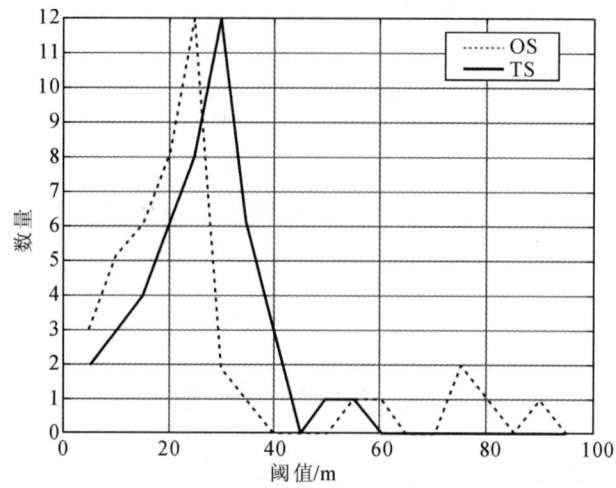

图 6-8 动态阈值与轨迹数量之间的关系（其中 OS 为本船，TS 为目标船）

25m 和 30m 分别作为两条船舶的运动模式识别阈值。

(2) 两船运动不确定性

如前所述，高斯模型可以表达船舶运动的不确定性。对于 OS，样本均值是 6.79 m/s，标准差是 0.43。对于 TS，样本均值是 4.22 m/s，标准差是 0.41。历史数据和仿真速度如图 6-9 所示。

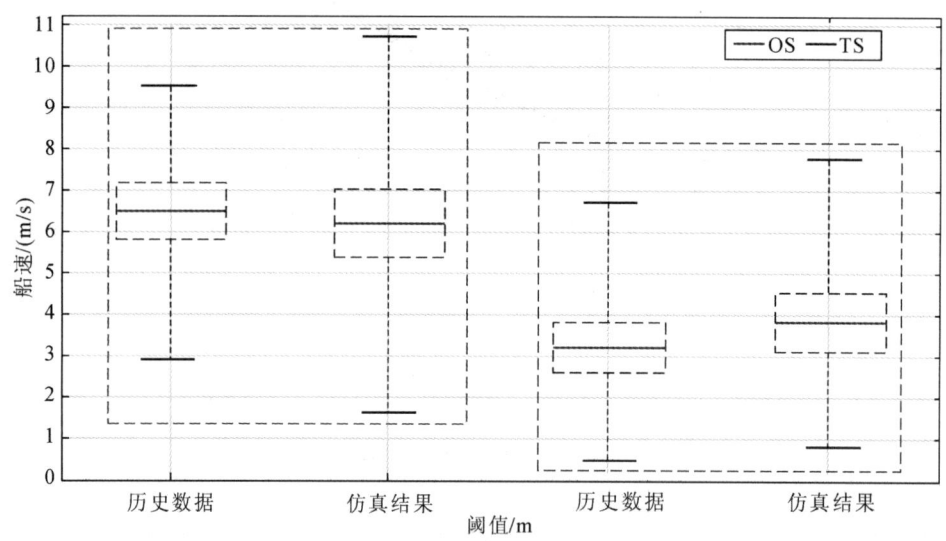

图 6-9 历史数据和仿真结果箱图

(3) UNLVO 模型构建

OS 和 TS 的船舶运动模式识别将原来的 $A \oplus B$ 扩大 55m。同时，OS 和 TS 的船舶运动不确定性将原来的 $A \oplus B$ 增加 300m。仿真过程如图 6-10 所示。整个区域面积 58m²，包含了 UNLVO 区域、SRVO-rear 区域（表示 OS 将从 TS 的船尾通过）和

SRVO-front区域(表示 OS 将从 TS 的船头通过)。

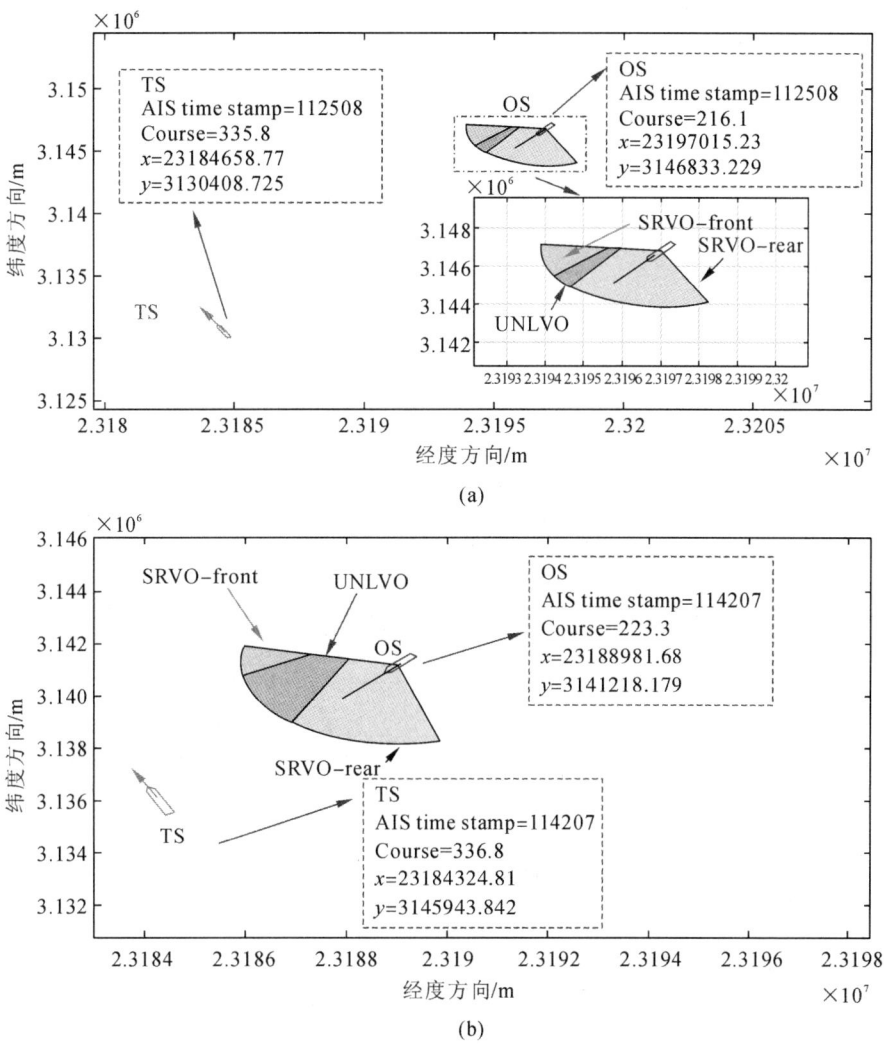

图 6-10　不同时间片段下的 UNLVO 变化

(a)AIS 时间戳=112508；(b)AIS 时间戳=114207

将 UNLVO 风险变化与会遇过程四阶段分析相结合进行分析来看,对于第一阶段,两船可以采取自由行动,距离通常超过 6n mile；在第二阶段,只要 TS 及时采取了有效的避碰行动,OS 只需要保持现有航速和航向,但同时保持警觉；对于第三阶段,随着 UNLVO 的变化,TS 还没有采取有效行动,所以 OS 应该选择 SRVO 区域进行避碰；对于第四阶段,如果 TS 没有采取避让措施,OS 没有避让操作空间可选择,此时碰撞必然发生。如图 6-11 所示。

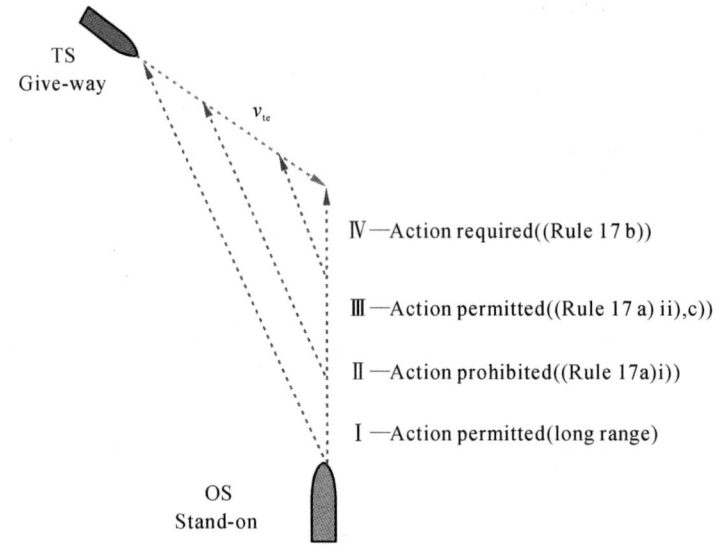

图 6-11　会遇过程四阶段分析

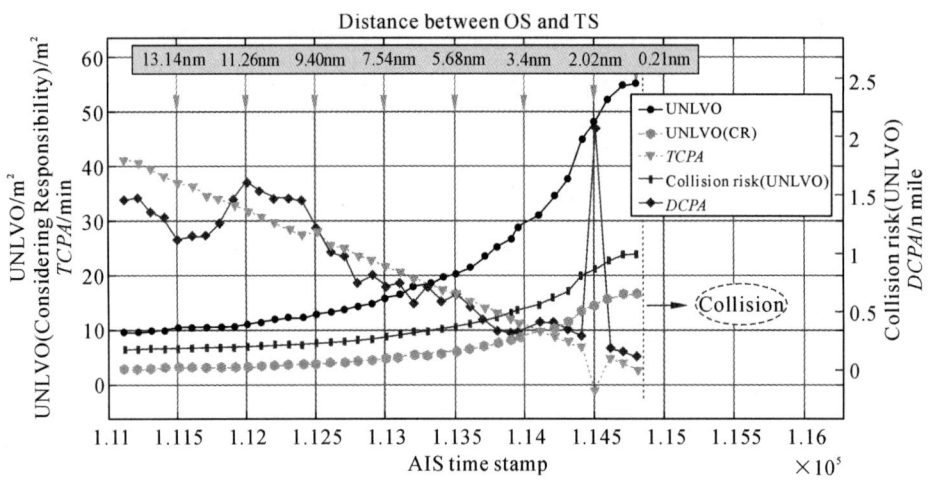

图 6-12　根据 UNLVO 计算出来的实时碰撞风险

根据 UNLVO 模型及风险量化方法对两船碰撞风险进行量化,实时碰撞风险和考虑避碰责任的碰撞风险变化如图 6-12 所示。根据 UNLVO 模型计算出来的实时风险逐渐增大,$DCPA$ 和 $TCPA$ 在碰撞风险方面呈现下降趋势,提供了正确的碰撞风险趋势,所以这两个方法都可以用来表示这种趋势。但是对于实时碰撞感知而言,$DCPA$ 有很多波动,会让 OOWs 对会遇情况感到困惑。除此之外,UNLVO 风险预测更准确和波动较少,它能很好地反映碰撞风险的演变过程。从 OS 和 TS 之间的 6n mile 开始,风险平稳上升。因此,本章提出的方法可以成功地实现实时的风险量化。

6.5 本章小结

本章建立的碰撞风险量化 UNLVO 方法与传统风险量化方法相比,可以得到以下基本结论:

(1) 从风险预测角度看,UNLVO 模型和经典风险量化方法都可以用于船舶碰撞风险量化。其中 TCPA 和 DCPA 及其他相关系数相结合,可以用来分析渡船的穿越行为。但是由于船速和航向波动较大,造成 DCPA 和 TCPA 的较大波动,不利于船舶会遇风险标准化规范化发展。而基于 UNLVO 模型的风险量化方法更具有稳定性,受航速和航向波动变化干扰较少。

(2) 从风险量化角度来看,经典风险量化方法需要结合多种要素和会遇场景来判定,对船舶驾驶人员的指导性不强。而 UNLVO 模型将风险水平映射到 0—1 区间,能够更直观地让船舶驾驶人员和决策人员理解当前风险相对于总体风险来说的严重性,更有利于驾驶人员设定采取避让行为的阈值。

参 考 文 献

[1] BAREISS D, VAN-DEN-BERG J. Generalized reciprocal collision avoidance[J]. The International journal of robotics research, 2015, 34(12):1501-1514.

[2] BEST A, NARANG S, MANOCHA D. Real-time reciprocal collision avoidance with elliptical agents[C]. IEEE International Conference on Robotics and Automation, 2016:298-305.

[3] KLUGE B, PRASSLER E. Reflective navigation: Individual behaviors and group behaviors[C]. IEEE International Conference on Robotics & Automation, 2004:4172-4177.

[4] FULGENZI C, SPALANZANI A, LAUGIER C. Dynamic obstacle avoidance in uncertain environment combining PVOs and occupancy grid[C]. IEEE International Conference on Robotics and Automation, 2007:1610-1616.

[5] DEGRÉ T, LEFÉVRE X. A collision avoidance system[J]. Journal of navigation, 1981, 34(2): 294-302.

[6] HUANG Y M, Chen L Y. Generalized velocity obstacle algorithm for preventing ship collisions at sea[J]. Ocean engineering, 2019, 173:142-156.

[7] HUANG Y M, VAN-GELDER P H A J M. Non-linear velocity obstacles with applications to the maritime domain[C]// SOARES C G, TEIXEIRA A P. The 17th International Congress on Maritime Transportation and Harvesting of Sea Resources (IMAM 2017). Lisbon: Taylor & Francis Group, 2017.

[8] HUANG Y M, VAN-GELDER P H A J M, WEN Y Q. Velocity obstacle algorithms for collision prevention at sea[J]. Ocean engineering, 2018, 151:308-321.

[9] FIORINI P, SHILLER Z. Motion planning in dynamic environments using the relative velocity paradigm[J]. Intelligent journal of robot research, 1996, 17:760-772.

[10] RASHID A T, ALI A A, FRASCA M, et al. Multi-robot collision-free navigation based on reciprocal orientation[J]. Robotics and autonomous systems,2012,60(10):1221-1230.

[11] RUFLI M, ALONSO-MORA J, SIEGWART R. Reciprocal collision avoidance with motion continuity constraints[J]. IEEE transactions on robotics,2013,29(4):899-912.

[12] SNAPE J, BERG J V D, GUY S J, et al. The hybrid reciprocal velocity obstacle[J]. IEEE transactions on robotics,2011,27(4):696-706.

第7章 船舶行为意图识别下的避碰决策

7.1 整体研究思路

船舶行为意图识别下的避碰决策总体框架如图 7-1 所示。该框架主要包括 AIS 数

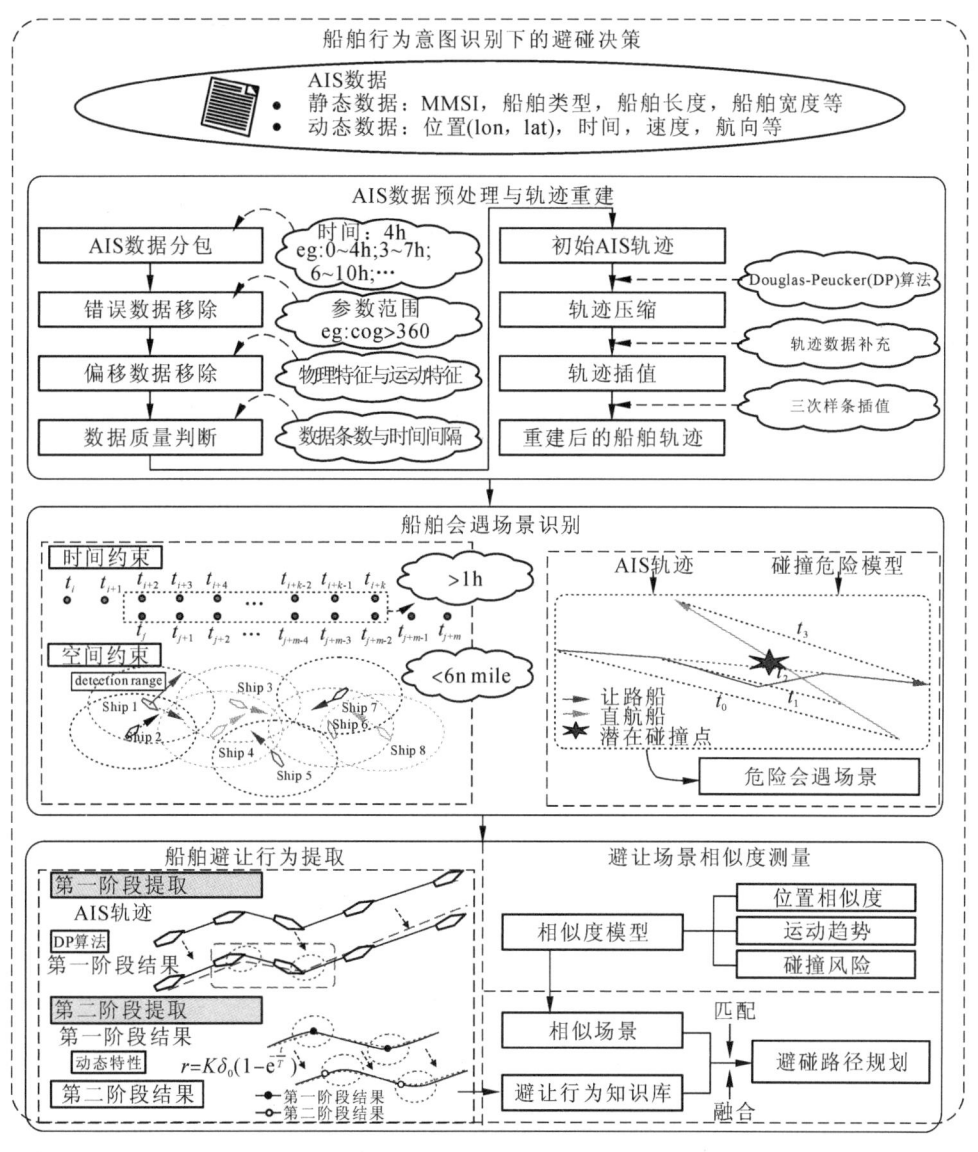

图 7-1 船舶避让行为提取和路径规划框架

据预处理和轨迹重构、船舶会遇识别、避让行为提取和场景相似性度量。避让行为提取进一步分为两步,高效、准确地获取避碰方案。最后利用舟山水域历史 AIS 数据对会遇场景和避碰行为结果进行匹配和统计分析,参考本书第 2.2.1 节介绍的提取方法。

7.2 场景相似性度量

场景相似性度量应考虑相对位置、运动趋势和碰撞风险,并应考虑会遇演化。例如,当一个场景可以通过基于当前航行状态的预测或回溯而转化成另一个场景时,它应该被认为是一个场景的不同时刻。假设 TS 相对于 OS 的位置为 (dx, dy),TS 与 OS 的航向差为 d_c,OS 与 TS 的速度比为 r_v,OS 的速度为 v_o。通过比较会遇场景的相对位置和运动参数,可以反映出相似性。为了准确度量场景相似度,分别提出了位置相似度、运动趋势相似度和碰撞风险相似度。

(1) 位置相似性模型

位置相似性模型用于比较不同会遇场景之间的空间差异。考虑绘制 TS 相对于 OS 的运动,并将其与所提取的船舶避碰的相对运动叠加。叠加基点是坐标原点(OS/OS_a 的位置),如图 7-2 所示。由于船与船之间的相对位置随时间变化,到转折点的距离也在变化。如图 7-2(a) 中所示,存在最近的距离 d。随着距离 d 的增大,位置相似度减小,位置相似度与 d 的关系不是线性的。当两个场景的相对运动线重合,即 $d=0$ 时,位置相似度最高。当 d 足够大时,位置相似度应该会迅速下降,逐渐接近或等于 0。基于该特征,位置相似性模型 S_d 的构建如下:

$$S_d = \frac{1}{\exp(5d)} \tag{7-1}$$

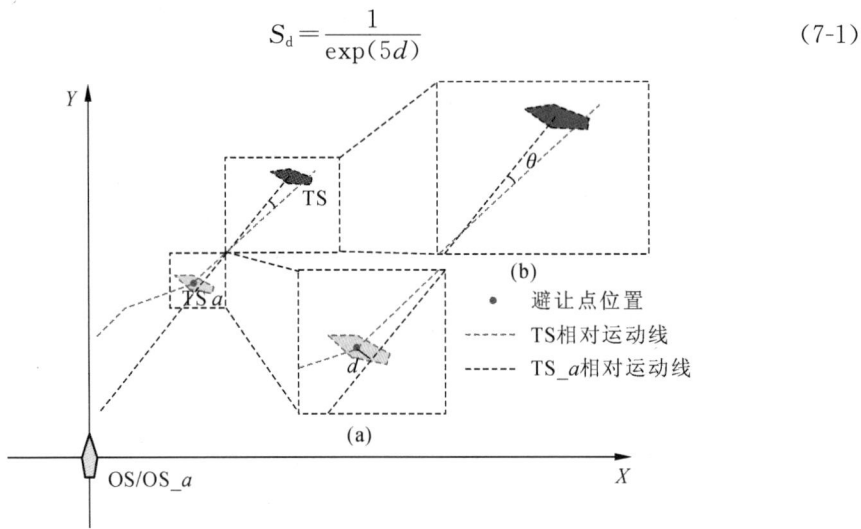

图 7-2 船舶相对运动叠加图

(2) 运动趋势相似性模型

船舶运动趋势是指根据当前运动参数对未来航行状态的估计,可以利用相对运动参数来衡量。当船舶以恒定的航向和速度航行时,相对运动航向和速度也是固定的,即相对运动线是一条直线。如图 7-2(b)中所示,会遇场景的相对运动线之间的夹角为 θ。场景之间越相似,θ 越小。由于船舶尺度和惯性的影响,避让操作需要较大的空间来完成,因此 θ 在较小的范围内是有意义的。利用 θ 构建船舶运动趋势相似模型 S_θ 如下:

$$S_\theta = 1 - \sin[\min(18|\theta|, 90)] \tag{7-2}$$

当 $\theta < 5°$ 时,船舶运动趋势相似模型的值大于 0,否则等于 0。

(3)碰撞风险相似性模型

船舶之间的碰撞风险定量评价是采取规避行动的先决条件。在实际场景中,结合 DCPA 和 TCPA,船舶驾驶员对碰撞风险的评估更加直观,也可作为避碰效果评估和安全检查的依据。DCPA 的值与避让范围有关。根据 COLREGs 的规定,船舶避让时机也是根据会遇局面和阶段的不同而不同。DCPA 反映了船舶之间没有采取行动的碰撞风险水平。TCPA 反映了船舶碰撞风险的时间紧迫性。用 DCPA 和 TCPA 构建的空间风险相似性模型 S_s 和时间风险相似性模型 S_t 如下所示:

$$S_s = \frac{1}{\exp(2|dcpa\_a - dcpa|)} \tag{7-3}$$

$$S_t = \frac{1}{\exp(4|tcpa\_a - tcpa|)} \tag{7-4}$$

其中,$dcpa\_a$、$dcpa$ 分别表示历史场景和真实会遇场景的 DCPA 值;$tcpa\_a$ 和 $tcpa$ 分别表示历史场景和真实会遇场景的 TCPA 值。

(4)场景相似性模型

基于位置、运动趋势和碰撞风险等相似度因子,考虑它们的相对重要性,可以建立场景相似性模型,定义如下:

$$S = k_1 S_d + k_2 S_\theta + k_3 S_s + k_4 S_t \tag{7-5}$$

其中,k_1、k_2、k_3、k_4 为各项指标的比重。考虑到船舶避碰决策主要基于会遇情况和会遇态势的演变,提取的避让行为是真实历史情景中的船舶轨迹,可以保证船舶安全间距。因此,将位置和运动趋势相似性模型的比例设置为高于碰撞风险相似性,k_1、k_2、k_3 和 k_4 的取值分别为 0.40、0.40、0.10 和 0.10。

7.3 基于 Delaunay 三角网的轨迹融合算法

Delaunay 三角网是一种适用于空间邻近性分析的模型,在多边形的组合、地图的综合冲突关系检测和移位处理、地貌分析等方面有广泛应用,并取得了令人满意的结果。Delaunay 三角网是一组互不重叠的相邻三角形,每个三角形的外接圆不包含其他点。采用基于 Delaunay 三角网的融合算法构建船舶的相对运动轨迹。通过融合相似/相同的会遇场景,提取避让特征,制定避碰路径规划。

(1)Delaunay 三角网

Delaunay 三角网可以通过几种算法实现,如三角网生成算法、分治算法和增量插入算法。三角网生成算法时间效率最低。分治算法的递归运算需要很大的内存空间,优化的工作量也比较大。增量插入算法实现相对简单,时间效率高,内存占用小。这里采用增量插入算法生成 Delaunay 三角网。对于图 7-3(a)所示的散点图,构建 Delaunay 三角网的步骤如下:

① 构建一个包含所有点的三角网,并将其作为初始的 Delaunay 三角网,如图 7-3(b)所示;

② 取散点图中的任意一点,找出三角网中外接圆包含散点的所有三角形,如图 7-3(c);

③ 删除包含散乱点的三角形,提取顶点,相对于散乱点顺时针/逆时针排序,构建新的拓扑结构,将离散点成对组成新的三角形并添加到原三角网中,如图 7-3(d)所示;

④ 重复②和③的步骤,直到插入所有点,如图 7-3(e)所示;

⑤ 去除所有包含初始 Delaunay 三角网顶点的三角形,如图 7-3(f)所示。

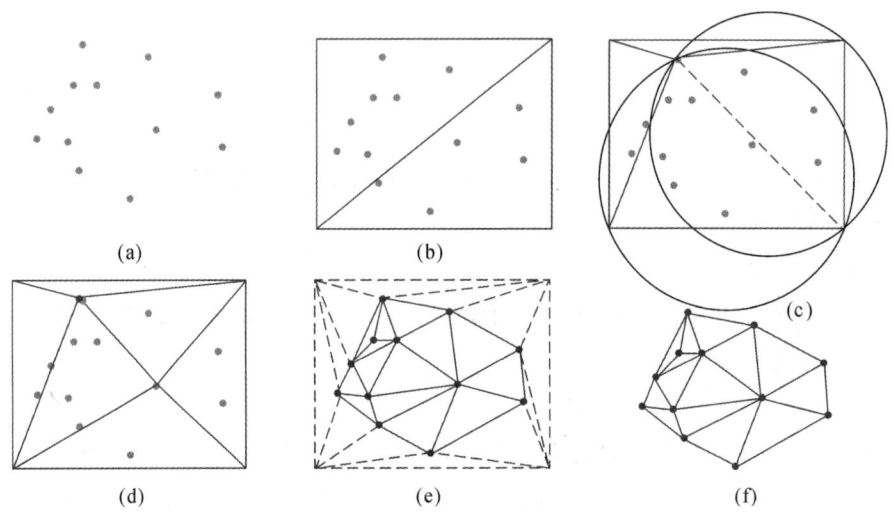

图 7-3　Delaunay 三角网构建示意图

(2)轨迹融合算法

对某一水域和特定时间跨度的 AIS 数据按照以上方式进行处理,形成避碰行为知识库。同时,知识库中的相似场景可以根据第 2 章中关于 AIS 数据处理技术提取。通过融合相似度高的轨迹,可以将符合船舶驾驶员行为特征的避让轨迹制定为船舶避让推荐方案。

为了降低计算复杂度,利用两条轨迹的融合来逐步完成多条轨迹的融合。融合过程中,两条轨迹作为 Delaunay 三角网的约束线,场景相似度作为融合权值。具体步骤如下:

①对于图 7-4(a)所示的两条轨迹,首先确定是否有交点。如果是,计算交点的坐标并分割轨迹,如图 7-4(b)所示。

②对于分割后的点集,递归构建 Delaunay 三角网,如图 7-4(c)所示。

③将轨迹点依次连接,作为约束线修改 Delaunay 三角网,如图 7-4(d)所示。

④选择连接两条轨迹的三角形边,分别设定其相似度为 n 和 m,根据比值确定融合后的轨迹点,如图 7-4(e)所示。

⑤融合后的轨迹点和交点依次相连,形成融合后的轨迹,如图 7-4(f)所示,其中融合后的轨迹相似度为 $n+m$。

⑥重复过程①~⑤,直到所有相似轨迹融合。

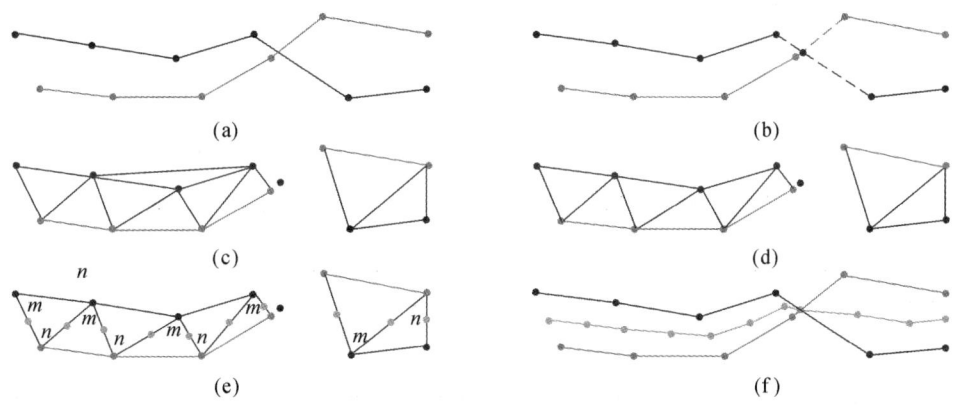

图 7-4 基于 Delaunay 三角剖分的轨迹融合示意图

7.4 实验和数据分析

以宁波-舟山港附近水域为例,该水域位于 $122°18'E \sim 122°50'E$ 和 $29°35'N \sim 29°52'N$ 之间。该水域连接大型船舶进出宁波-舟山港的两条重要航道,即"虾峙门"航道和"条帚门"航道,该区域还包含东海南北航线。船与船之间形成对遇和交叉相遇较为频繁。同时,为了尽量减少捕捞作业对决策的影响,选取 2020 年 6 月该水域禁渔期间的 AIS 数据,通过预处理、会遇识别和避让行为提取,构建避碰行为知识库。然后,设定对遇和交叉相遇,选择相似会遇场景,融合相似避让轨迹,形成避碰路径规划;通过对避碰过程的分析和决策性能的评估,验证了该模型的有效性。

7.4.1 模型精度

(1)轨迹重构

轨迹重构包括船舶位置和航行状态(航向和航速)的精确表达。轨迹重建的数据是交叉值,只是记录的轨迹数据的一部分,可以通过同时对比 AIS 数据来验证。船舶的位置、航向和航速可以通过微积分运算得到,所以通过对位置求导比较相应时刻的航向和航速也可以得到验证。

图 7-5 是从实验中随机选择的船舶运动轨迹。左边是原始 AIS 数据点,右边是三次样条插值后的轨迹点。图 7-6 示出了预测误差在位置、航向和速度维度上的分布。

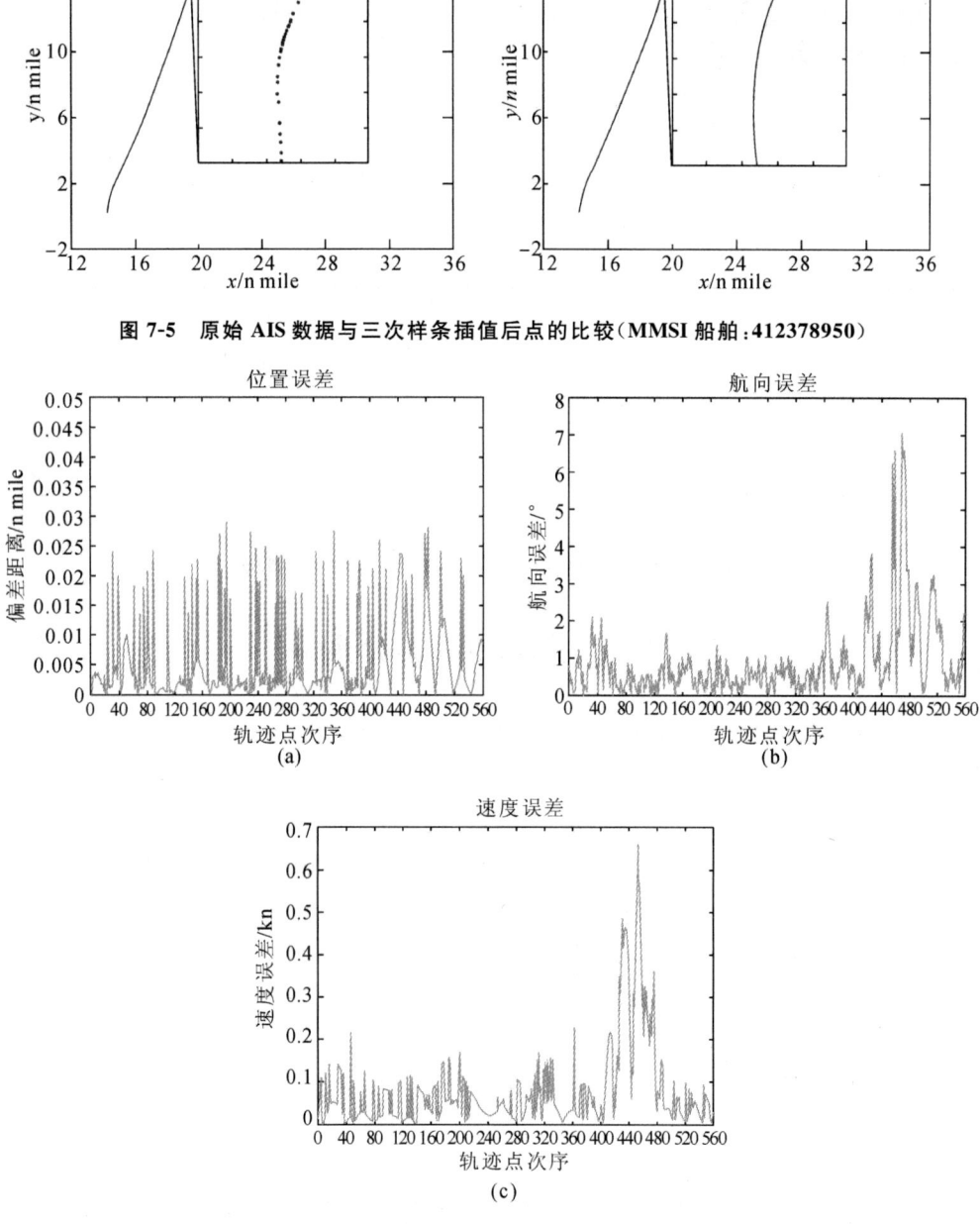

图 7-5 原始 AIS 数据与三次样条插值后点的比较（MMSI 船舶：412378950）

图 7-6 原始数据与插值数据的位置、航向和速度误差比较

根据图 7-6，位置、航向和速度的最大误差分别小于 0.03n mile（55m）、7°和 0.7kn。通过计算该船（MMSI：412378950）所有 AIS 数据的误差，所有点的平均误差分别为 0.0054n mile（10m）、0.9191°和 0.0757kn。为了进一步验证模型的准确性，对实验数据进行了统计分析。模型在位置、航向和速度上的误差分别如图 7-7、图 7-8、图 7-9 所示。

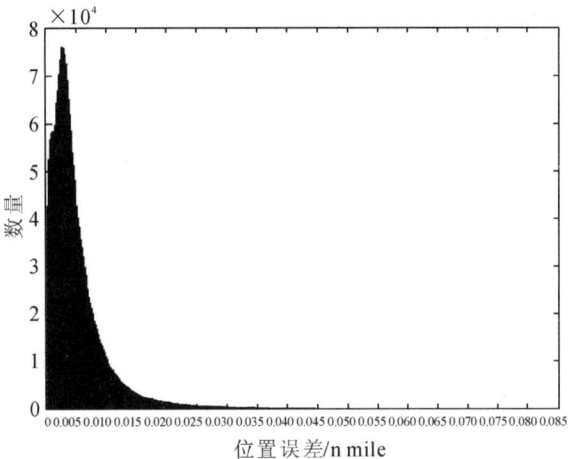

图 7-7　位置误差分布图

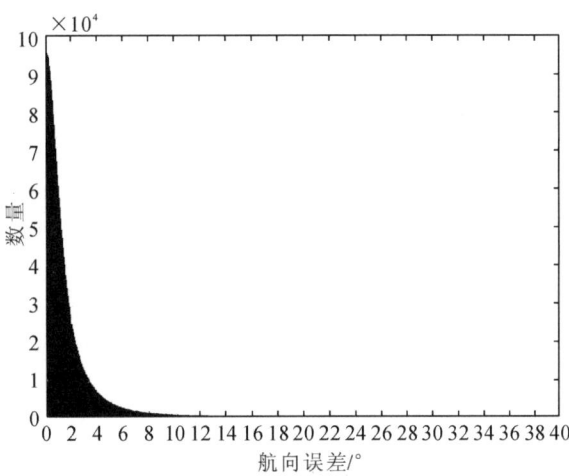

图 7-8　航向误差分布图

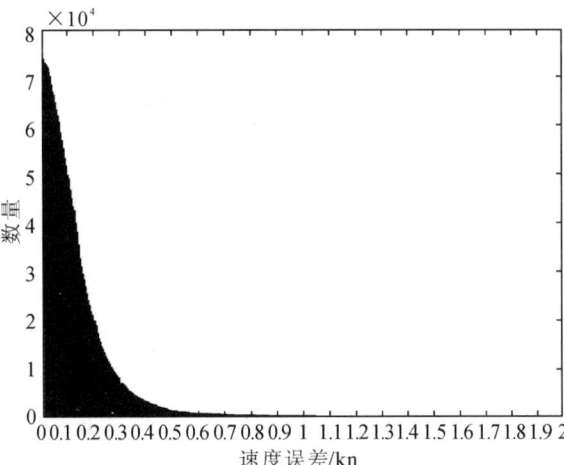

图 7-9　速度误差分布图

通过一个月 AIS 插值结果的对比分析,位置、航向和速度误差的平均值分别为 0.0054n mile、1.6385°和 0.1358kn,标准差分别为 0.0070n mile、2.5393°和 0.1694kn。从统计结果可以看出,基于三次样条的轨迹插值方法能够以满意的精度重建船舶历史轨迹,并保留航向、航速等动态参数。这些参数可进一步用于计算船舶会遇参数和描述船舶会遇演化过程。

(2) 避让行为

通过比较所提取的避让时间和实际时间之间的接近度,可以反映出船舶避让行为提取的准确性,其中实际时间是通过比较诸如船舶航向和转弯速率(Rot)的运动参数来确定的。图 7-10 所示为两船会遇过程和避让点的提取。1 号船没有避让点,2 号船在第一阶段有三个确定的转折点(三角标记)。第二阶段,将前两个转向点合并,基于船舶航向变化趋势得到两个避让点(转向和复航,五角星标记)。详细数据显示如表 7-1 所示。

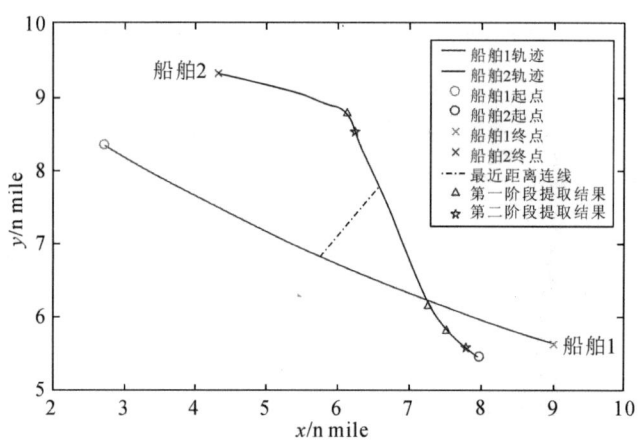

图 7-10 船舶相遇过程及避让点提取

表 7-1 采取行动的时间和相应的坐标

时间/s	x/n mile	y/n mile	其他
240	7.53	5.82	第一阶段结果
418	7.29	6.15	
1651	6.19	8.78	
96	7.79	5.60	第二阶段结果
1521	6.25	8.51	

如图 7-11 和图 7-12 所示,通过分析第一阶段行为提取点(三角形标记)周围的 DCPA 和航向的变化来确定避让时机。根据图 7-12,识别出的避让点(五角星标记)处于 Rot 较小,航向开始趋于稳定增加的时刻,可以认为是船舶向左转向的前期。

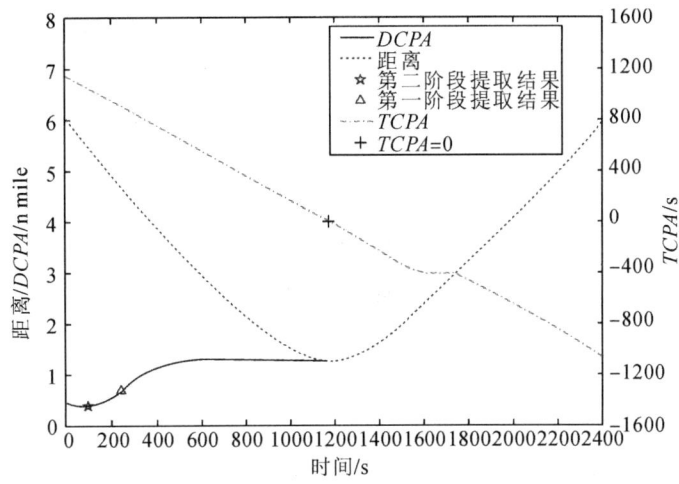

图 7-11 提取的避让点与运动参数之间的关系图

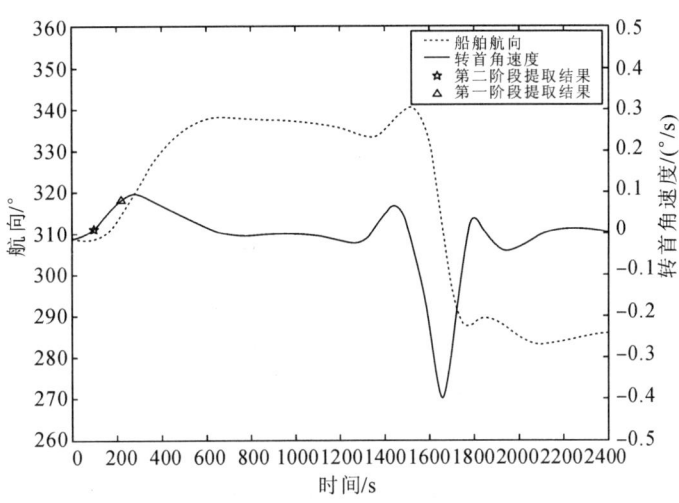

图 7-12 船舶航向和 rot 曲线示意图

7.4.2 会遇提取和行为统计分析

共收集了 2020 年 6 月 1—30 日的 3292897 条 AIS 数据记录，根据第二章中的 AIS 数据预处理和轨迹重建，获得了 6148 条船舶轨迹，提取出 2251 次会遇场景，分布如图 7-13 所示，其中交叉相遇最多，占 50.56%。由于对遇局面中对方位和航向的限制，所占比例相对较小，为 13.02%。左舷对左舷（Ptop）和右舷对右舷（Stos）相遇不符合 COLREGs 中三种会遇态势的要求，但分别占 16.53% 和 19.50%。根据统计，追越的比例仅为 0.39%，一个月只出现了 9 次，因此主要考虑追越之外的其他会遇情况。

计算从 2251 个相遇情形中提取的船舶之间的最小距离，统计结果如图 7-14 所示。由于不同的船员在风险认知和避让偏好上存在一定差异，最小距离也有所不同。平均、最小和 95% 置信距离分别为 0.78n mile、0.08n mile 和 0.24n mile。可以看出，不同船舶驾驶员的最小距离集中分布在 0.2～1.3n mile 内，反映出不同驾驶员对船舶风险认知的显著差异。

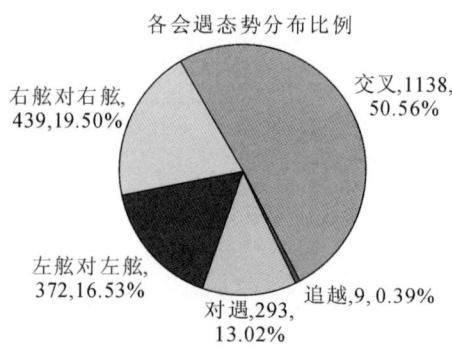

图 7-13　会遇情况的分布

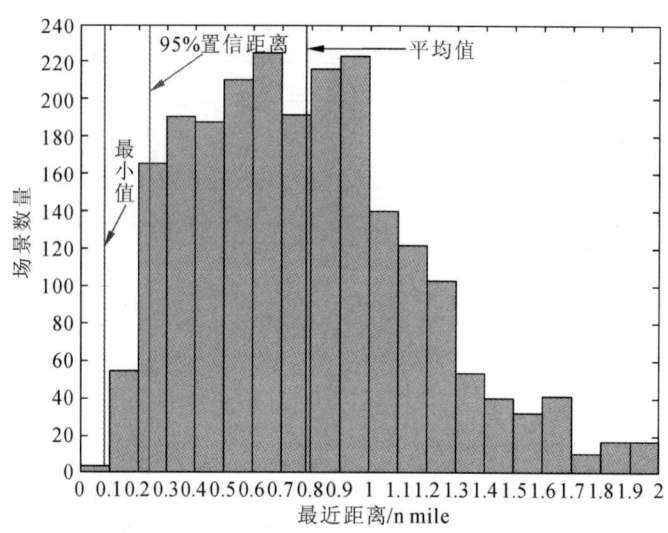

图 7-14　统计情景中的最小距离分布

由于对船舶驾驶员的最小距离要求和碰撞风险敏感度的不同,也为了尽可能多地提取船舶会遇场景,会遇识别模型中的阈值被设置为较大的值,因此采取避让行动的会遇场景只是场景的一部分。通过确定船舶在会遇场景中是否采取避让行动,获得957次会遇。避让场景的比例如表7-2所示。采取避让行动的情况占42.51%,涉及船舶1112艘。交叉相遇、对遇、左舷对左舷、右舷对右舷和追越的避让操作比例分别为46.84%、37.20%、36.02%、39.86%和66.67%。

表 7-2　避让操作在整个样本中所占的比例

	总体	交叉相遇	对遇	左舷对左舷	右舷对右舷	追越
采取行动	957	533	109	134	175	6
总数	2251	1138	293	372	439	9
比例	42.51%	46.84%	37.20%	36.02%	39.86%	66.67%

一个完整的避碰知识库包括航向、转向幅度、操作时船舶之间的距离。由于船舶航向在会遇过程中是变化的,所以用避让点连线之间的夹角作为替代,实际避让幅度大于这个夹角。对不同类型会遇下的避让方案进行统计分析,结果如图 7-15 和图 7-16 所示。每种会遇情况下的避让方向分布如表 7-3 所示。同时,船舶之间的最小距离可以认为是避让效果最直观的指标。统计分析了每种会遇情况下船舶之间的最小距离,结果如图 7-15 所示。它表示每种会遇情况下的最小可接受距离,即对遇情况下的最小距离明显小于其他会遇。最小距离和避让距离的统计结果见表 7-4。

根据不同会遇场景下的船舶避让决策方案统计分析,结果如下:

①在图 7-15 中,在避让距离分布中有两个峰值,分别在 6n mile 和 3.5n mile 附近。平均避让距离在对遇情况下最大,为 4.16n mile。左舷对左舷会遇的平均避碰距离最小,为 3.47n mile,原因可能是会遇处于对遇和交叉相遇的边缘模糊区;向右转向更容易与直航船形成交叉相遇态势,向左转向是更敏感的避让行为,因此在采取行动时需要更加谨慎。

②根据图 7-16,向右转向时,幅度最大值在 5°～25°范围内。对遇情况的避让幅度比其他情况小,与避让船的交叉情况大。在表 7-3 中,除了向左转向外,其他的都是以向右转向为主,这是符合 COLREGs 要求的。由于左舷对左舷没有明确的约束,而向左转向可以快速驶让驶清。同样的,右舷对右舷选择向右转向。在实际的避让过程中,管理人员们可以利用 VHF 通过沟通协调来确定船舶运动方向,所以每种情况下都有一定数量的向左转向和向右转向。

③从各会遇情况下最小距离的统计分析结果(图 7-17)可以看出,对遇情况下的最小距离明显小于其他情况,为 0.52n mile。在对遇情况下,不需要近距离通过船艏,最近距离通常在船的两侧。在其他场景中,船舶之间的平均最小距离范围为 0.8～0.9n mile。

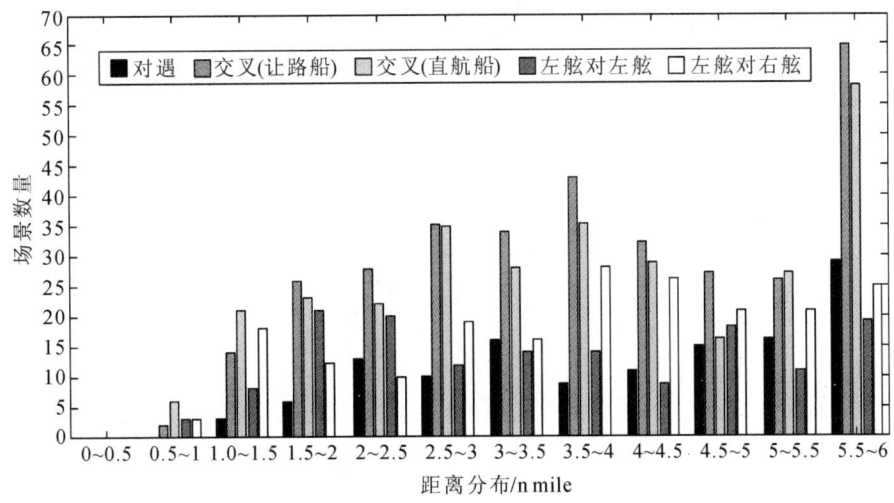

图 7-15 在每种会遇情况下采取避让行动的距离分布

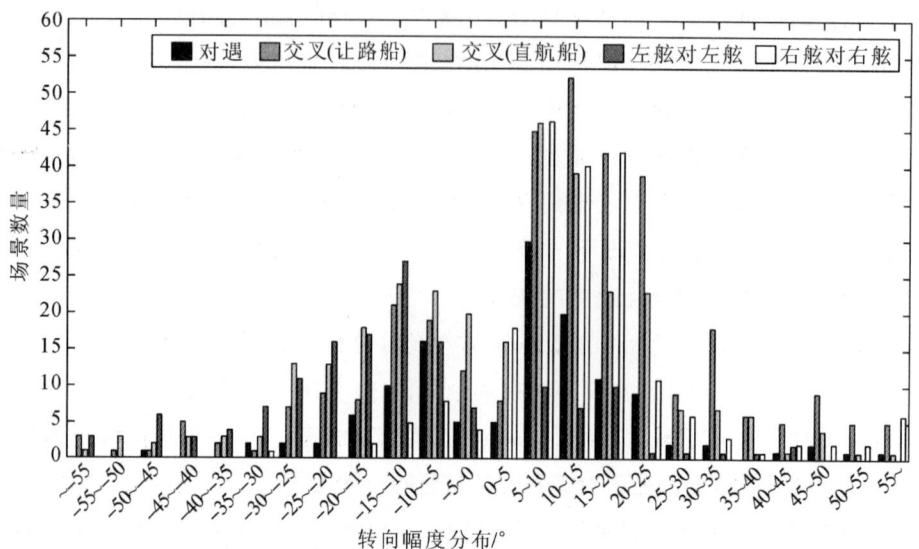

图 7-16　各会遇场景下避让动作的转向幅度分布

表 7-3　各会遇场景下的避让方向分布

	交叉相遇		对遇	左舷对左舷	右舷对右舷
	让路	直航			
向左转向	78	136	38	130	16
	23.78%	42.77%	31.67%	79.27%	8.79%
向右转向	250	182	82	34	166
	76.22%	57.23%	68.33%	20.73%	91.21%

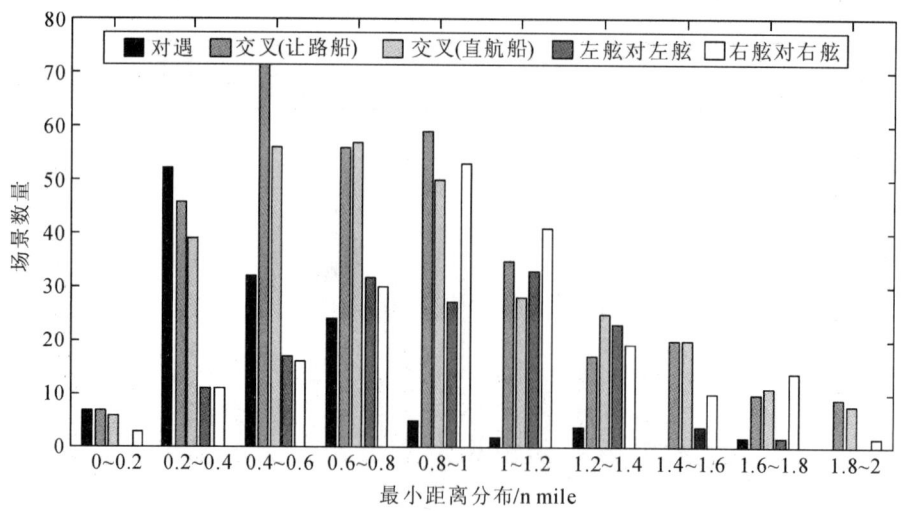

图 7-17　每种会遇情况下的最小距离分布

表 7-4 最小距离和避让距离统计结果

		最小距离/n mile			避让距离/n mile	
		最小值	平均值	标准差	平均值	标准差
总体		0.08	0.82	0.41	3.79	1.50
对遇		0.12	0.52	0.29	4.16	1.41
交叉相遇	让路	0.12	0.81	0.42	3.86	1.46
	直航	0.14	0.84	0.43	3.74	1.54
左舷对左舷		0.21	0.89	0.33	3.47	1.52
右舷对右舷		0.08	0.96	0.36	3.74	1.47

7.4.3 避碰决策

(1) 避碰行为知识库

为了消除地理因素的影响,获得无量纲化的避碰行为,采用相对运动方式,将操作系统定位在中心并朝北,以评估和观察 TS 的运动状态和相对位置。图 7-18 显示出了避让点和最小距离点相对于 OS 的空间分布,图 7-19 显示了 TS 的相对运动轨迹。在图 7-18 中,箭头的长度和方向表示船的速度和当前航向,图中部偏下灰色的点是 OS 到 TS 的最小距离的分布。通过识别和存储相对轨迹,可以形成避让行为知识库。

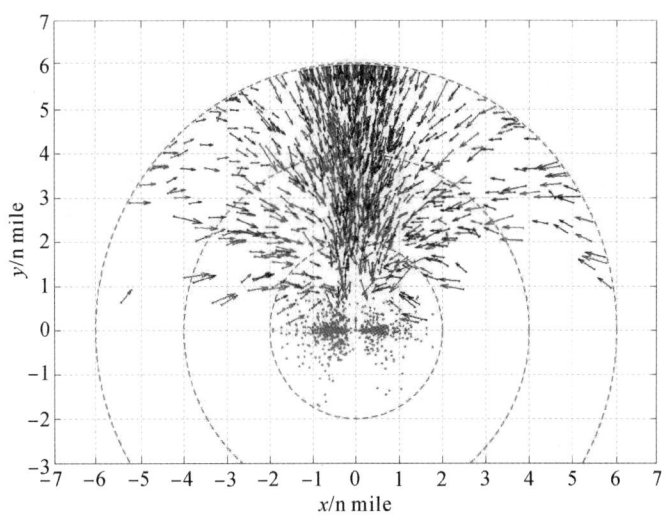

图 7-18 避让点和最小距离点相对于 OS 的示意图

(2) 数值模拟

为了验证基于船舶避让行为知识库的路径规划的有效性,设置了两种会遇场景,即对遇和交叉相遇。船舶初始位置、航向和速度如表 7-5 所示。

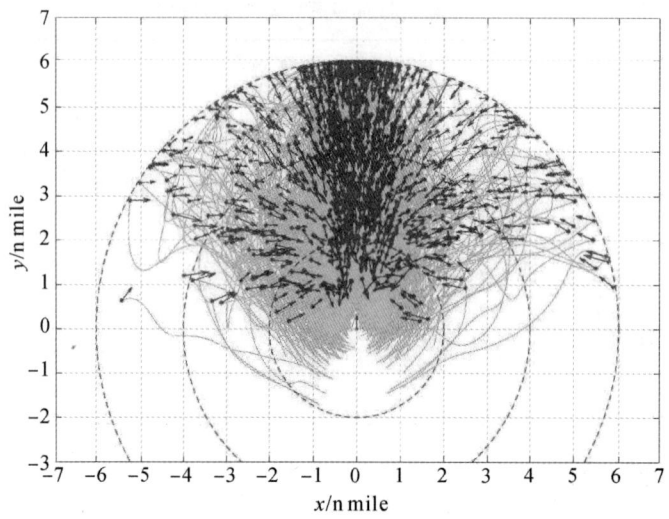

图 7-19 船舶相对运动轨迹图

表 7-5 船舶初始位置、航向和速度

场景	船	x/n mile	y/n mile	航向/°	速度/kn
对遇	OS	0	0	0	12
	TS	0	6	180	12
交叉相遇	OS	1.09	0.38	249	13.8
	TS	−4.88	0.83	125	11.9

图 7-20 和图 7-21 示出了从所提出的方法求出的避碰路径以及基于船舶避让行为知识库的对遇和交叉相遇中的参数变化。图 7-20(a)是来自具有高相似性的知识库的相对运动轨迹。在图 7-20(b)中,将相对运动轨迹点转换成坐标轨迹点,然后使用 AIS 数据轨迹重建方法来模拟船舶航行。图 7-20(c)是避碰过程中船舶航向和 Rot 的曲线,图 7-20(d)是船舶间距离、DCPA 和 TCPA 的曲线。

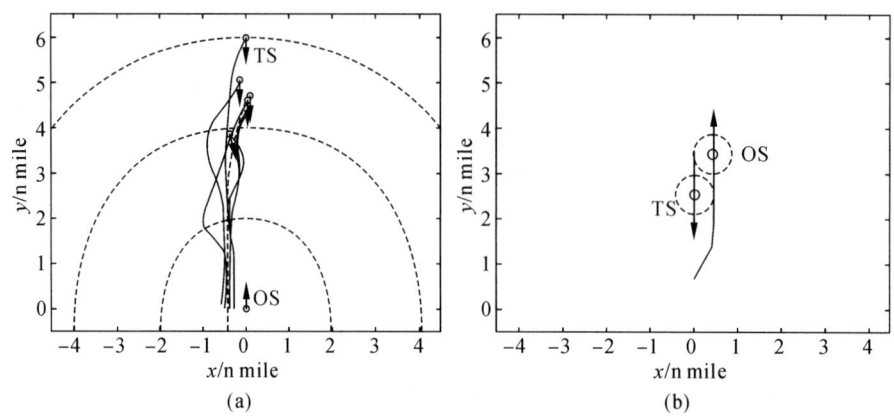

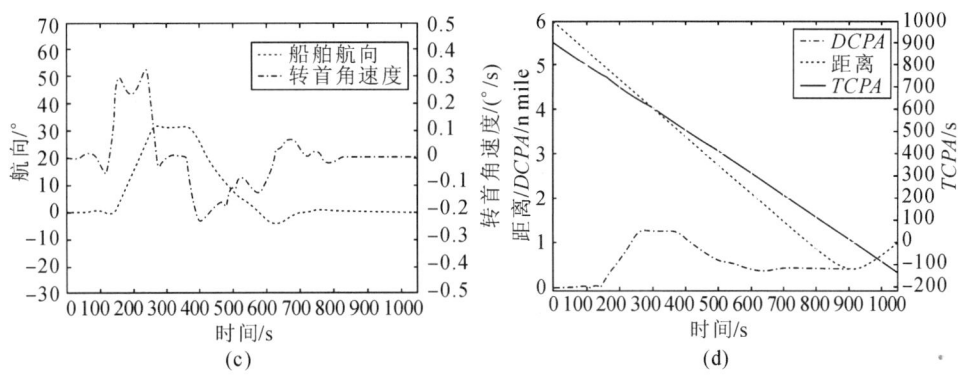

图 7-20 对遇情况下船舶避碰规划路径及数值模拟结果

根据图 7-20，DCPA 在初始时刻为零，当距离为 4.7n mile 时，OS 向右转向并稳定在 32°。在这个阶段，DCPA 逐渐增加到 1.27n mile。在 OS 驶让过清 TS 后，OS 返回其原始航线，并在 TS 的左舷以最小距离 0.45n mile 平行通过 TS。通过比较会遇的相对轨迹，其运动趋势与相似场景中的船只一致，向右转向，从左舷通过，符合 COLREGs 的要求。在 OS 可以避开 TS 后，及时恢复原来的航向，减少船舶偏航，提高效率。同时，OS 的航向和会遇参数曲线变化平滑，符合船舶航行的实际情况。

在图 7-21 中，DCPA 在初始时刻是 0.04n mile。当相对距离为 4.11n mile 时，OS 右偏 34°并稳定在 283°，DCPA 逐渐达到 1.35n mile。OS 在 TS 的船尾通过，船舶之间的最近距离为 0.91n mile。船舶运动轨迹和航向变化平稳，符合交叉相遇下船舶避让动作的特点。

规划的船舶避碰路径由相似场景轨迹融合算法生成。然后，基于历史轨迹重构法生成避碰轨迹，通过计算船舶间的相遇参数分析避碰效果。结果表明，所规划的路径能够保证航行安全，对遇和交叉相遇下的最小距离分别为 0.45n mile 和 0.91n mile。船舶避碰路径是基于相似的历史场景生成的，它综合了多种船舶特征和多名驾驶员的航行经验。在对遇情况下 OS 向右转向并穿过 TS 左舷，在交叉会遇下穿过 TS 的船尾。船舶运动轨迹和航向变化平缓，符合实际船舶避让行为的特点。总的来说，基于船舶行为知识库的船舶避碰决策符合良好船艺及 COLREGs 相关行动规则的要求，并考虑了海员一般实践的整合。

7.5 本章小结

本章从历史会遇场景下的避让行为提取，形成避碰决策知识库的角度出发，研究避碰行为学习下的船舶智能避碰新方法，探索智能船舶模拟常规船舶的避让行为，实现拟人化避碰，从而使常规船舶和智能船舶之间的避让行动更加协调，这可能是智能船舶避碰决策的未来发展方向之一。

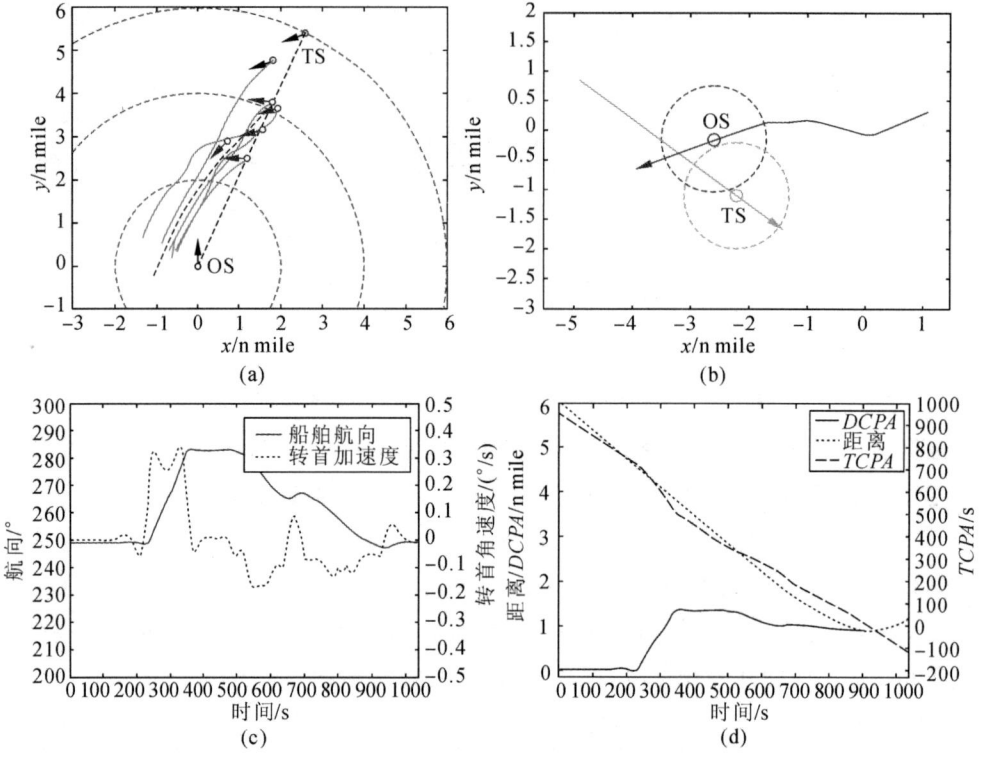

图 7-21 交叉相遇下船舶避碰规划路径及数值模拟结果

参 考 文 献

[1] CAI M Y,ZHANG J F,ZHANG D,et al. Collision risk analysis on ferry ships in Jiangsu Section of the Yangtze River based on AIS data[J]. Reliability engineering & system safety,2021,215：107901. 1-107901. 13.

[2] GOERLANDT F,KUJALA P. On the reliability and validity of ship-ship collision risk analysis in light of different perspectives on risk[J]. Safety science,2014,62：348-65.

[3] GAO M,SHI G Y,LIU J. Ship encounter azimuth map division based on automatic identification system data and support vector classification[J]. Ocean engineering,2020,213：107636.

[4] CHO Y,HAN J,KIM J. Efficient COLREG-compliant collision avoidance in multi-ship encounter situations[J]. IEEE transactions on intelligent transportation systems,2020,23(3)：1899-1911.

[5] RONG H,TEIXEIRA A P,GUEDES-SOARES C . Ship trajectory uncertainty prediction based on a gaussian process model[J]. Ocean engineering,2019,182：499-511.

[6] KAISER M J. Service vessel activity in the U. S. Gulf of Mexico in support of the oil and gas industry using AIS data,2009-2010[J]. Marine policy,2016,63：61-80.

[7] WOERNER K,BENJAMIN M R,NOVITZKY M,et al. Quantifying protocol evaluation for autonomous collision avoidance：Toward establishing COLREGS compliance metrics [J]. Autonomous robots,2018,43(4)：967-991.

[8]　LI L B, LU W Y, NIU J W, et al. AIS Data-based decision model for navigation risk in sea areas [J]. Journal of navigation, 2018, 71(3): 664-678.

[9]　LIU J. Multi-ship distributed collision avoidance decision based on avoidance conflict resolution strategy[D]. Wuhan: Wuhan University of Technology, 2020.

[10]　XIAO Z, FU X J, ZHANG L Y, et al. Big data driven vessel trajectory and navigating state prediction with adaptive learning, motion modeling and particle filtering techniques[J]. IEEE transactions on intelligent transportation systems, 2022, 23(4): 3696-3709.

第 8 章 分布式避碰决策方法

目前大多数研究中采用集中式避碰算法，需要考虑船舶行动之间的协调，为每条船舶设计一条最优或次优的航线，所有的船舶必须按照规定的航线航行才能避免碰撞。而在船舶避让行动中，每条船舶根据与目标船的会遇态势独立做出决策，而且有可能出现让路船不采取避让行动的现象。因此，分布式避碰决策更加符合实际情况。本章针对这一问题，分别设计让路船和直航船的决策模式，然后每条船舶根据实时监控的周围船舶信息独立进行是否采取避让措施以及采取何种避让措施的决策，形成一个闭环的避碰决策支持系统。最后通过几个典型的案例验证提出方法的有效性。

8.1 避碰决策过程分析

在建立分布式避碰决策模型之前，为了能够与实际情况更加接近，首先作以下基本假设：

(1) 每条船舶都被看作是一个运动的点，且每条船舶都设置一定范围的安全领域，避碰过程中不允许目标船进入这个安全领域。

(2) 每条船舶都从自身的角度出发进行避让决策，都将自身看作是"本船"（own ship，OS），将周围船舶看作是"目标船"（target ships，TSs 或 TS）。任何一条船舶在做出避让行动的同时，都将其会让意图告知周围船舶，因此其他船舶可以实时了解本船的动态。

(3) 本章研究仅考虑互见条件下的避碰决策，即所有船舶都可以获取在其监控范围内的所有船舶动态信息，包括航向、航速、转向角度等参数。船舶可以利用 ARPA(automatic radar plotting aids)、AIS 等获取周围船舶信息。船用雷达可以实时获取较为精确的船舶动态信息，根据目前大多数船用雷达特点，将船舶的监控范围设置为 5 n mile。

(4) 船舶可以采用转向或者变速（或者二者相结合）的方式避免碰撞，但是每次只进行一次避让决策和行动。只有当前一次避让行动完成，并且航向已经返回到初始航向后，才可以根据态势认知做出下一个决策。

(5) 每条船舶在避让时都要求遵守 COLREGs 要求。一旦本船与目标船存在碰撞风险，并且本船为让路船，本船将启动让路船航线规划算法，获取最优的避让决策行动。另外，在实际情况中可能出现让路船没有采取避让措施的情况，此时本船将启动直航船航线规划算法，从而做出积极响应。

(6) 当转向避碰操作完成后，船舶将返回到初始航向，但是不会返回到原始的航线上。在开阔的水域，相对于船舶航行距离来说，偏离的距离可以忽略不计，因此船舶避碰操作完成后，只需要将航向调整到初始航向，而不需要关注是否偏离初始航线。

8.2 决策流程

8.2.1 让路船避碰决策

以上针对让路船规定仅仅是定性表述,没有给出明确避让措施的建议。船舶驾驶员只能根据经验采取避让措施。对于让路船来说,应当尽可能采取措施从直航船的船尾穿过。此外,交叉角是反映会遇特征最重要的指标之一。因此,本节主要分析两种不同交叉角(α)时采取不同避碰策略的避让效果。图8-3显示了改变航向和改变速度的避碰效果对比分析。在两种相遇情况下,两条船舶的相对距离相同,但交叉角度不同。图中S_1是让路船,S_2是直行船。让路船避碰采用的转向角度(θ)相同。

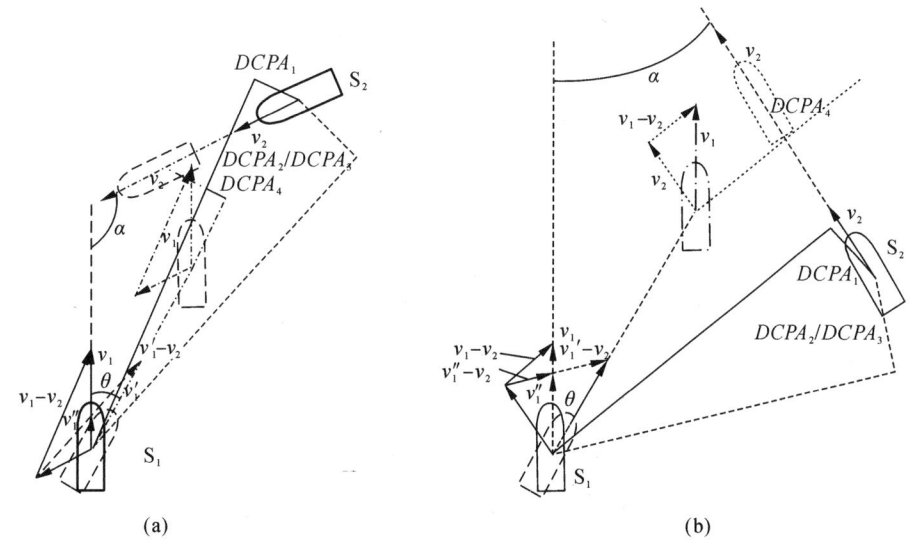

图 8-1 让路船转向与变速避碰效果对比

图 8-1(a)为大角度交叉会遇态势下(α 较大)的转向和变速避碰效果的对比。由图可知,当本船向右转向角度 θ 时,最近会遇距离由 $DCPA_1$ 增加到 $DCPA_2$,而且从目标船的船尾通过,符合 COLREGs 的要求。如果本船通过变速达到相同的避让效果,则需要将速度降低到 v_1'',此时两船的最近会遇距离和转向角度 θ 相同。由此可见本船需要做很大幅度的减速才能达到小角度转向相同的避让效果,说明转向避让的决策更优。图 8-1(b)则说明了小角度交叉会遇态势(α 较小)两种避让策略的效果对比,从图中可以看出,较小幅度的减速,需要较大幅度的转向操作才能匹配相同的避让效果。以上分析说明,船舶之间的交叉会遇角度很大程度上决定了转向或者变速的避让效果,在实际会遇场景中可以用于辅助选择避让策略。

按照以上的思路,让路船的避让决策过程如图 8-2 所示。在决策开始之前,本船首先收集周围所有目标船信息。在实际情况下,可以通过船载 ARPA、AIS 系统等获取周围船舶数据，这些系统受本身性能和自然环境等因素的影响，其监控范围也会有所不同。常用的船载雷达通常设置 3n mile 和 5n mile 两个有效范围，本章将船舶的监控范围设为 5n mile。在实际的避碰决策中，可以根据船舶监控系统性能的不同做出适当的调整。

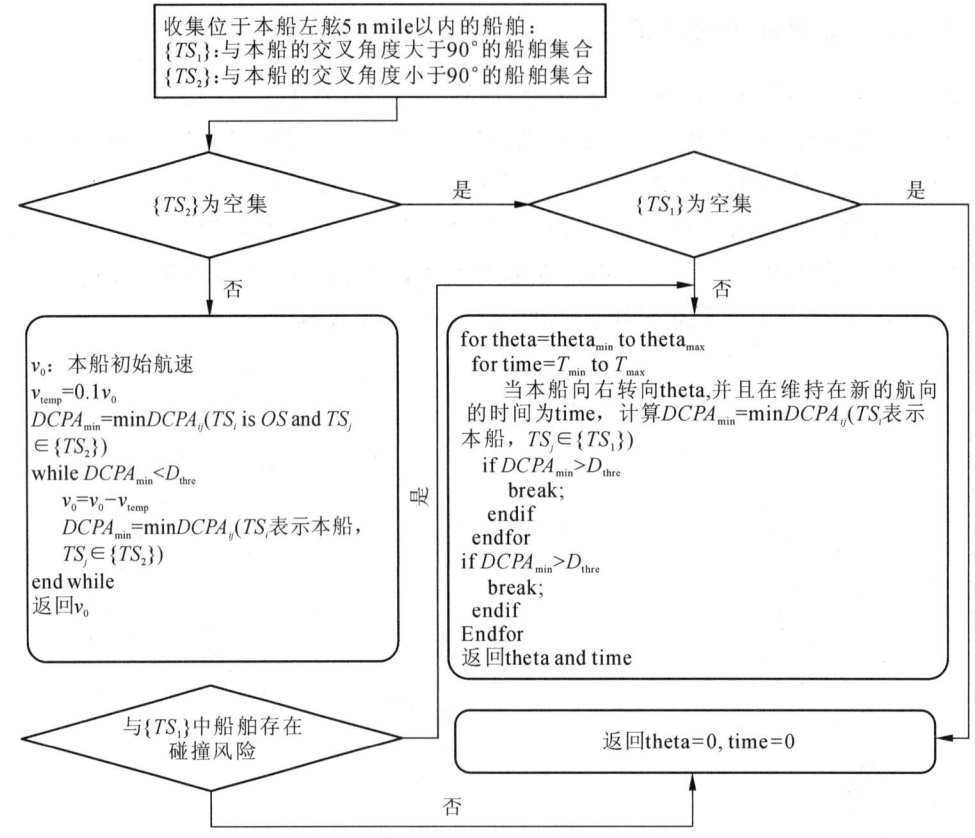

图 8-2　让路船避碰决策过程

以上避碰决策程序返回三个参数。第一个是航速 v，另外两个分别是 θ 和 T。参数 θ 表示航向变化角度，T 表示船舶在返回初始航向前应保持在新航向上的周期。在碰撞风险评估中，采用 DCPA 判断目标船是否进入本船的船舶领域。所有的目标船根据与本船的交叉角度划分为两个子集，分别为 $\{TS_1\}$ 和 $\{TS_2\}$。决策过程分为两个子步骤。对于 $\{TS_2\}$，本船首先判断是否存在碰撞风险，如果存在碰撞风险，左边子程序就会启动，在每个循环中将速度降低 5%，直到能够让清所有 $\{TS_2\}$ 中的船舶。然后得到最终的规划速度。

上述子过程中的速度变化也会影响与 $\{TS_1\}$ 中船舶的碰撞风险。所以在进行下一个子过程之前，首先判断是否仍会与 $\{TS_2\}$ 存在碰撞风险。如果没有碰撞风险，则不需要本船做进一步的决策。否则，右侧的子程序将被激活。改变航向避碰，有两个参数需要修改。第一个是转向角度，COLREGs 要求船舶应尽早采取大幅度避让行动，以便通过目视或雷达观测到其行动意图。另外，转向角度也不能过大，否则会严重偏离原航线。因此，

将转角限制在 $\theta_{\min}$ 和 $\theta_{\max}$ 两个参数内,分别设为 30° 和 60°。第二个是船舶保持新航线所需的时间不能太短,也不能太长,否则规划的航线经济性无法保障。因此将该参数限制在 $T_{\min}$ 和 $T_{\max}$ 之间,分别设置为 3min 和 15min。以上程序表明,当本船与任一目标船的交叉角度小于 α_{thre} 时,必须采用减速来避碰,当 $\{TS_2\}$ 为空或与 $\{TS_2\}$ 没有碰撞时,则只考虑改变航向。

通过上述步骤,避碰决策系统可以规划出一条安全航线,用速度、航向变化程度和在新航向上的航行时间来表示。避碰系统将控制船舶按照规划航线航行,同时告知周围船舶。

8.2.2 直航船避让决策

可以预见,在多船会遇的局面下,如果所有的让路船都主动采取正确的措施,则可以成功地避免碰撞事故的发生。然而在有些情况下,由于人为失误、监控系统故障等原因,让路船没有及时采取避让措施。在这种情况下,直航船应当采取积极的应对措施避免碰撞。

COLREGs 要求仅提供了非常模糊的避碰决策建议。船舶驾驶员仍然需要根据实际场景和主观判断做出决策。因此,需要考虑船舶驾驶员的避碰决策支持。根据规则,船舶应尽量避免左转避碰。也就是说,直航船应尽量保证让路船处于左舷。在考虑改变航速时,大多数商船提高航速需要很长时间(有时甚至达到 20~30min),这在实际避碰操作中无法满足需求,因为避碰操作通常需要在几分钟内完成,因此一般只考虑减速避让策略。

采用相似的分析方法比较直航船转向和减速的避让效果,如图 8-3 所示。从图 8-3(a)可以看出,右转和减速都能够有效避碰。此外,当 S_2 经过一段时间后返回初始航向时,最近会遇距离 $DCPA_4$ 表明 S_1 能够有效让清目标船。尽管如此,按照 COLREGs 的一般规定,认为转向比变速的优先级更高。因此,在大交叉角情况下建议改变航向。

从图 8-3(b)可以看出,在小角度交叉角情况下,从 v_2 到 v_2'' 的小幅度减速(最近会遇距离从 $DCPA_1$ 增加到 $DCPA_3$)的避碰效果较好。而当 S_2 向右转向 θ 角度后,虽然能够有效让清目标船舶,但是相对速度 $v_2' - v_1$ 变得非常小,这时两船将长期保持近距离会遇的不利局面,而且当 S_2 经过一段时间后恢复到初始航向时,$DCPA_4$ 会变得非常小,无法满足成功避让的要求,说明此时本船需要在新的航向上航行较长时间,导致严重偏离出事航线。因此,在小角度交叉会遇态势下,直航船采取减速避让目标船,相较于转向能够取得更好的效果。综上分析可知,直行船在特定的会遇情况下会选择类似的避碰行为。

基于以上分析,直行船的决策如图 8-4 所示。其中转向和变速避让算法与让路船的算法相同。主要的区别是本船应考虑的目标船不同。对于一艘直航船来说,它不仅要考虑应该给哪个目标船让路,还要考虑哪些目标船应给本船让路,但不采取任何行动。需要注意的是,在算法中速度最多下降到初始速度的一半,避免大幅减速造成操作困难。如果航速达到下界时仍然无法避免碰撞,则进一步考虑转向避碰。

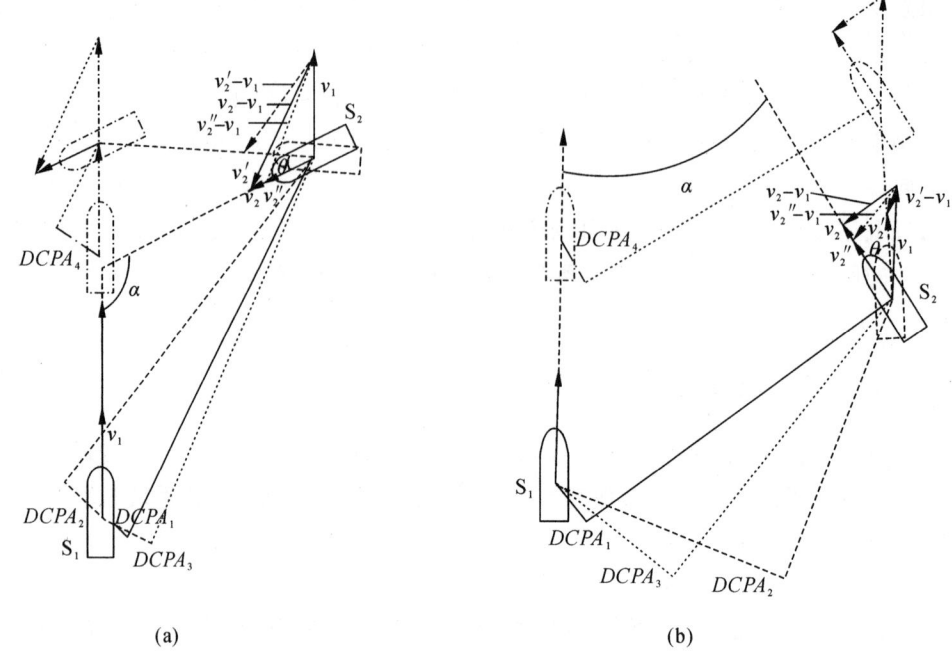

图 8-3 直航船转向与变速避碰效果对比

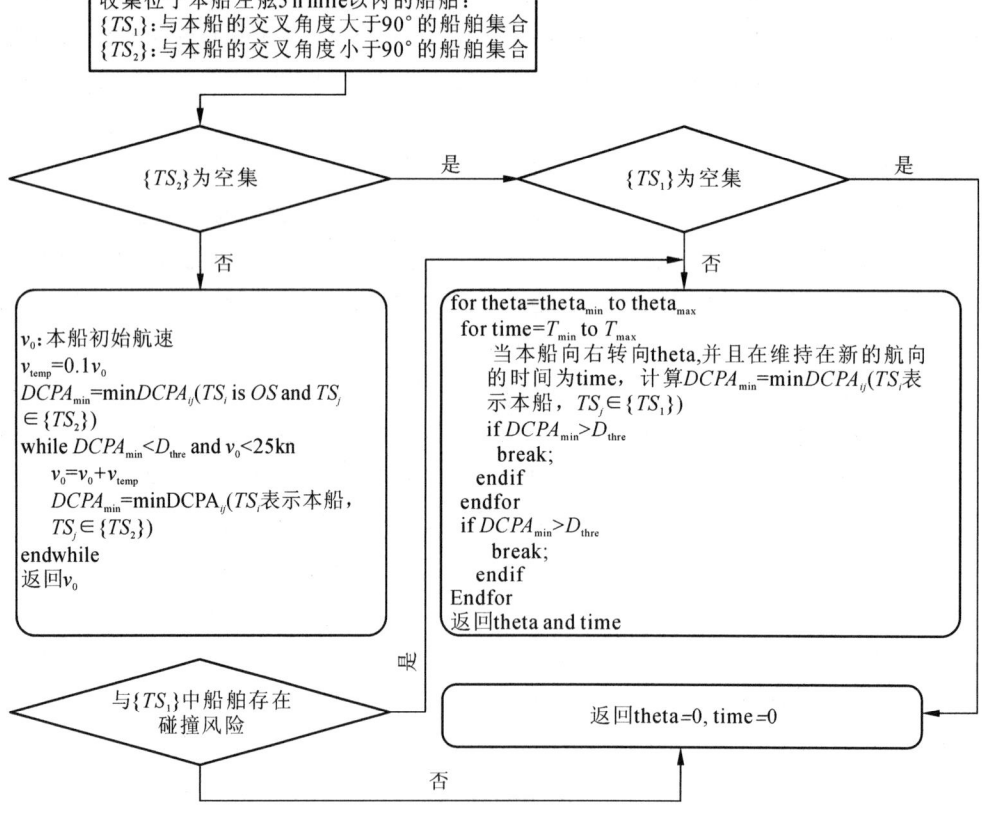

图 8-4 直航船避碰决策过程

8.2.3 实时决策算法

将以上让路船和直航船的避碰决策过程相融合,即可构建分布式船舶避碰决策闭环过程,如图 8-5 所示。在决策流程中,每艘船舶持续监测航行环境和附近船舶的动态。该算法是一个闭环的实时决策算法,每次决策将产生三种可能的结果,第一个是保持正常航行,前提是与周围船舶不存在碰撞风险,或者不存在需要本船让路的船舶;第二个是启动让路船的避碰决策算法;第三个是启动直航船的避碰决策算法。

在绝大多数实际的会遇场景中,通常只需要一次操作即可成功避免碰撞。例如采用转向避让时,船舶只需要转到新航向并保持一段时间,然后回到原来的航向即可完成避碰操纵。当会遇中的任何一艘船舶规划了一个避碰航线时,同时会持续观察并判断是否与其他船舶存在新的碰撞风险。如果存在,将重新激活避碰决策流程,并进行新的避碰决策。以上程序是闭环的,每条船舶持续运行该程序,直到到达目的地。

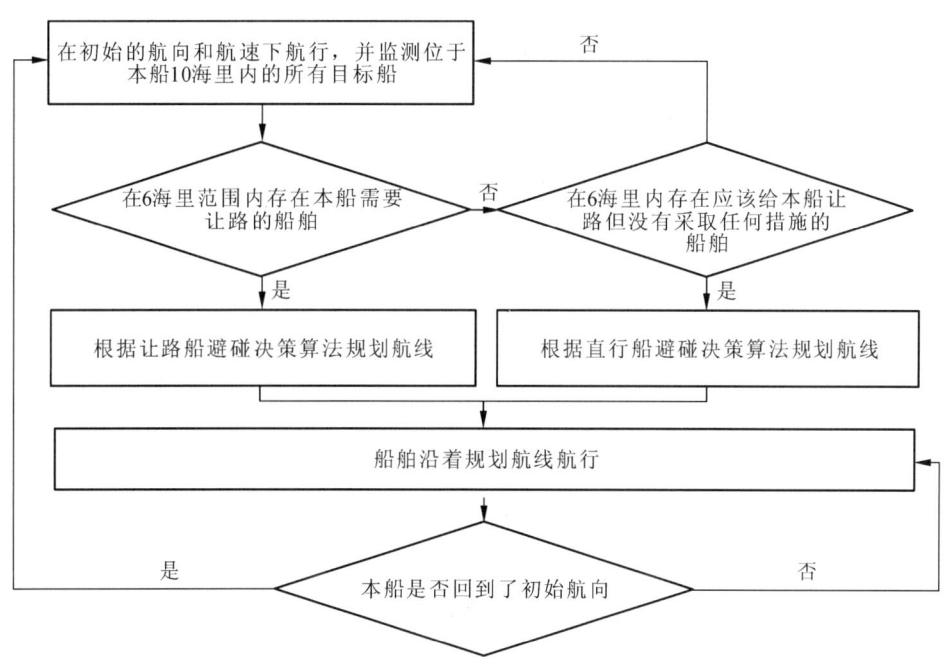

图 8-5　分布式避碰决策算法流程

8.3　案　例　研　究

8.3.1　场景设置

为了验证提出的分布式避碰决策算法的有效性,本节利用仿真的方式进行性能评估。首先,设计了一个典型的四船相遇情况,五艘会遇船舶的初始位置、速度和航向见表 8-1。利用 MATLAB 软件平台进行多船避碰计算仿真,图 8-6 所示为所有船舶的初始位置和航向。

表 8-1 初始多船相遇场景

船	位置/n mile	速度/kn	航向角/°	让路船
S_1	(0, −9.10)	18	0	S_2, S_3
S_2	(6.20, 4.55)	16	230	S_4
S_3	(7, −3.50)	16	300	S_2, S_4
S_4	(−3.03, 6.33)	12	150	S_1

从图 8-6 可以看出,设计的多船相遇场景包含小角度交叉和大角度交叉。对于 S_1 来说,与 S_2 和 S_4 的交叉角度较大,与 S_3 的交叉角度较小。S_1 需要给 S_2 和 S_3 让路,S_4 需要给 S_1 让路。S_3 与 S_2 的交叉角度较小,与 S_4 的交叉角度较大。S_3 应该给 S_2 和 S_4 让路。在后续仿真中,模拟了不同的避碰场景,并分析仿真结果,测试提出的避碰决策算法的性能。

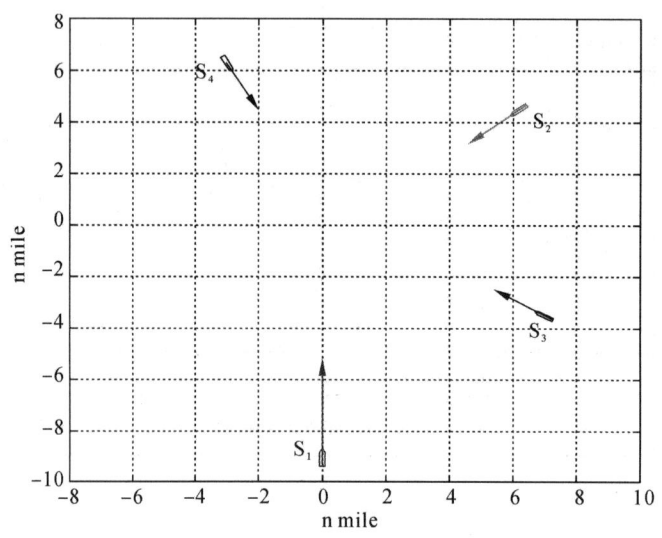

图 8-6 多船相遇场景

8.3.2 仿真场景一

该仿真场景假设所有的让路船都遵守 COLREGs 的要求并主动采取行动,此时直航船避碰决策算法将不会被启动。避碰决策算法得到的四条船舶航线,以及几个典型时刻下船舶的位置如图 8-7 所示。其中将部分局部会遇场景放大,以便更清楚地显示船舶的相对位置。从图中可以看出,提出的让路船避碰决策算法成功地将目标船舶保持在安全领域范围以外,成功地避免了碰撞。此外,所有的让路船均从直航船的船尾通过,即左舷对左舷通过。S_3 和 S_1 分别在 $T=1800\text{s}$ 和 $T=2300\text{s}$ 左右从 S_2 的船尾交叉通过。$T=2300\text{s}$ 后,S_3 从 S_4 的船尾穿过,S_4 从 S_1 的船尾穿过,同时保持安全距离。综合以上分析,本次仿真场景下船舶的避碰路径选择与 COLREGs 的建议基本一致。

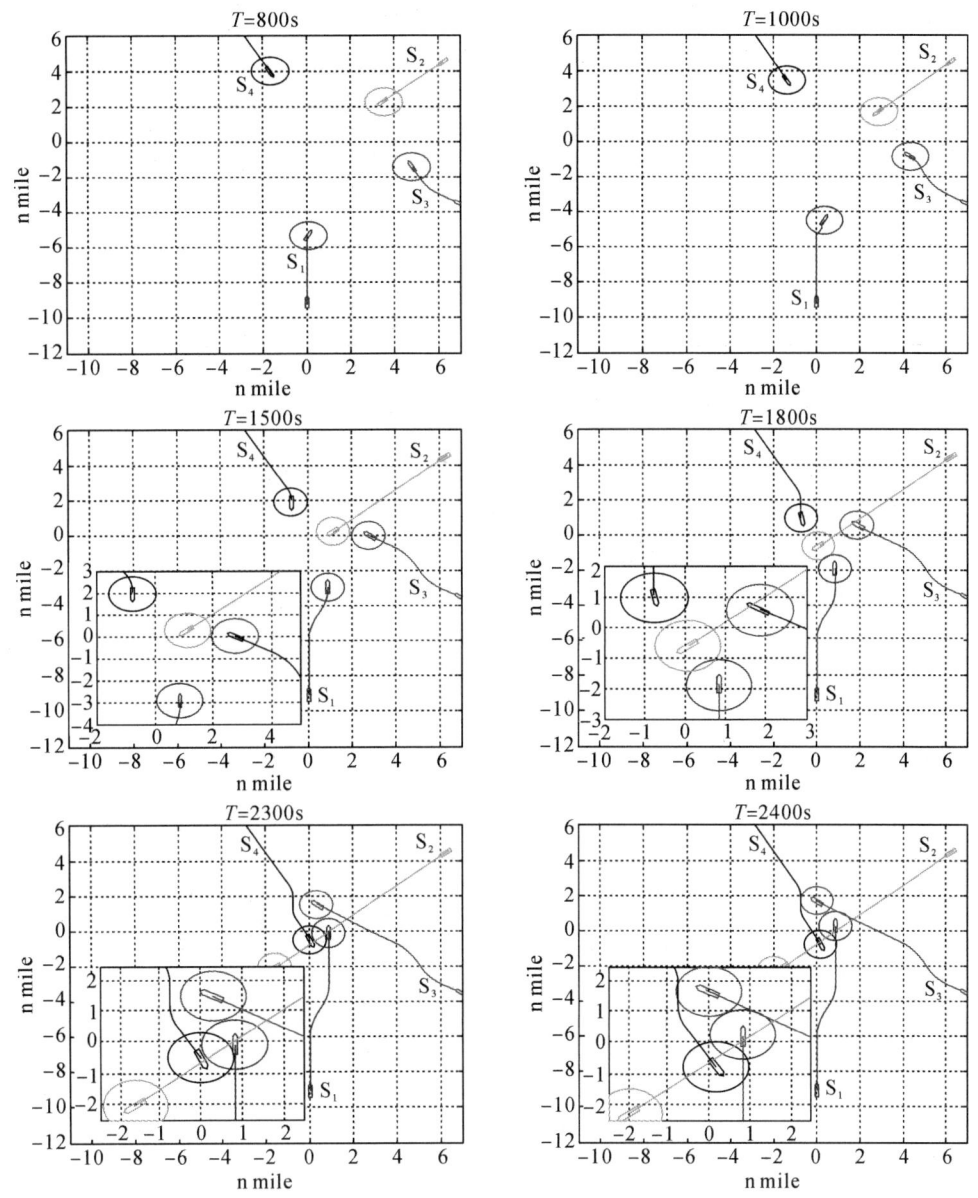

图 8-7 场景一的船舶轨迹

为了更详细地分析本次仿真场景中船舶的避碰行为,表 8-2 列出船舶的具体操作参数,包括采取行动的时间、航向和速度变化等信息。从表中数据可以看出,S_2 没有采取任何避让行动。根据图 8-7 所示的初始会遇态势,S_2 只需要给 S_4 让路。但是在分布式决策中,S_4 提前采取了避让行动,导致二者之间没有碰撞风险,因此 S_2 没有必要采取进一步的避碰行动。当 $T=403$s 时,S_3 与 S_2 形成小交叉角度局面,并做出第一次避碰决策,速度降低了 20%。此外,S_3 还需要避免与 S_4 碰撞(交叉角度较大),采取右转 30°并保持 537s 的策略,然后回到初始航向。S_1 也面临类似的场景,需要避让 S_2 和 S_3。在 $T=809$s 时右转 30°,同时减速到初始速度的 70%。最后,当 $T=1347$s 时,S_4 与 S_1 会遇,右转

30°,保持在新航向483s后恢复初始航向。在整个仿真过程中,让路船的避让操作避免了与直航船发生碰撞。整体上看,四条船舶的避碰决策行动之间不存在冲突。

表 8-2 场景一中船舶采取的操作

船舶	避让时刻/s	转向角/°	在新航向航行时间/s	初始速度比/%
S_1	809	30	480	70
S_2	—	—	—	—
S_3	403	30	537	80
S_4	1347	30	483	—

8.3.3 仿真场景二

在实际的避碰决策中,可能会存在让路船违反规则,没有采取避让行动的情况,因此本小节研究存在让路船违反COLREGs,并且没有采取任何避让措施的场景仿真。本次仿真中,假设S_3保持速度和航向,不采取任何行动。在这种情况下,对违反S_3规定的部分船舶将启动直航船避碰决策算法。仿真结果如图8-8所示,同样展示了典型时刻下船舶的航行轨迹和相对态势,以及局部区域的放大图。从图8-8中可以看出,船舶之间同样成功避免了碰撞。

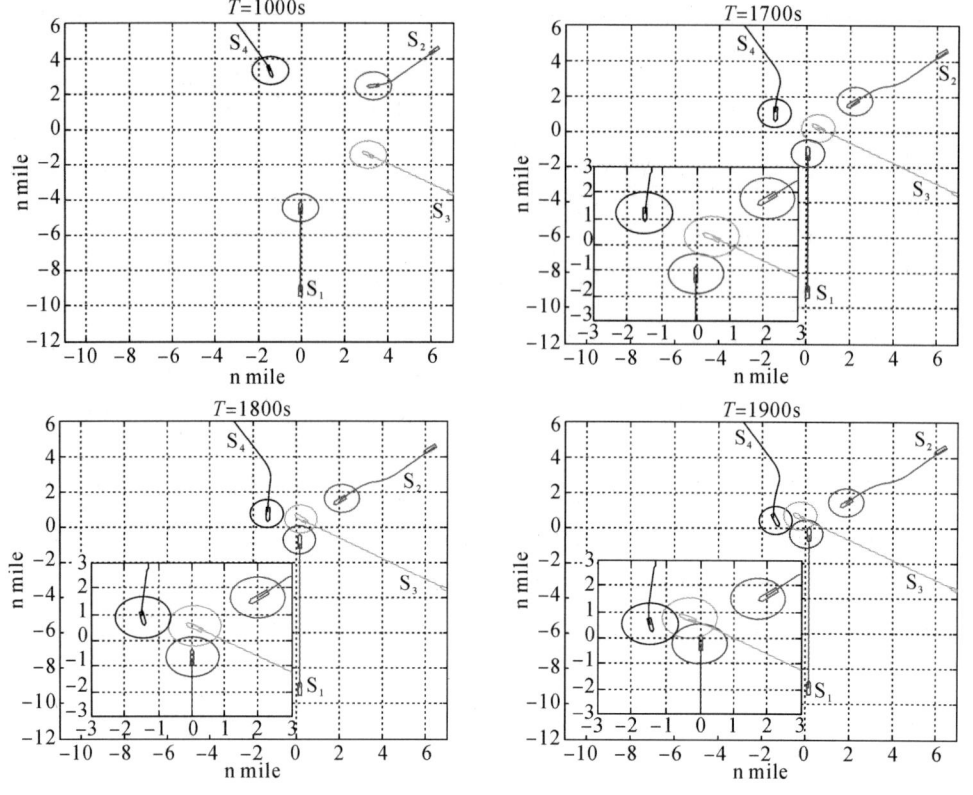

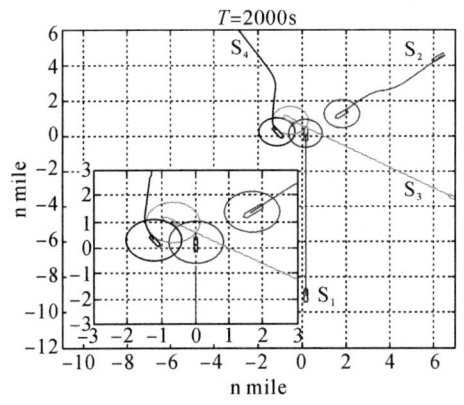 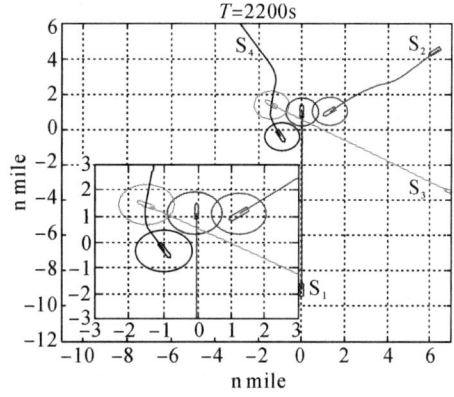

图 8-8 场景二的船舶轨迹

船舶避让决策的详细参数见表 8-3,从表中数据可以看出,除 S_3 之外的所有船舶都至少执行一次避碰操作。S_2 首先做出避碰决策,在 $T=395s$ 时,S_2 为了避免与 S_3 发生碰撞,将航速降低了 25%。S_1 只降低到初始速度的 90%,这与场景一存在差异。因为 S_2 第一次的避让行动已经成功避免了与 S_1 碰撞,所以 S_1 只需要考虑避免与 S_3 碰撞。S_2 在 $T=713s$ 时再次决定减速并向右转向:将速度降低到初始速度的一半仍然不能成功避免碰撞,因此进一步考虑转向避碰。上述分析表明,直航船的避让操作可能会带来行动冲突,给周围其他船舶带来新的碰撞风险,需要采取更多的行动来缓解冲突。尽管成功避免碰撞,但是 S_4 向右转向达到 37°,航向变化较大,而且从目标船的船首穿过,不符合 COLREGs 的一般建议。因此,船舶驾驶员需要密切关注复杂的会遇态势。

表 8-3 场景二中船舶采取的操作

船舶	避让时刻/s	转向角/°	在新航向航行时间/s	初始速度比(%)
S_1	612	—	—	90
S_2	395	—	—	75
	713	30	414	50
S_3	—	—	—	—
S_4	1070	37	765	—

在本次仿真的决策过程中,假设所有船舶的避让行动都被实时告知周围其他船舶。而在实际场景中,如果船舶只能通过瞭望了解他船的行动意图,则需要一定的时间(通常为几分钟)采取避让行动,而本次仿真中 S_1 和 S_2 动作之间的时间间隔小于 4min,说明留给船舶避碰决策的时间较短,因此船舶应尽早告知目标船行动意图,使其他船舶能够在足够长的时间内做出应对。

8.3.4 仿真场景三

在第三个仿真场景中,假设 S_1 违反规则,保持初始速度和航向,不考虑与其他船舶的碰撞风险。规划的航线如图 8-9 所示。船舶行驶的详细情况见表 8-4,并附有局部放大的子图。从图 8-9 中可以看出，遇到的情况比第一种情况复杂得多。

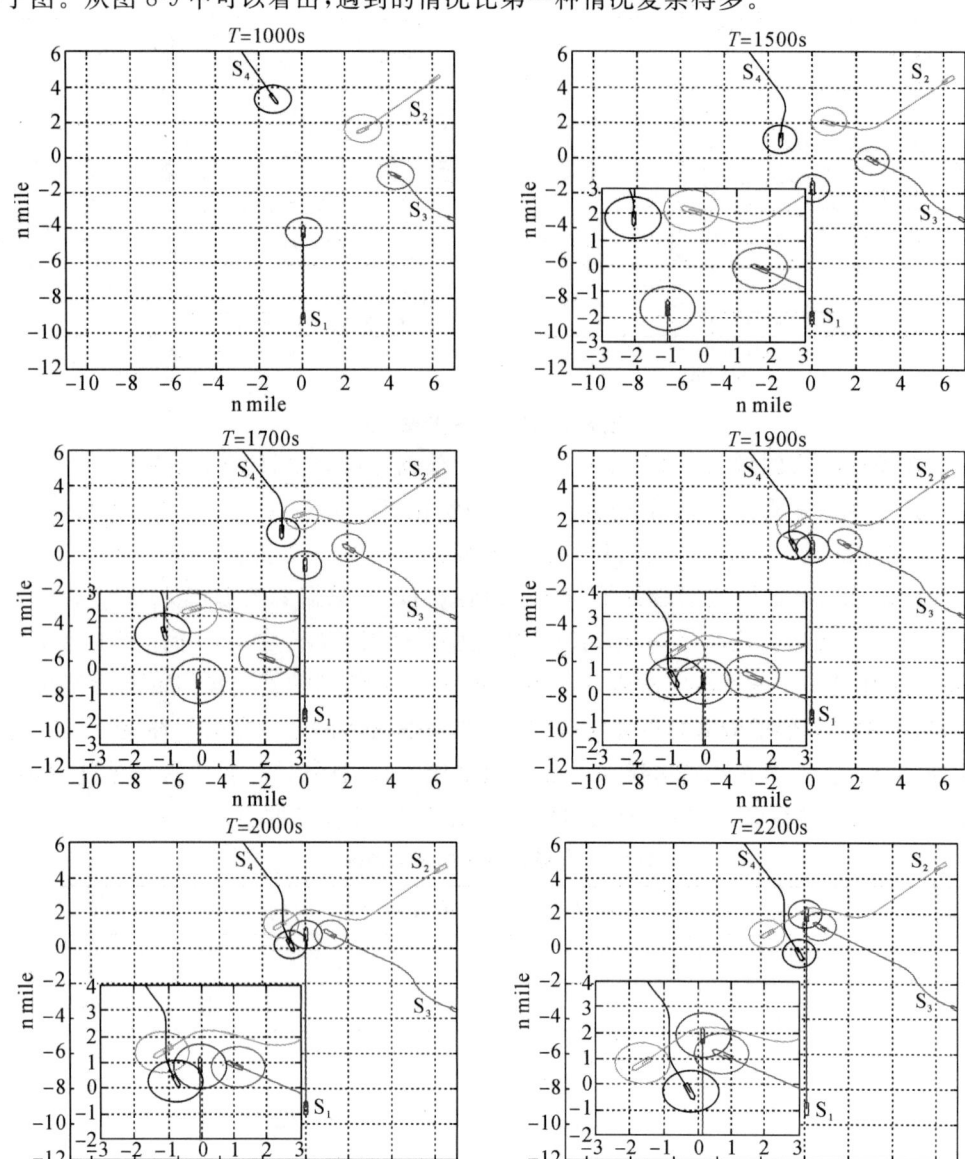

图 8-9　场景三的船舶轨迹

由表 8-4 可知，S_1 的避碰行为对 S_2 和 S_3 都有直接影响。S_3 在 $T=395s$ 时减速 20%并向右转 30°，S_2 在 $T=1049s$ 时向右转 57°以避免与 S_1 相撞。$T=1200s$ 时，S_4 右转 30°，保持航向 600s，避免与 S_1 的碰撞。在本次模拟中，需要特别注意的是 S_2，为了避免与 S_1 和 S_4 发生碰撞，S_2 的最大转向幅度达到 57°，这说明 S_3 违反 COLREGs 增加了 S_2 避碰行动的难度，只有通过大的航向改变才能避免碰撞。由此可见，船舶之间的协同避碰十分必要，对避免形成复杂会遇态势、降低避碰难度至关重要。

表 8-4　场景三中船舶采取的操作

船舶	避让时刻/s	转向角/°	在新航向航行时间/s	初始速度比/(%)
S_1	—	—	—	—
S_2	1049	57	612	—
S_3	395	30	477	80
S_4	1200	30	600	—

8.4　本章小结

本章提出了一种分布式的智能避碰决策算法,每艘船都从"本船"的角度进,综合考虑周围目标船舶的动态和目标船避让意图,采取避让行动。在避碰决策过程中,根据遇到的情况,考虑了航向和速度的变化。决策过程采用分布式方式进行,所有船舶持续监测和接收周围船舶决策的同时,根据自身判断做出决策。提出的决策方法可为海上作业人员应对复杂船舶遭遇情况提供良好的参考,也可作为自主避碰系统的组成部分。

参 考 文 献

[1] TSOU M C, KAO S L, SU C M. Decision support from genetic algorithms for ship collision avoidance route planning and alerts[J]. Journal of navigation, 2010, 63(1):167-182.

[2] TAM C, BUCKNALL R. Path-planning algorithm for ships in close-range encounters[J]. Journal of marine science and technology, 2010, 15(4):395-407.

[3] MONTEWKA J, HINZ T, KUJALA P, et al. Probability modelling of vessel collisions[J]. Reliability engineering & system safety, 2010, 95(5):573-589.

[4] PERERA L P, CARVALHO J P, GUEDES-SOARES C. Fuzzy-logic based decision making system for collision avoidance of ocean navigation under critical collision conditions[J]. Journal of marine science and technology, 2011, 16(1):84-99.

[5] PERERA L P, CARVALHO J P, GUEDES-SOARES C. Intelligent ocean navigation and fuzzy-Bayesian decision/action formulation[J]. IEEE journal of oceanic engineering, 2012, 37(2): 204-219.

[6] PERERA L P, CARVALHO J P, GUEDES-SOARES C. Solutions to the failure and limitations of mamdani fuzzy inference in ship navigation[J]. IEEE Transactions on Vehicular Technology, 2014, 63(4):1539-1554.

[7] BENJAMIN M R, LEONARD J J, CURCIO J A, et al. A method for protocol-based collision avoidance between autonomous marine surface craft[J]. Journal of field robotics, 2006, 23(5):333-346.

[8] HARRALD J R, MAZZUCHI T A, SPAHN J, et al. Using system simulation to model the impact of human error in a maritime system[J]. Safety science, 1998, 30(1):235-247.

[9] BENJAMIN M R, LEONARD J J, CURCIO J A, et al. A method for protocol-based collision avoidance between marine surface crafts[J]. Journal of field robotics, 2006, 23(5):333-346.

[10] SZ APCZYN KI R, SZLAPCZYNSKA J. Customized crossover in evolutionary sets of safe ship trajectories[J]. International journal on applied mathematic computer science, 2012, 22(4):999-1009.

[11] SZ APCZYN KI R, SZLAPCZYNSKA J. On evolutionary computing in multi-ship trajectory planning[J]. Applied intelligence, 2012, 37(2):155-174.

第9章 粒子群-遗传启发式避碰决策算法

启发式算法目前也被广泛应用于船舶避碰决策,典型的启发式算法包括粒子群优化算法(particle swarm optimization,PSO)、遗传算法(evolution algorithm,EA)、快速搜索随机树算法(rapidly-exploring random tree,RRT),以及一系列机器学习算法,本章和下一章重点介绍 PSO 和 RRT 算法在避碰决策中的应用案例。

9.1 粒子群优化算法

PSO 算法是由 Kennedy 和 Eberhart 在 1995 年共同提出的。PSO 算法起源于鸟类觅食行为,假设一群鸟在随机搜寻食物,在这个区域里只有一块食物,所有鸟都不知道食物在哪里,但是它们知道当前的位置离食物还有多远。那么找到食物最简单有效的办法就是搜寻目前离食物最近的鸟的周围区域。PSO 算法就是将问题的搜索空间类比成鸟类的飞行空间,将每只鸟抽象成一个微粒,表示问题的一个候选解,而鸟类寻找食物的过程则是优化所需要寻找最优解的过程。

PSO 算法中,每个粒子都以位置与速度向量表示,每个粒子参考自身所经历的最优(或次优)方向以及整个鸟群所公认的最优(或次优)方向来决定自己的飞行方向。假设粒子 i 在 N 维空间里的速度和位置都表示成一个矢量。N 维目标搜索空间中第 i 个粒子的速度与位置分别表示成向量 $\boldsymbol{V}_i=[v_{i1},v_{i2},\cdots,v_{id}]$ 与 $\boldsymbol{X}_i=[x_{i1},x_{i2},\cdots,x_{id}]$。在搜索迭代过程中,用目标函数评价各粒子,以确定 t 时刻每个粒子的最佳位置 p_{best} 和群体所找到的最佳位置 g_{best},通过如下公式更新粒子的速度与位置:

$$v_{ij}(t+1)=v_{ij}(t)+c_1 r_1[p_{\text{best},ij}-x_{ij}(t)]+c_2 r_2[g_{\text{best},ij}-x_{ij}(t)] \tag{9-1}$$

$$x_{ij}(t+1)=x_{ij}(t)+v_{ij}(t+1), j=1,2,\cdots,d \tag{9-2}$$

其中,c_1 和 c_2 为学习因子;r_1 和 r_2 为 0 到 1 之间均匀分布的随机数。在 PSO 算法中还需要设置粒子的速度范围 $[v_{\min},v_{\max}]$ 和位置区间 $[x_{\min},x_{\max}]$,从而对粒子的移动进行限制。一个基本的 PSO 算法流程如图 9-1 所示。

PSO 算法具有设计模型简单、无需梯度信息、控制参数较少、易于实现的特点,是群体智能优化算法中经常被使用的方法,但粒子群算法在计算函数极值时,常常出现早熟现象,导致求解函数极值存在一定的误差。因此需要对 PSO 算法进行改进优化。

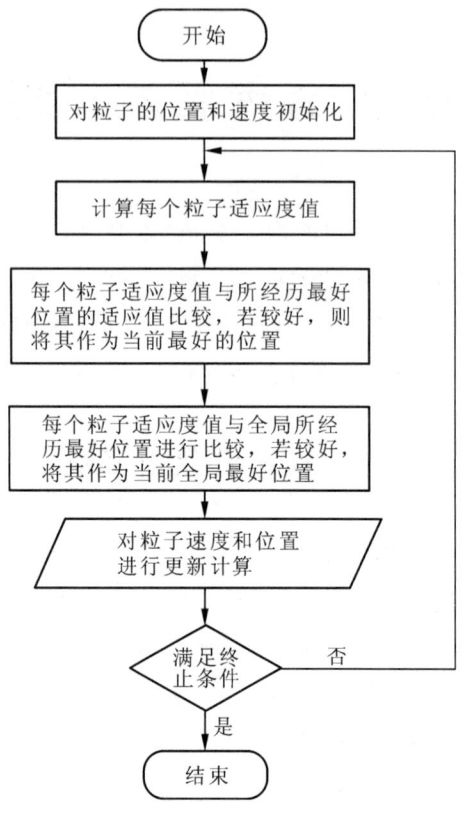

图 9-1 基本 PSO 算法流程图

9.2 遗 传 算 法

遗传算法(genetic algorithm,GA)是 1975 年由美国密歇根大学 Holland 教授提出,是一种基于达尔文进化论和孟德尔遗传学说的模拟生物进化过程随机优化搜索技术。通过繁殖—竞争—再繁殖—再竞争实现适者生存、优胜劣汰,使问题逐渐逼近最优解。GA 算法主要用于解决科学研究、工程技术及管理等领域用传统优化方法难以解决的优化问题。目前 GA 算法已经广泛应用于多个领域,如函数优化、组合优化、生产调度问题、自动控制、图像处理等领域。

GA 算法是把问题参数编码成染色体,再利用迭代的方式进行选择、交叉以及变异等交换种群中染色体的相关信息,得到符合优化目标的染色体。在 GA 中,染色体对应的通常是数组,用一维的串结构数据来表示,串上的位置对应基因的取值。基因组成的串体就是染色体,也称之为基因型个体(individuals),一定数量的个体组成了群体(population)。群体中个体数目称之为群体大小(population size),也称为群体规模。而个体对环境的适应程度叫作适应度,也就是相应问题的目标函数。

GA 算法主要的步骤如下:

第一步:编码。GA算法在进行计算与搜索前先把问题的解空间表示成遗传空间的基因型串结构数据,这些串结构数据的不同组合便构成了不同的点。

第二步:初始种群的产生。随机或按规则生成 N 个初始串结构数据,每个串结构数据称为一个个体,N 个个体构成了一个群体。GA就以这 N 个串结构数据作为初始点开始进化。

第三步:适应度评估。适应度可表明个体或解的优劣性。不同的问题,相应的适应度函数的定义方式也不同。GA算法会根据染色体的适应度值对个体或解的优劣性进行排序。

第四步:选择。选择的目的是为了从当前群体中选出生命力强的个体,使它们有机会作为父代繁殖下一代。选择集中体现了达尔文的适者生存的原则。在具体的操作上,通常采用轮盘赌法进行选择,即个体 i 被选中的概率为:

$$p_i = \frac{F_i}{\sum_j F_j} \tag{9-3}$$

式中,F_i 表示个体 i 的适应值。

第五步:交叉。交叉操作是GA算法中最主要的操作,是指随机把两个同源染色体进行交换组合,把父串的优秀特征遗传给子串,从而产生新的优秀个体。交叉体现了信息交换的思想。由于通常情况下个体采用的是实数编码,所以交叉操作采用实数交叉法,即第 k 个染色体 a_k 和第 l 个染色体 a_l 在 j 位的交叉操作方法是:

$$a_{kj} = a_{kj}(1-b) + a_{lj}b \tag{9-4}$$

$$a_{lj} = a_{lj}(1-b) + a_{kj}b \tag{9-5}$$

式(9-4)、式(9-5)中,参数 b 是[0,1]区间的随机数。

第六步:变异。变异是指从种群中随机的以较小的概率选取一个个体,并随机选择个体中的随机点变异以一定的概率生成更优秀个体的过程。变异的主要目的是维持种群的多样性。第 i 个个体的第 j 个基因 a_{ij} 进行变异的操作表示为:

$$a_{ij} = \begin{cases} a_{ij} + (a_{ij} - a_{\max}) \times r_2 \times (1 - \frac{g}{G_{\max}}) & r \geqslant 0.5 \\ a_{ij} + (a_{\min} - a_{ij}) \times r_2 \times (1 - \frac{g}{G_{\max}}) & r < 0.5 \end{cases} \tag{9-6}$$

式中,$a_{\max}$ 为基因 a_{ij} 的上界;$a_{\min}$ 为基因 a_{ij} 的下界;r_2 为一个随机数;g 为当前迭代次数;$G_{\max}$ 为最大进化次数;r 为[0,1]区间的随机数。GA算法的基本流程如图9-2所示。

GA的主要特点是不存在求导和函数连续性的限定,而是直接对参数进行编码运算。通常为防止陷入局部最优的陷阱,GA算法会沿着多种路线进行平行搜索,从而具有内在的隐并行性和更好的全局寻优能力。GA算法的全局搜索能力强,可以克服PSO算法容易陷入局部最优的缺点,基于粒子群-遗传优化算法(PSO-GA)的混合优化算法对于函数寻优具有加速的作用。

本章对PSO算法中粒子群寻优过程引入GA算法中的交叉和变异操作。交叉时,先

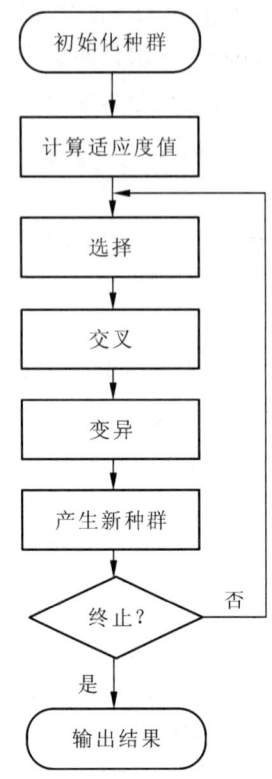

图 9-2 基本 GA 算法流程图

随机确定一个位置进行交叉;然后比较新旧个体的适应值。若适应值好于原个体,则进行替换;否则保持原个体。而变异操作采用正态变异,首先确定一个要变异的位置,然后产生一个服从正态分布的点来取代原来的位置。正态分布变异是小概率变异,一般不会导致优势个体的丢失。

9.3 船舶会遇局面划分

根据 COLREGs 的规定,首先需要根据会遇态势确定船舶之间的避让责任。如图9-3所示,船舶之间的会遇局面可分为交叉相遇(他船位于区域 A、B、D)、追越(他船位于区域 C)、对遇(他船位于区域 E)。

依据 COLREGs 第13、14和15条的规定,当船舶之间有碰撞风险,当他船位于区域 A、B 或 E 时,本船为让路船,要进行避碰操作;而当他船位于区域 C 或 D 时,本船为直航船,只有当让路船没有进行避碰操作或形成紧迫局面时,本船才需要进行避碰操作。当他船位于区域 A 或 E 时,本船通常要进行右转向的避碰操作,尽可能地从他船的船尾穿过;当他船位于区域 B 时,本船可以减小船舶速度或左转向进行避碰。

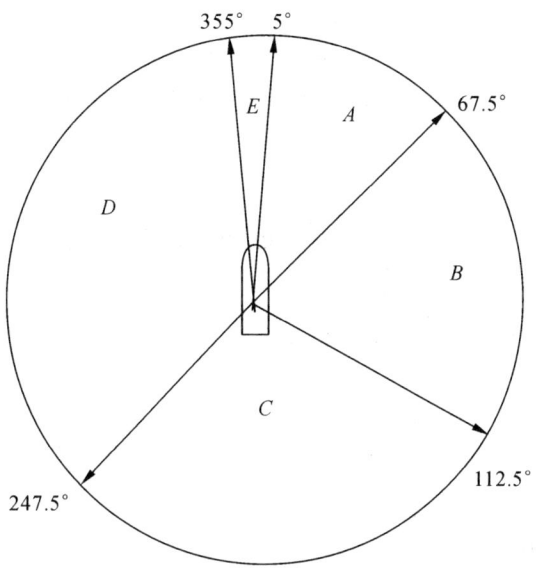

图 9-3 船舶会遇局面划分

9.4 船舶碰撞危险度

船舶碰撞危险度(Collision risk index,CRI)是指船舶之间可能发生碰撞事故的度量,其值域为$[0,1]$,当$CRI=0$,说明船舶之间不存在碰撞风险,可自由航行;当$CRI=1$,说明船舶必然会发生碰撞;当CRI达到或超过某个阈值时,本船或目标船就必须要采取避碰行动,否则将发生碰撞事故。CRI通常有不确定性、模糊性等特点,目前还没有公认的计算方法或模型。影响CRI大小的因素有很多个,本小节采用$DCPA$和$TCPA$来确定CRI,从而确定避碰时机。

将$DCPA$与$TCPA$作为数据输入,采用模糊综合评判建立CRI的计算方法:

$$CRI=\min\left[\frac{u(DCPA)+u(TCPA)}{2},1\right] \quad (9-7)$$

$u(DCPA)$与$u(TCPA)$分别是$DCPA$与$TCPA$所采用的隶属度函数,其表达式为:

$$u(DCPA)=\begin{cases} 1 & DCPA \leqslant d_1 \\ 0.5-0.5\sin\left[\frac{\pi}{d_2-d_1}\left(DCPA-\frac{d_1+d_2}{2}\right)\right] & d_1<DCPA \leqslant d_2 \\ 0 & d_2<DCPA \end{cases} \quad (9-8)$$

$$u(TCPA)=\begin{cases} 0, & t_2<TCPA \\ \left(\frac{t_2-TCPA}{t_2-t_1}\right)^2, & t_1<TCPA \leqslant t_2 \\ 1, & 0 \leqslant TCPA \leqslant t_1 \end{cases} \quad (9-9)$$

式(9-14)与式(9-15)中,d_1、d_2分别为船舶最小安全会遇距离与安全通过距离,通常$d_2=$

$2d_1$；t_1，t_2 分别为船舶碰撞时间和注意时间。

当船舶做出避碰决策时，最重要的就是对避碰决策是否安全进行分析，而最有效的办法就是计算本船与所有会遇的船舶的 CRI 值，当所有的 CRI 值在可接受的区间内，可以认为决策是安全的。

9.5 粒子群-遗传算法设计

9.5.1 粒子群-遗传算法参数编码

PSO-GA 算法的参数空间是用编码空间来代替的，然后以适应度函数作为评价依据来完成种群的不断更新，从而建立起一个搜索寻优的过程，最终通过不断迭代找到问题的最优解。

当船舶存在碰撞风险而进行避碰操作时，船舶可以采用变速、转向以及两者相结合等三种避碰方式。但据统计分析，发现在两船对遇中的 100%、交叉相遇中的 94%、追越的 96% 和能见度不良时的 93% 的避碰操作都是转向；此外，在大多数情况下，即使是多船之间的会遇避碰，船舶都能够采用一次转向或变速的操作来成功完成避碰，而且使用最多的避碰操作是转向，一般较少采用同时转向和变速的避碰操作措施。因此采用转向避碰操作来完成船舶避碰。为提高寻优速度，对转向避碰操作中的 2 个重要参数进行编码。

(1) 船舶的转向幅度 θ。为了满足 COLREGs"大幅度"的要求，转向的幅度通常要求至少要 30°。但转向幅度过大，会使船舶大范围地偏离原始航线，增加不必要的能源消耗。可将转向幅度设定为 [30°,60°]。而在转向避碰过程中，让路船通常通过右转向来避免碰撞，一般不建议船舶进行左转向。因此 PSO-GA 算法避碰优化过程中，右转向为优先操作。因本章研究的范围是互见中的开阔水域，当船舶完成转向避碰操作后，将返回原来的航向，但是不会回到初始的航线上，如图 9-4 所示。

(2) 船舶在新航向上的航行时间 t。船舶在新航向上的航行时间过短会使其他目标船无法正确地判断本船的行动意图，同时也会增加船舶的操纵难度；过长则会使船舶严重地偏离原始航线，增大复航的难度，因此将其限定在区间 $[t_{min}, t_{max}]$。此外，为确保航行安全，船舶在新航向上的航行时间 t 应该不能小于转向后的最短会遇时间，即 $t \geqslant TCPA$。当船舶在新航向上航行时间 t 后，就执行复航操作，回到原始航向上。

9.5.2 初始种群产生

根据 COLREGs 的要求及船舶驾驶员的先验知识随机产生初始种群，并在速度约束和位置范围内初始化种群。然后再对 PSO-GA 算法生成的避碰路径分别从安全性和经济性进行分析，综合考虑 COLREGs 和船员良好船艺的要求，利用船舶碰撞危险度模型和避碰的目标函数模型评价路径的安全性与经济性，利用构建的 PSO-GA 算法，不断地进行自适应调整,获得满足要求的避碰路径,算法设计过程如图 9-5 所示。

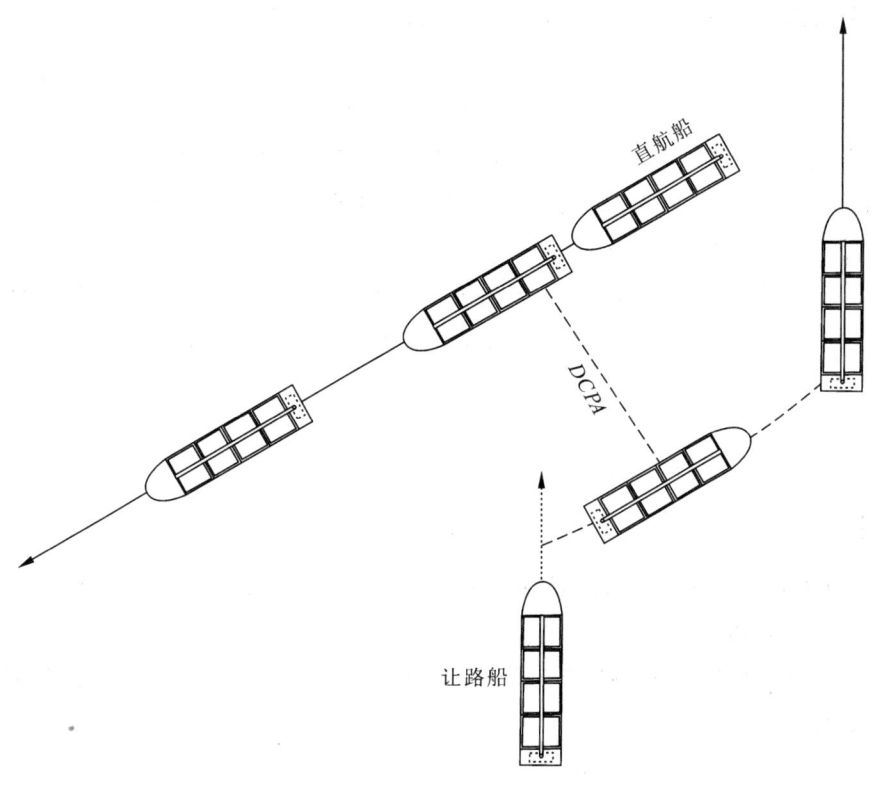

图 9-4　让路船在开阔水域转向示意图

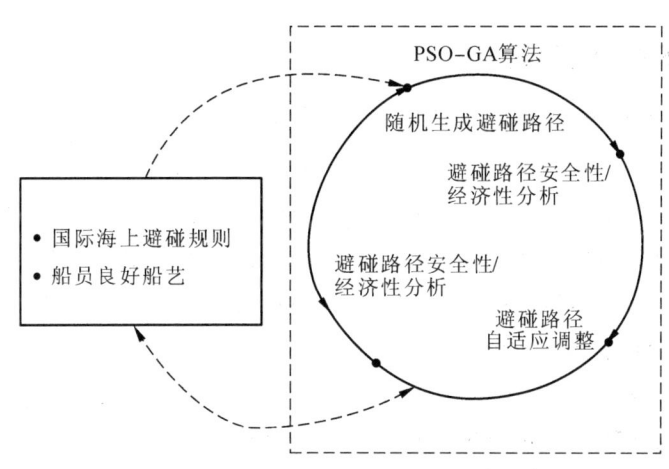

图 9-5　避碰路径算法过程

9.5.3　适应度函数

(1) 安全性目标函数

在船舶决策过程中,决策的目标是在 COLREGs 的要求下,找到一条安全经济的避碰航线,而安全性是最重要的影响因素。在船舶会遇中,船舶可先确定 DCPA 值最小的目标船,采用避让重点船的方式进行避碰。此时,可设安全性目标函数为:

$$f_1 = \frac{1}{1 + \min_{r=1}^{N}(DCPA_{ir})} \quad (9\text{-}10)$$

式中,f_1 为种群中个体 i 的安全性目标函数值;N 为目标船数量;$DCPA_{ir}$ 为种群中个体 i 与目标船 r 的最近会遇距离,安全性目标函数的值越大,碰撞风险越小。

(2)经济性目标函数

为满足经济损失相对较小,要求在新航向上航行时间不能过长,并且船舶在转向避碰操纵中的幅度不能过大,同时尽量保证避碰路径的平滑。综合以上因素,可设经济性目标函数为:

$$f_2 = \frac{1}{1 + v_0 t \sin(\theta_i)} \quad (9\text{-}11)$$

$$f_3 = \frac{\theta_i - 30}{30} \quad (9\text{-}12)$$

式中,f_2、f_3 为种群中个体 i 的经济性目标的函数值;θ_i 为转向幅度,将转向幅度设定为 $[30°,60°]$;v_0 为船舶速度。

因为上述三个适应度函数的值域相同,可将三个多目标函数分配权重化简为以下的单目标函数:

$$\min f(x) = af_1 + bf_2 + cf_3 \quad (9\text{-}13)$$

式中,a、b 和 c 分别为权重系数,本章节中 a 取 0.6,b 与 c 均取 0.2。

9.5.4　PSO-GA 算法步骤

步骤 1:船舶相关数据初始化,获取本船与目标船的相关信息,包括航向、航速、相对距离、相对速度等。

步骤 2:根据船舶运动与避碰的数学模型,分析船舶会遇情况,如果本船周围没有与之会遇的船舶,则本船保持原来的航速和航向自由航行;否则转步骤 3。

步骤 3:计算/预测 CRI 值,对 CRI 值进行大小排序以确定重点避让船并结合 COLREGs 的要求,确定船舶之间的避让责任。如果本船是直航船,则进行保向保速;如果本船是让路船,则转步骤 4。

步骤 4:当船舶之间的 $CRI \geqslant 0.5$ 时,船舶进入避碰程序,启动 PSO-GA 混合优化算法。

步骤 5:设置算法的相关参数,根据经验或规则要求产生初始种群。

步骤 6:计算每个粒子的适应值。根据粒子的适应值,得到粒子的个体最优位置和全局最优位置。

步骤 7:引入 GA 算法的变异交叉操作,对全部粒子进行变异交叉操作,再把每个粒子的个体最优位置和全局最优位置进行比较,若较好,则作为当前全局最好位置。

步骤 8:更新粒子的速度和位置,同时为保证避碰的路径平滑,将船舶避碰路径的搜索中心区域的范围限定在个体粒子和全局粒子所找到的个体最优值与全体最优值的最大距离的中间位置,以此为依据完成对船舶避碰路径的智能搜索获得最优避碰操作策略。

步骤9:船舶避碰行动完成后进行复航,回到初始航向。

算法的流程如图9-6所示:

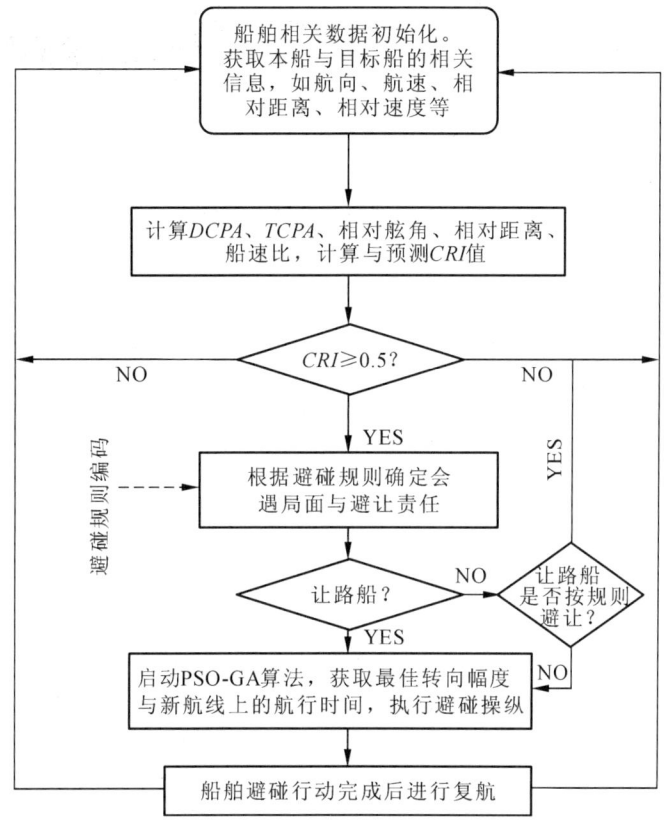

图9-6 算法步骤流程图

9.6 数值仿真验证

为验证PSO-GA算法的有效性,选用经典的Ackley函数与Schaffer函数进行算法的验证,如图9-7所示。这两类函数存在非常多的局部最优陷阱,搜索全局最优位置较为困难。两类函数图形形状与最优解情况如表9-1所示。

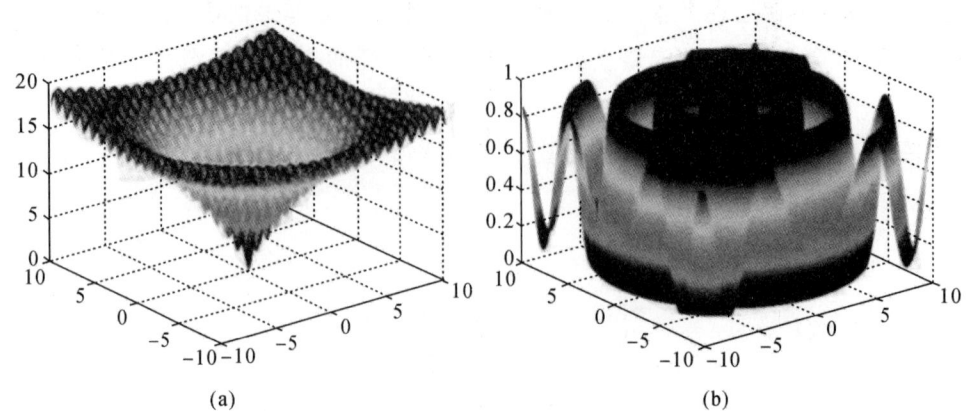

图 9-7 经典测试函数的三维图

(a)Ackley 函数；(b)Schaffer 函数

表 9-1 经典测试函数

函数名	函数表达式	搜索范围	最优位置	最优解
Ackley	$\min f(x) = -20\exp\left(-0.2\sqrt{\frac{1}{2}\sum_{j=1}^{n} x_j^2}\right) - \exp\left[\frac{1}{2}\sum_{j=1}^{n}\cos(2\pi x_j)\right] + 20 + e$	$[-10,10]$	$X_j = 0$	0
Schaffer	$\min f(x_1, x_2) = 0.5 + \dfrac{(\sin\sqrt{x_1^2 + x_2^2})^2 - 0.5}{[1 + 0.001(x_1^2 + x_2^2)]^2}$	$[-10,10]$	$X_1 = X_2 = 0$	0

设置种群数量为 100 个，粒子的更新速度范围为 $[-1,1]$，学习因子 c_1 与 c_2 均设为 2，交叉概率设为 0.7，变异概率设置成 0.01，算法的迭代次数设为 500 代。分别运用 GA、PSO、PSO-GA 算法对 Ackley 与 Schaffer 函数进行寻优计算，得到适应度曲线如图 9-8 所示。

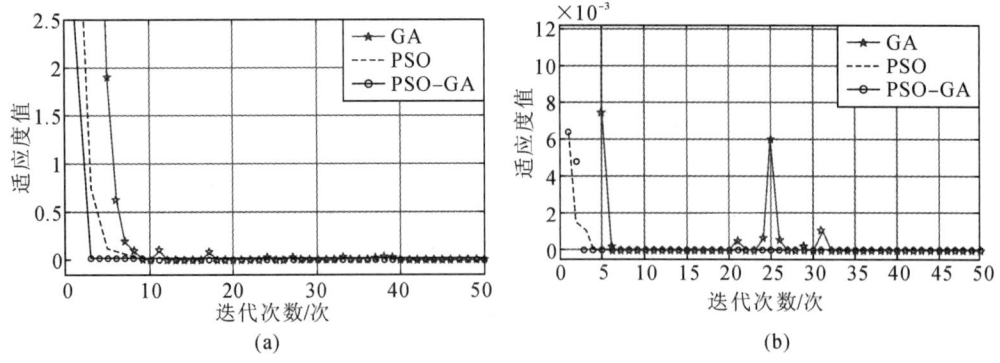

图 9-8 经典函数仿真结果

(a)Ackley 函数的算法优化过程；(b)Schaffer 函数的算法优化过程

对比图 9-8 适应度曲线，相对单纯的 GA 和 PSO 算法，PSO-GA 混合优化算法的寻优在迭代收敛性、稳定性、精度方面都是最佳的,能够以较快的速度与较小的种群规模,进化得到最优解。

9.7 案例仿真研究

9.7.1 案例一

案例 1 对三条船舶之间的会遇展开研究,每条船舶的初始位置、航行速度、航行方向如表 9-2 所示,船舶的初始会遇态势如图 9-9 所示。

表 9-2 案例 1 船舶会遇态势设置

	初始位置/n mile	航速/kn	航向/°
OS	(0,−4)	16	0
TS_1	(2,1.5)	16	220
TS_2	(2,−3)	17	300

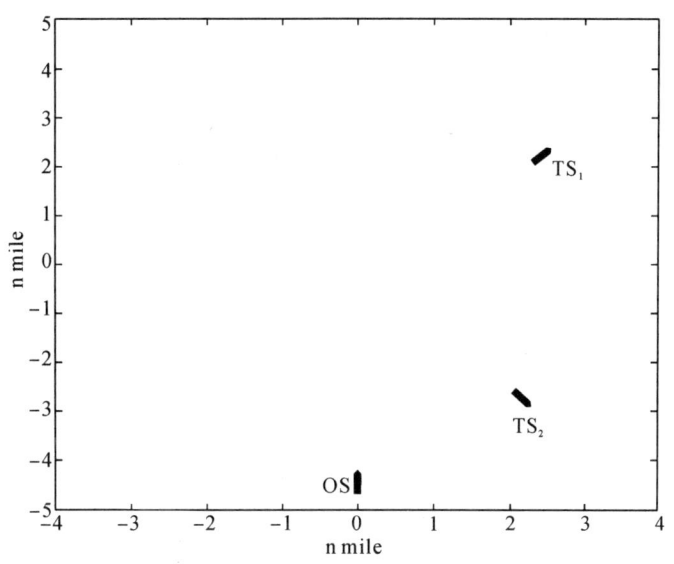

图 9-9 案例 1 船舶的初始会遇态势

从表 9-2 和图 9-9 可以分析出,假设三条船舶都遵守 COLREGs,则本船 OS 需要给两条目标船都让路,而 TS_2 要优先避让 TS_1。则问题转化为:当船舶之间达到一定的碰撞危险度(如 $CRI \geqslant 0.5$)时,启动 PSO-GA 算法,为本船找到一条最优避碰路径,使其成功避让目标船 TS_1 和 TS_2;为目标船 TS_2 找到一条最优避碰路径,使其成功避让本船 OS 与目标船 TS_1。三船之间的相关数据如表 9-3 所示。

表 9-3　案例 1 船舶会遇相关数据

	OS 与 TS_1	OS 与 TS_2	TS_1 与 TS_2
相对距离/n mile	5.85	2.24	4.50
相对方位/°	20	63	178
相对速度/kn	30.0	16.5	21.2
DCPA/n mile	0.0017	0.0168	0.9408
TCPA/min	11.68	8.12	12.44
CRI	1	0.9853	0.697

启动 PSO-GA 算法对本船 OS 与目标船 TS_2 进行避碰路径规划,为验证算法的可靠性,执行多次运算,得到本船 OS 的平均最优值为(30,0.15)。即本船的最优避碰操作:右转向 30°,在新航向上航行 0.15h 完成避碰,然后恢复到初始航向。算法的迭代过程与结果如图 9-10 所示。在此避碰路径下本船与目标船 TS_1、TS_2 的 CRI 值向量是(0.039,0.023),避碰效果良好。将 PSO-GA 得到的结果与 PSO、GA 进行对比,如表 9-4 所示:

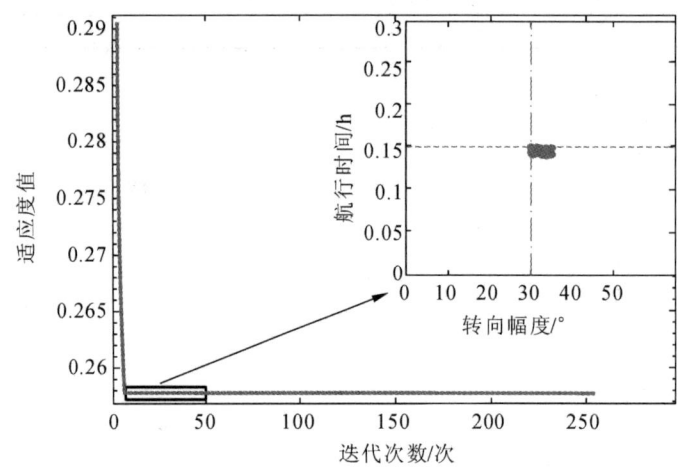

图 9-10　本船 OS 算法迭代过程

表 9-4　三种算法的最优解迭代比较

算法	平均最优位置	平均最优值	收敛代数
GA	(34,0.13)	0.3190	67
PSO	(32,0.14)	0.2867	36
PSO-GA	(30,0.15)	0.2577	11

从以上结果可以看出,PSO-GA 算法能够在约束条件下迅速地找到函数的极值点,全局搜索能力快,而且没有陷入局部最优,在 50 次迭代内就能够收敛于最优值,能够满足航海避碰决策实时性的要求。

同理,算法经过仿真计算得到目标船 TS_2 平均最优值为(41,0.18),即 TS_2 最佳转向

幅度为右转 $41°$,在新航向上航行 $0.18h$。在此转向幅度下 TS_1 与本船 OS、目标船 TS_2 的 CRI 取值向量是 $(0.033, 0.057)$,算法的结果同样有效,如图 9-11 所示。

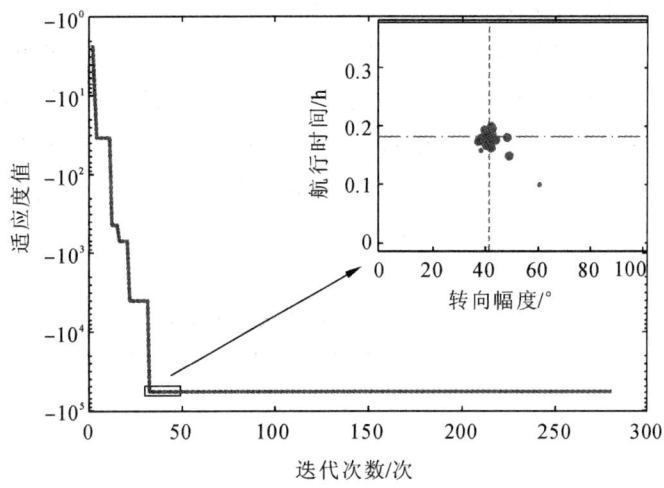

图 9-11 目标船 TS_2 算法迭代过程

将 PSO-GA 算法所得的结果,应用 MATLAB 软件进行仿真模拟,得到不同时刻的避让轨迹如图 9-12 所示。

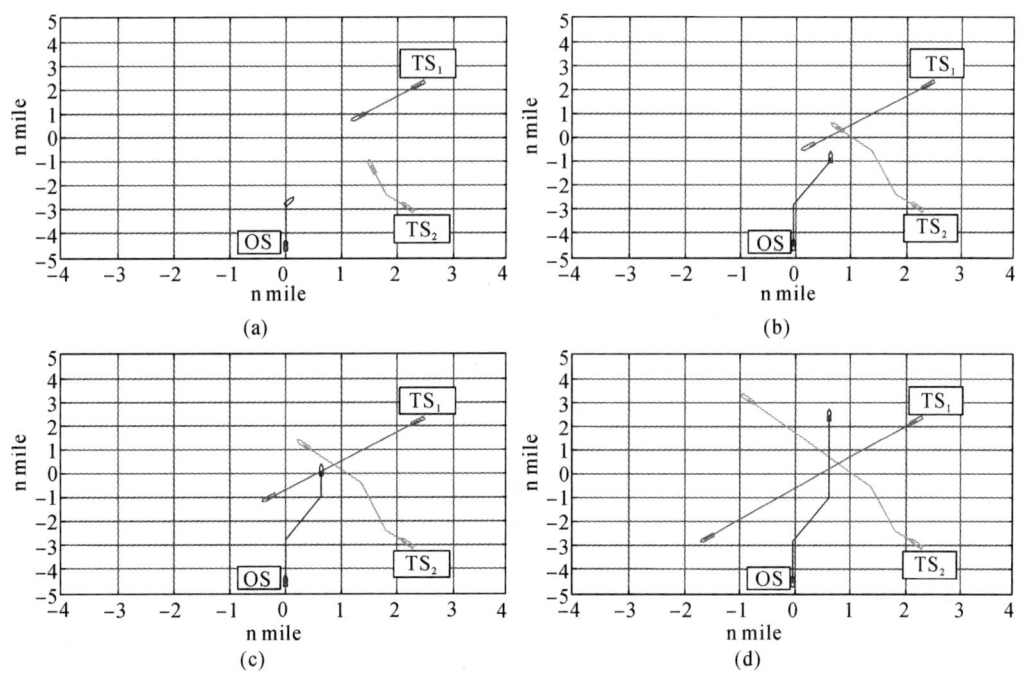

图 9-12 案例一中三船的避碰轨迹图

从 MATLAB 软件的避碰模拟效果来看,利用 PSO-GA 算法得到的结果作为避碰决策依据,符合 COLREGs 的要求,三船之间可以有效地避免碰撞。

9.7.2 案例二

从案例一可以看出，当会遇的所有船舶都遵守COLREGs时，碰撞事故能够有效地避免。但在实际海上多船会遇场景中，可能会出现人为失误或会遇船舶之间避碰措施不协调，导致部分船舶出现违反COLREGs的情况。本案例对案例一进行局部修改。假设在本船的左舷出现了另外一艘目标船TS_3，并且目标船TS_2由于船舶操纵能力受限或者其他原因，没有按规则进行避让，此时某些"直航船"就必须对此做出响应，进行避碰操纵。本船与各目标船的初始会遇态势如表9-5和图9-13所示（对案例一中的各船舶位置进行了调整）。

表9-5 案例二船舶会遇态势设置

	初始位置/nm	航速/kn	航向/°
OS	(0,−4)	16	0
TS_1	(2.5,2.4)	16	220
TS_2	(3.4,−1.4)	16	300
TS_3	(−3.7,1.1)	15	90

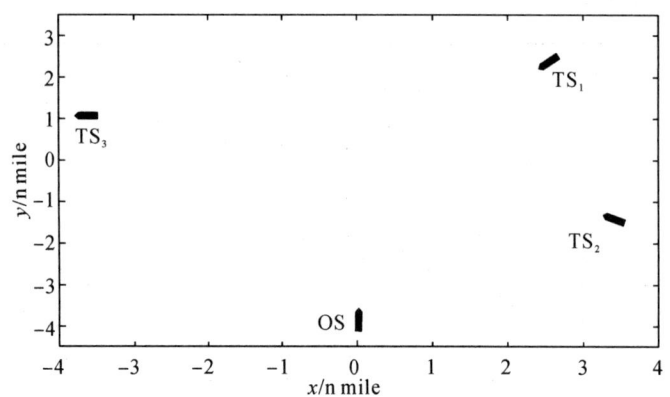

图9-13 案例二船舶初始会遇态势

本船OS与各目标船之间的相关数据如表9-6所示。

表9-6 案例二船舶会遇相关数据

	OS与TS_1	OS与TS_2	OS与TS_3	TS_1与TS_2	TS_1与TS_3	TS_2与TS_3
相对距离/n mile	6.87	4.28	6.30	3.91	6.33	7.53
相对方位/°	21	53	320	167	258	289
相对速度/kn	10.47	25.80	21.21	22.15	29.40	32.52
船速比	1	1	0.9375	1	0.9375	0.9375
相对速度航向/°	93	224	149	227	152	102

续表 9-6

	OS 与 TS$_1$	OS 与 TS$_2$	OS 与 TS$_3$	TS$_1$ 与 TS$_2$	TS$_1$ 与 TS$_3$	TS$_2$ 与 TS$_3$
$DCPA$/n mile	0.1603	0.5517	0.7888	0.2265	1.5346	0.5123
$TCPA$/min	0.2284	0.2653	0.2850	0.1895	0.2187	0.2508
CRI	0.8037	0.5180	0.5393	0.6055	0.1000	0.4747

由图 9-13 以及相关的会遇数据可知,按照 COLREGs 的要求,本船需要给目标船 TS$_1$ 与 TS$_2$ 让路,而从避让优先级上考虑,由于本船 OS 与目标船 TS$_1$ 的 CRI 值较大,因此要以 TS$_1$ 为"避让重点船";由于 TS$_2$ 没有按 COLREGs 进行避让,作为"直航船"的 TS$_1$ 要采取相应操纵行动,以避免碰撞,又因 TS$_1$ 与 TS$_3$ 之间的 CRI 值仅为 0.1,还没有形成碰撞危险,故 TS$_1$ 在避碰的过程应当以 TS$_2$ 为避让重点。由于 TS$_3$ 相对于本船 OS 为让路船,而 TS$_3$ 与 TS$_1$、TS$_2$ 的碰撞危险度都相对较小(CRI<0.5),TS$_3$ 应当优先避让本船。

综上所述,案例二的问题就转化为:启动 PSO-GA 算法,为本船 OS 找到一条最优避碰路径,使其成功避让目标船 TS$_1$ 和 TS$_2$;为目标船 TS$_1$ 找到一条最优避碰路径,使其成功避让本船 OS 与目标船 TS$_2$;为目标船 TS$_3$ 找到一条最优避碰路径,使其成功避让本船 OS。同时利用建立的 GRNN 网络模型不断地计算预测各会遇的船舶的 CRI 值,对避碰决策是否安全进行分析,确保各让路船在避让的过程中不与其他船舶形成新的碰撞风险。

为保证算法的有效性与可行性,执行多次运算,当结果趋于稳定的区间时,用结果的平均值来衡量算法的性能。PSO-GA 算法得到的各让路船的仿真结果如图 9-14 至图 9-16 所示。

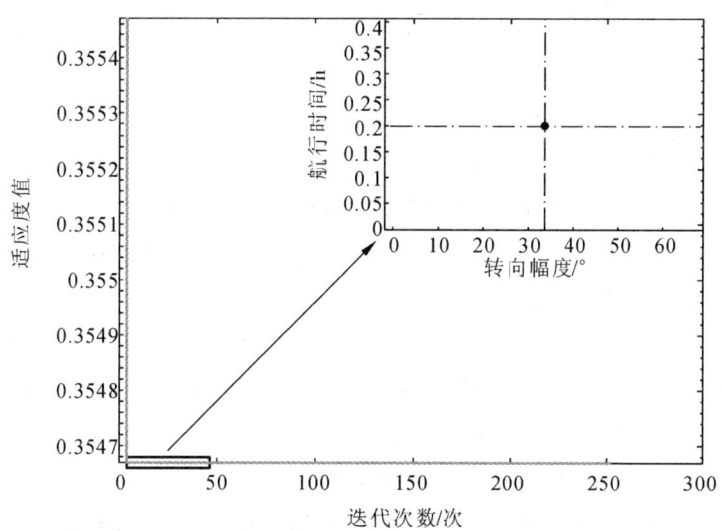

图 9-14 本船 OS 的算法迭代过程

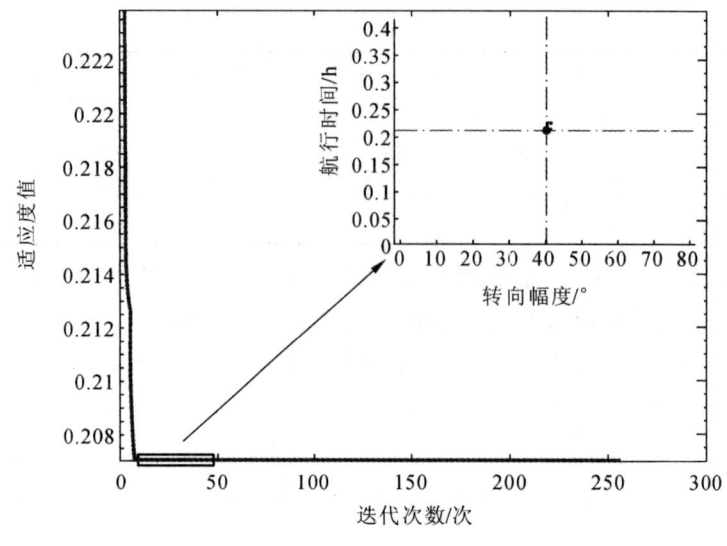

图 9-15　目标船 TS_1 的算法迭代过程

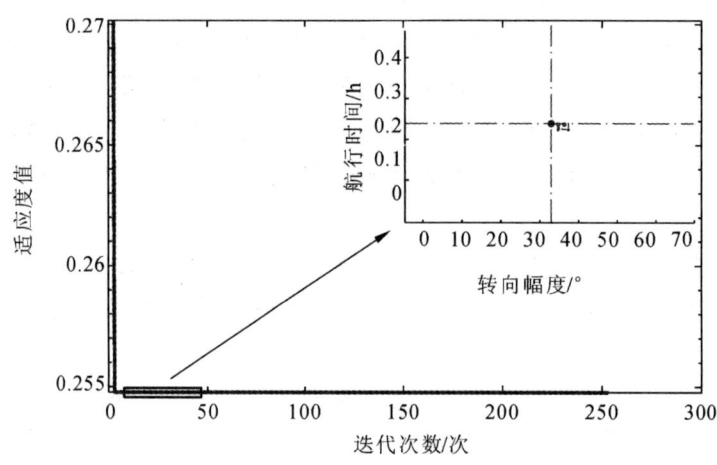

图 9-16　目标船 TS_3 的算法迭代过程

其中,本船的平均最优值为(33,0.2),对应的最优个体适应度均值为 0.3547;即本船在此会遇形势下的最优避碰操作:右转向 33°,在新航向上航行 0.2h 完成避碰后复航。在此策略下,本船对目标船(按 TS_1、TS_2、TS_3 的顺序)的 CRI 值向量为(0.0312,0.1034,0.1254),从船舶航行轨迹来看,避碰效果良好。

目标船 TS_1 的平均最优值为(40,0.21),对应的最优个体的适应度均值为 0.2071,即当 TS_2 没有按照 COLREGs 的要求采取行动时的最优避碰行动是,右转向 40°,在新航向上继续航行 0.21h 后恢复航向。在此避碰路径下,TS_1 与 OS、TS_2、TS_3 的 CRI 值向量分别为(0.0314,0.2091,0.0871),CRI 值明显减少。

目标船 TS_3 的平均最优值为(33,0.24),对应的最优个体适应度均值为 0.2547,即 TS_3 的最佳转向幅度为右转 33°,在新航向上航行 0.24h。转向后 TS_3 与 OS、TS_1、TS_2 的 CRI 值向量分别变为(0.1257,0.0883,0.1051),CRI 值同样明显减少,能够有效防止碰撞。

此外，PSO-GA 算法能够在多船会遇的态势下快速地找到满足避碰目标函数的最佳值点，全局搜索能力较强，收敛速度快，在 50 次迭代内就能够趋于稳定。进一步分析，将 PSO-GA 算法所得的结果，应用 MATLAB 软件进行仿真模拟，得到的避让轨迹如图9-17所示。

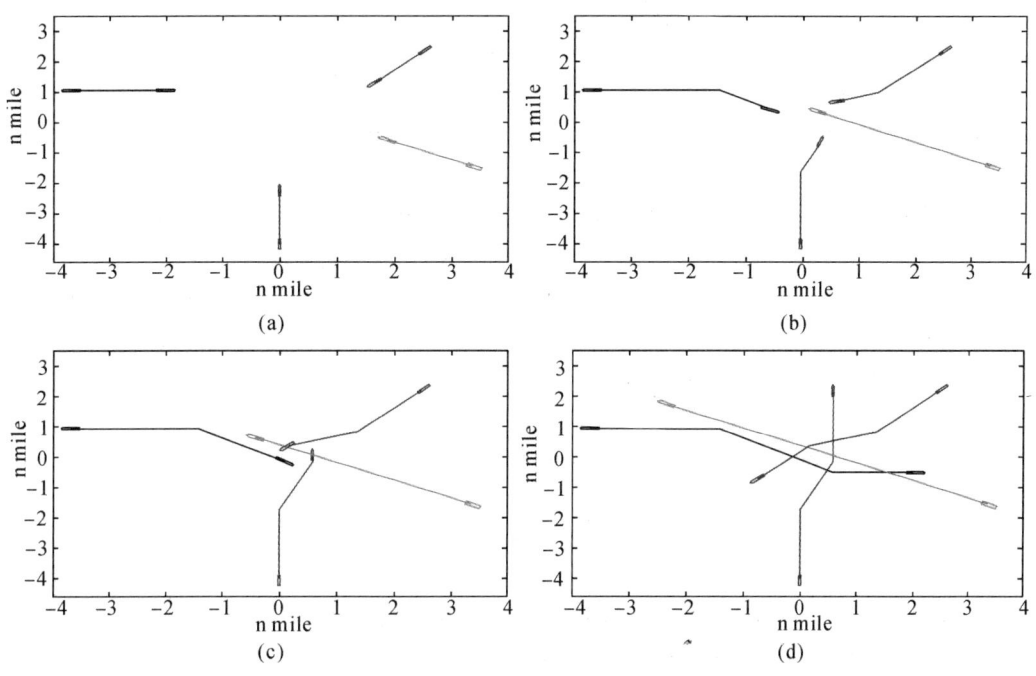

图 9-17　案例二中四船的避碰效果图

从仿真结果来分析，PSO-GA 算法得到的结果可以在出现船舶违反 COLREGs 的复杂会遇场景下，仍然能够在约束条件下较为快速地得到满意的最优解，有效避免碰撞，为船舶驾驶人员提供可行的避碰决策参考。

9.8　本章小结

本章研究了基于 PSO-GA 算法的船舶避碰决策问题。首先引入 GA 算法中的交叉变异操作，对 PSO 算法进行优化改进，构建了粒子群-遗传(PSO-GA)的混合优化算法模型。其次，按照 COLREGs 的要求，综合考虑船舶航行的安全性与经济性，基于转向幅度与航行时间建立了避碰决策目标函数。最后，利用 PSO-GA 算法能够有效地提高收敛精度和加速全局寻优的特点，当 $CRI \geqslant 0.5$ 时，启动 PSO-GA 算法，获得让路船在全局范围内的最佳转向幅度及在新航向上所需的航行时间。仿真结果表明，PSO-GA 算法能够以较少的迭代次数找到安全经济避碰航线，提出的避碰决策算法能够为船舶驾驶人员提供避碰决策参考。

参 考 文 献

[1] LI B, PANG F W. An approach of vessel collision risk assessment based on the D-S evidence theory [J]. Ocean engineering, 2013, 74(7):16-21.

[2] XU Q Y. Collision avoidance strategy optimization based on danger immune algorithm [J]. Computers & industrial engineering, 2014, 76:268-279.

[3] ZHAO Y, LI W, SHI P. A real-time collision avoidance learning system for Unmanned Surface vessels[J]. Neurocomputing, 2016, 182:255-266.

[4] 白一鸣,韩新洁,孟宪尧.危险模式免疫控制算法优化船舶避碰策略[J].中国航海,2012,35(2):29-32.

[5] 刘冬冬,史国友,李伟峰,等.基于最短避碰距离和碰撞危险度的避碰决策支持[J].上海海事大学学报,2018,39(1):13-18.

[6] 马文耀,杨家轩.基于细菌觅食算法的避碰航路优化研究[J].大连海事大学学报,2013,39(2):21-24.

[7] 马文耀,吴兆麟,杨家轩,等.人工鱼群算法的避碰路径规划决策支持[J].中国航海,2014,37(3):63-67.

[8] 倪生科,刘正江,蔡垚,等.基于遗传算法的船舶避碰决策辅助[J].上海海事大学学报,2017,38(1):12-15.

[9] 田雨波,潘朋朋.免疫粒子群算法在船舶避碰上的应用研究[J].中国航海,2011,34(1):48-53.

[10] 薛彦卓,魏伊,孙森.基于避碰重点船算法的多船避碰模拟[J].大连海事大学学报,2014,40(1):13-16.

[11] 杨柏丞,赵志垒.基于改进模拟退火算法的多船会遇避碰决策[J].大连海事大学学报,2018,44(2):22-26.

[12] 于家根,刘正江,卜仁祥,等.基于拟态物理学优化算法的船舶转向避碰决策[J].中国航海,2016,39(1):36-38.

[13] 于家根,刘正江,卜仁祥,等.基于社会情感优化算法的船舶转向避碰决策[J].中国航海,2018,41(3):81-86.

第 10 章　船舶避碰 RRT 路径规划算法

10.1　RRT 算法简介

快速搜索随机树(rapidly-random tree,RRT)算法最早由 Lavall 和 Kuffner 等人提出,其原理(图 10-1)本质上是使用随机生成树进行迭代:从给定的起始点开始,在自由空间中随机采样,在生成树中找到距离采样点最近且能与其无障碍连接的点,然后将这两个点连接起来,并将采样点加入生成树中,重复上述步骤,直到获得一条路径连接起始点和终点后结束。这种方法的优点在于有很强的泛用性并且可以十分快速地得到一个解,但是缺点也同样明显,它所找到的解路径往往不是最优的,甚至可能和最优路径仍有不小的差距,并且如果遇到狭窄的通道,可能很难找到一条合适的路径。

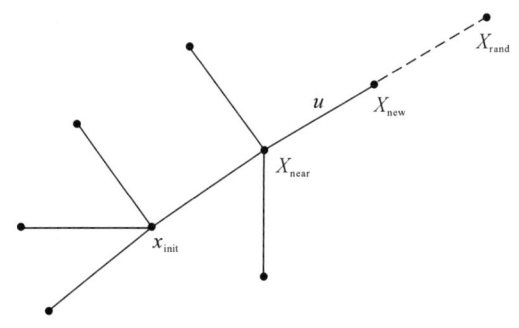

图 10-1　RRT 算法采样原理

针对 RRT 算法的缺点进行改进,演化出一系列 RRT 算法的改进形式,比如 Karaman 等人发表的论文中通过增加重新选择父节点和重规划功能,每次在找到一个新的采样点时,使位于新采样点周围一个域中的节点重新选择父节点,使其与起始点的距离最短,然后重新连接这些点和其新的父节点,将这棵生成树重构,不断重复上述步骤,直到获得一条路径。这种方法被称为 RRT * 算法(图 10-2),该算法经过改进后,经过多次迭代,最后生成的路径是渐进最优的,这种方法相对于 RRT 算法来说,牺牲了部分效率换取更好的结果。

后来有学者为了进一步提高 RRT * 算法的运算效率,提出了 Informed RRT * 的算法(图 10-3),通过构建椭圆采样空间来限制采样区域,提高采样效率,并证明了算法在构建的椭圆采样空间中解的完备性。该方法极大地提升了 RRT * 算法的搜索效率,在保证解的渐进最优性的同时,也保证了算法的计算时间不会过长。

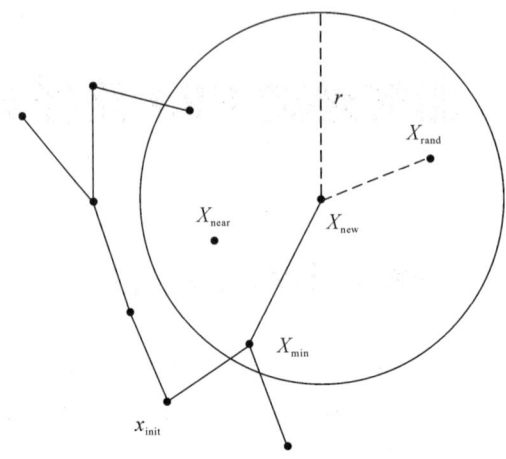

图 10-2 RRT*算法采样原理

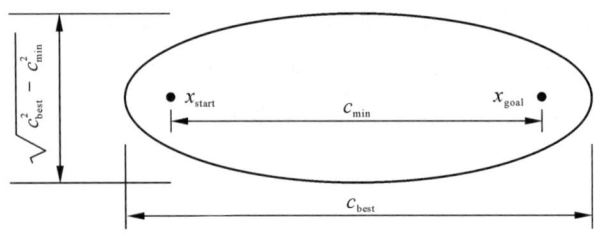

图 10-3 Informed RRT*椭圆采样空间

机器人相关的路径规划主要是应用于一些静态场景,将 RRT 算法应用于航行船舶的路径规划,需要加入与其他运动船舶的碰撞检测等功能,能够很好地适应船舶航行的动态环境。此外,由于船舶的特殊性,还需要满足船舶操纵性和 COLREGs 的要求。

10.2 避碰决策 RRT 路径规划算法

10.2.1 动态碰撞检测算法

首先搭建场景动态船舶障碍检测功能,在此之前,需要确定障碍检测机制,引入 3.6 节介绍的四元动态船舶领域模型。通过该船舶领域,可以给出一个动态障碍检测机制:当有船舶进入其他船的船舶领域时,则认为将要发生碰撞。动态船舶障碍检测功能将避免该情况的发生,原理则是,在使用 RRT 算法进行采样时,若有采样点落在某一船舶的船舶领域中,则认为该采样点有发生碰撞的风险,舍弃该选项,如图 10-4 所示。

在建立碰撞检测机制后,将进一步构建动态船舶障碍检测功能,其主要流程如下:首先在路径规划节点中加入时间参数 t,用于记录船舶在到达某个节点的时间。在对船舶进行路径规划时,每次采样时都会通过时间参数来获取其他船舶在任意时刻的位置,若从上一节点航行至采样点位置的过程中,有出现船舶驶入他船船舶领域的事件,则说明

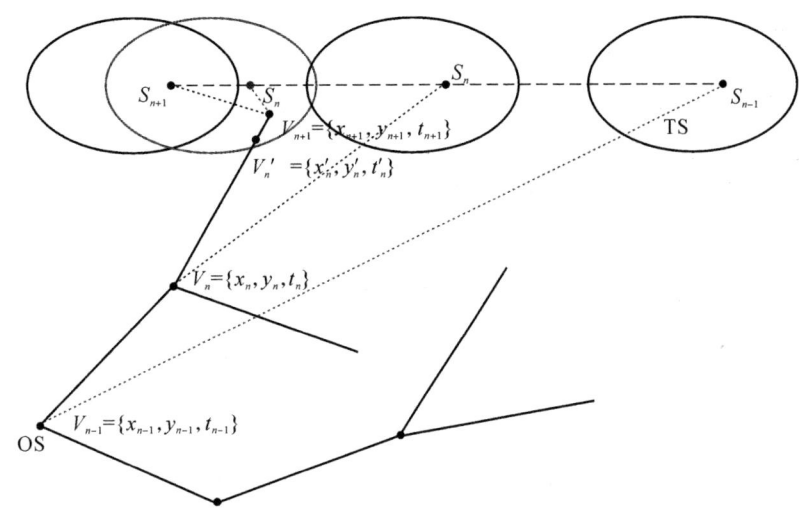

图 10-4 动态船舶障碍检测功能的采样原理

该航行路径无法满足航行安全要求。碰撞检测伪代码见表 10-1。

表 10-1 碰撞检测伪代码

	Algorithm 1 CollisionCheck(CoChek)
	Input：P_{start}, P_{end}, O_{sta}, O_{dyn}
	Output：$Colision$
1：	$t \leftarrow GetSailTime(P_{\text{start}}, P_{\text{end}})$
2：	$T \leftarrow 0$;
3：	$t_0 \leftarrow GetSailTime(P_{\text{start}})$
4：	$n \leftarrow len(O_{\text{dyn}})$
5：	While $T <= t$ do
6：	$P_{\text{pos}} \leftarrow GetSelfPosition(t_0 + T)$
7：	for $i = 1, 2, \cdots, n$ do
8：	$P_{\text{dyn}} \leftarrow GetDynPosition(O_{\text{dyn}}[i])$
9：	$C_{\text{dyn}} \leftarrow GetDynCourse(O_{\text{dyn}}[i])$
10：	$S_{\text{dyn}} \leftarrow GetDynSpeed(O_{\text{dyn}}[i])$
11：	$D_{\text{dyn}} \leftarrow GetDynDomain(P_{\text{dyn}}, C_{\text{dyn}}, S_{\text{dyn}})$
12：	if P_{pos} within (D_{dyn}) then
13：	return False
14：	end if
15：	end for
16：	$T \leftarrow T+1$
17：	end while
18：	return True

10.2.2 初始解的获取

利用带有动态船舶障碍检测功能的 RRT 算法,可以快速地获得一个初始解,这个解不需要考虑太多的因素以及渐进最优解的问题,只需要迅速地生成一个可行解即可。后续再结合 Informed RRT * 算法逐步优化航行路径,不断缩短路径长度。生成初始解的伪代码见表 10-2。

表 10-2 生成初始解的伪代码

Algorithm 2 RRT	
Input: $P_{start}, P_{goal}, O_{sta}, O_{dyn}, X_{movelength}$	
Output: $TailNode$	
1:	$T \leftarrow \{P_{start}\}$
2:	for $t = 1, 2, \cdots, n$ do
3:	$X_{rand} \leftarrow Rand(0,1)$
4:	if $X_{rand} > 0.05$ then
5:	$P_{samp} \leftarrow FreeSpaceSampling()$
6:	else
7:	$P_{samp} \leftarrow P_{goal}$
8:	end if
9:	$P_{nearest} \leftarrow GetNearest(\tau, P_{samp})$
10:	$P_{new} \leftarrow NewNode(P_{samp}, P_{nearest}, X_{movelength})$
11:	if $CoChek(P_{nearest}, P_{new}, O_{sta}, O_{dyn})$ then
12:	$SetParent(P_{nearest}, P_{new})$
13:	$T \cup \{P_{new}\}$
14:	else
15:	Continue
16:	end if
17:	if $InGoalRegion(P_{new})$ then
18:	if $CoChek(P_{nearest}, P_{new}, O_{sta}, O_{dyn})$ then
19:	$SetParent(P_{new}, P_{goal})$
20:	Break
21:	else
22:	Continue
23:	end if
24:	end if
25:	end for
26:	return P_{goal}

10.2.3 椭圆空间均匀采样

生成了初始解后,由于原始RRT算法生成的初始解具有的非渐进最优性等缺陷,需要对其进行进一步的优化,使得解更合理。此处将使用Informed RRT * 算法中椭圆空间采样迭代的方法来进行路径优化。但是程序中构造任意的椭圆空间较为复杂,所以使用若干个不全等的三角形构成的正多边形来近似椭圆空间,并通过在三角形内均匀随机采样的方法来实现近似椭圆空间均匀随机采样,效果图如图10-5所示。

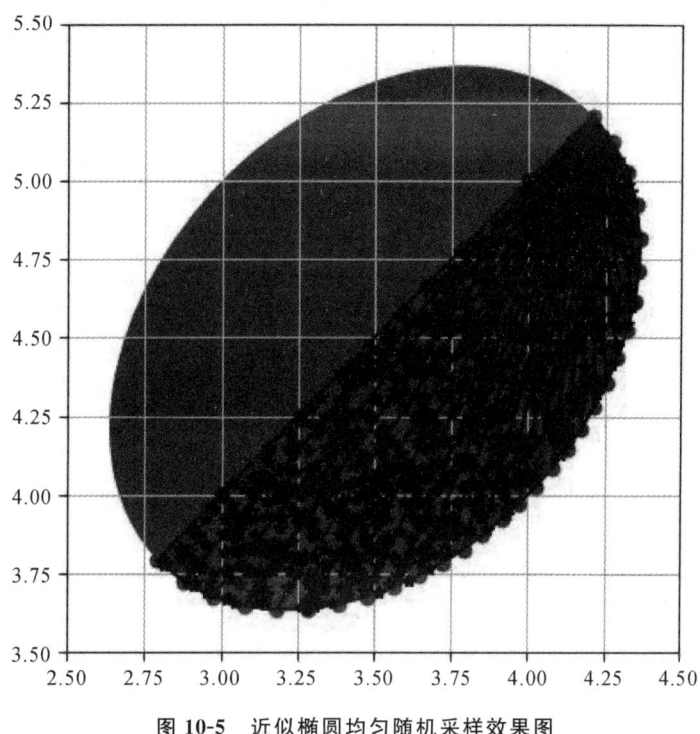

图 10-5 近似椭圆均匀随机采样效果图

10.2.4 路径优化

对于初始解的优化,不仅需要对路径长度进行优化,还需要针对船舶的操纵性及COLREGs来进行优化,所以通过使用结合了RRT算法的采样方法及Informed RRT * 算法的椭圆空间迭代算法,并加入船舶操纵性及COLREGs的限制,对初始解进行迭代优化,优化伪代码见表10-3。其中COLREGs规定了让路船在避让时需要向本船的右侧转向。

表 10-3 路径优化伪代码

Algorithm 3 PathOptimization	
Input: $P_{start}, P_{goal}, O_{sta}, O_{dyn}, L_{path}, X_{movelength}$	
Output: $TailNode$	
1:	$T \leftarrow \{P_{start}\}$
2:	for $i = 1, 2, \cdots, n$ do
3:	$E_{space} \leftarrow EllipseBuilding(P_{start}, P_{end}, L_{path})$
4:	$E_{halfspace} \leftarrow GetHalfEllipse(E_{space})$
5:	$P_{samp} \leftarrow EllipseSampling(E_{halfspace})$
6:	$S_{points} \leftarrow GetProperPoints(\tau)$
7:	$S_{points} \cup \{P_{start}\}$
8:	$P_{nearest} \leftarrow GetNearest(S_{points})$
9:	$P_{new} \leftarrow GenNode(P_{samp}, P_{nearest}, X_{movelength})$
10:	if $CoChek(P_{nearest}, P_{new}, O_{sta}, O_{dyn})$ then
11:	$SetParent(P_{nearest}, P_{new})$
12:	$T \cup \{P_{new}\}$
13:	else
14:	Continue
15:	end if
16:	if $InGoalRegion(P_{new})$ then
17:	if $CoChek(P_{nearest}, P_{new}, O_{sta}, O_{dyn})$ then
18:	$SetParent(P_{nearest}, P_{new})$
19:	Break
20:	else
21:	Continue
22:	end if
23:	end if
24:	end for
25:	return P_{goal}

通过对初始解的优化,能够获得一个符合海上船舶航行规律的且是渐进最优的航行的路径。

10.2.5 动态 RRT 算法

将以上各个子算法相结合,即可构建完整的动态 RRT 算法,具体流程为:先使用带有动态船舶障碍检测功能的 RRT 算法快速获得一个初始解,然后使用结合 RRT 算法的采样方法及 Informed RRT * 算法的椭圆空间迭代的方法的算法,并加入船舶操纵性及 COLREGs 的限制,对初始解进行迭代优化。在经过多次迭代后,能够获得一条渐进最优避碰路径。动态 RRT 算法伪代码见表 10-4。

表 10-4 动态 RRT 算法伪代码

Algorithm 4 Dynamic RRT	
Input:P_{start},P_{goal},O_{sta},O_{dyn},$X_{movelength}$	
Output:$TailNode$	
1:	$P_{rrt} \leftarrow RRT(P_{start},P_{goal},O_{sta},O_{dyn},X_{movelength})$
2:	$L_{best} \leftarrow GetPathLength(P_{rrt})$
3:	for $i = 1,2,\cdots,n$ do
4:	$P_{new} \leftarrow PathOptimizing(P_{start},P_{goal},O_{sta},O_{dyn},L_{best},X_{movelength})$
5:	$L_{new} \leftarrow GetPathLength(P_{new})$
6:	if $L_{new} < L_{best}$ then
7:	$L_{best} \leftarrow L_{new}$
8:	$P_{best} \leftarrow P_{new}$
9:	end if
10:	end for
11:	return P_{best}

10.3 仿真与分析

10.3.1 会遇态势设置

为了验证前文所述的动态 RRT 算法的有效性,现给出一个三船会遇的场景进行仿真模拟实验。场景中的三船会遇同时包含了交叉相遇和对遇的两种会遇情景。场景参数设置如表 10-5 和图 10-6 所示。

表 10-5 初始参数设置

船舶编号	起点	终点	速度/kn	船长/m	航向/°
S_1	(100,100)	(6000,3700)	18.0	50	58.61
S_2	(5038,3027)	(0,0)	16.0	50	239.00
S_3	(0,6000)	(7000,100)	16.5	50	130.13

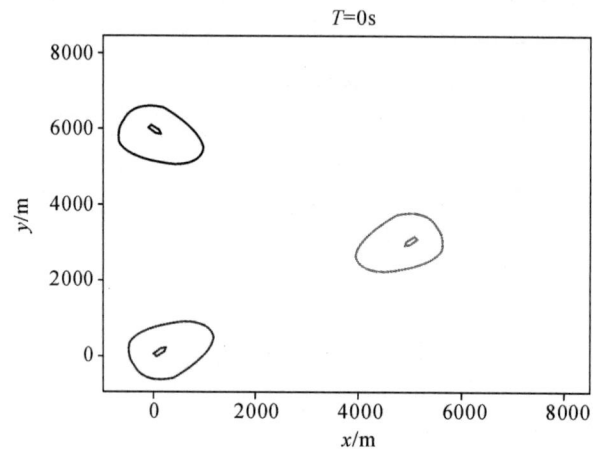

图 10-6 场景初始化

10.3.2 结果分析

根据 COLREGs,场景中的三艘船均可认为是让路船,使用动态 RRT 算法分别对其进行路径规划后,避碰效果如图 10-7 所示。

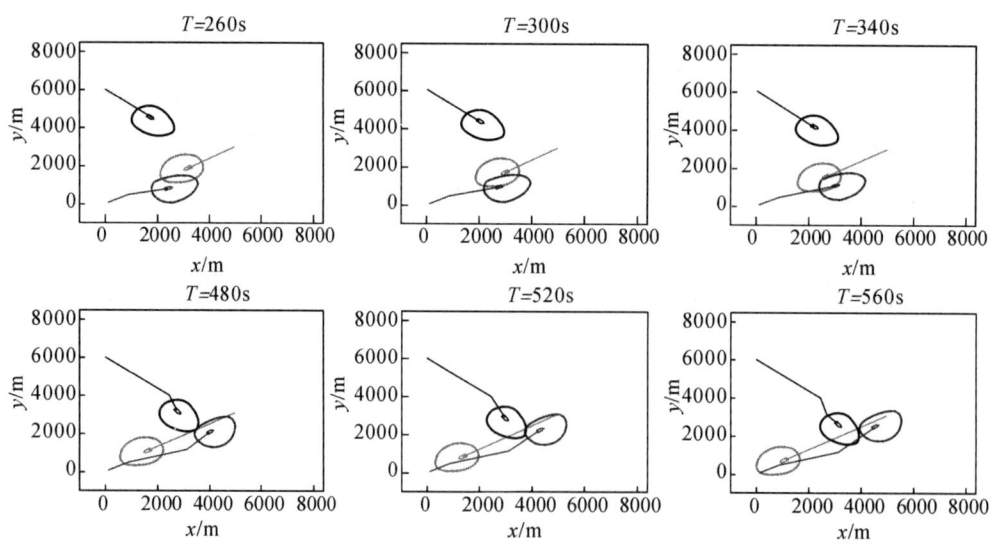

图 10-7 动态 RRT 算法仿真避碰过程

可以看到,通过动态 RRT 算法的路径规划后,场景中的三艘船在航行避让时均没有进入他船的船舶领域,符合算法运行的预期。在 260~340s 期间船舶 S_1 与船舶 S_2 发生会遇,在 480~560s 期间船舶 S_1 与船舶 S_3 发生会遇。

从图 10-8 中可以看出,船舶在避让过程中 $DCPA$ 均大于 1000m,并且 $TCPA$ 都在不断减小最后变为负值,船舶间的最小间距大于 500m,同时没有发生船舶领域被突破的情况,说明避碰有效,没有碰撞风险。

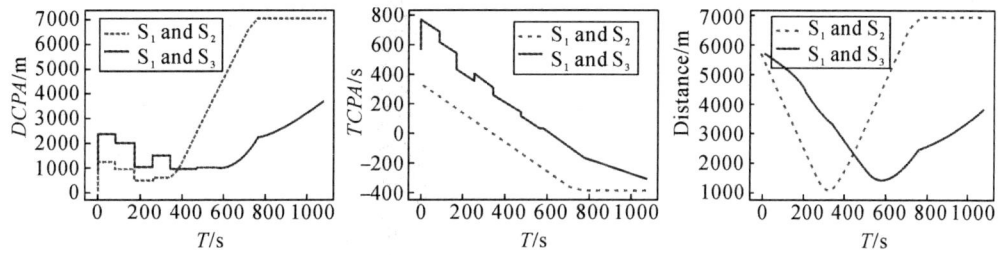

图 10-8 模拟过程中发生避让的船只对间的 DCPA、TCPA、船舶间距

10.4 本章小结

本章将 RRT 算法引入船舶避碰决策,提出了一种船舶避碰路径规划方法,主要从两个角度对传统的 RRT 算法进行了改进:一是提出了在运动的本船和目标船环境下的动态碰撞检测方法;二是在考虑《国际海上避碰规则》要求的同时,提出重规划策略来优化路径。仿真结果表明,该方法能在多船会遇态势下找到安全经济的路径。

参 考 文 献

[1] CHEN P F,HUANG Y M,MOU J M,et al. Ship collision candidate detection method:A velocity obstacle approach[J]. Ocean engineering,2018,170:186-198.

[2] CHIANG H T,TAPIA L. COLREG-RRT:An RRT-based COLREGs-compliant motion planner for surface vehicle navigation[J]. IEEE robotics and automation letters,2018,3(3):2024-2031.

[3] CLAUSSMANN L,REVILLOUD M,GRUYER D,et al. A review of motion planning for highway autonomous driving[J]. IEEE transactions on intelligent transportation systems,2020,21(5):1826-1848.

[4] ENEVOLDSEN T T, GALEAZZI R. Grounding-aware RRT* for path planning and safe navigation of marine crafts in confined waters[J]. IFAC-PapersOnLine,2021,54(16):195-201.

[5] HAN S,WANG L,WANG Y T,et al. An efficient motion planning based on grid map:Predicted trajectory approach with global path guiding[J]. Ocean engineering,2021,238:109696.

[6] HINOSTROZA M A, XU H T, GUEDES-SOARES C. Motion planning, guidance and control system for autonomous surface vessel[J]. Journal of offshore mechanics and arctic engineering, 2021,143(4):1-12.

[7] HU L,NAEEM W,RAJABALLY E,et al. A multiobjective optimization approach for COLREGs-

compliant path planning of autonomous surface vehicles verified on networked bridge simulators [J]. IEEE transactions on intelligent transportation systems,2020,21(3):1167-1179.

[8] KIM H,KIM D,KIM H,et al. An extended any-angle path planning algorithm for maintaining formation of multi-agent jellyfish elimination robot system[J]. International journal of control, automation,and systems,2016,14(2):598-607.

[9] LI J,LI C,CHEN T,et al. Improved RRT algorithm for AUV target search in unknown 3D environment[J]. Journal of marine science and engineering,2022,10(6):826.

[10] LI Y J,WU W,GAO Y,et al. PQ-RRT*:An improved path planning algorithm for mobile robots [J]. Expert systems with applications,2020,152:113425.

[11] LIU Z X,ZHANG Y,YU X,et al. Unmanned surface vehicles:An overview of developments and challenges[J]. Annual reviews in control,2016,41:71-93.

[12] LONKLANG A,BOTZHEIM J. Improved rapidly exploring random tree with bacterial mutation and node deletion for offline path planning of mobile robot[J]. Electronics,2022,11(9):1459.

[13] NAMGUNG H. Local route planning for collision avoidance of maritime autonomous surface ships in compliance with COLREGs rules[J]. Sustainability,2021,14(1):198.

[14] WANG X,LIU Z J,CAI Y. The ship maneuverability based collision avoidance dynamic support system in close-quarters situation[J]. Ocean engineering,2017,146:486-497.

[15] WEI K,REN B. A method on dynamic path planning for robotic manipulator autonomous obstacle avoidance based on an improved RRT algorithm[J]. Sensors,2018,18(2):571.

第11章 风电水域多向 A * 船舶路径规划算法

11.1 A * 算法

A * 算法一般分为三个步骤：环境构建、安全路径生成和路径优化。一般来说，A * 算法通常与经典的基于网格的方法进行综合。图 11-1 所示为 A * 路径规划算法的基本流程。左边的方块是起点，中间深灰色方块表示障碍物的位置，右边的方块是目的地。同时，正方形有一系列距离属性，分别为 G、H、F，当环境信息已知时以上参数是固定值。G 表示从起点到当前节点的距离，H 表示从当前节点到终点的估计距离，F 为 G 和 H 的和。为了确定最短安全路径，A * 算法查找 F 值最小的网格，不断重复这个循环，直到获得整个路径为止。

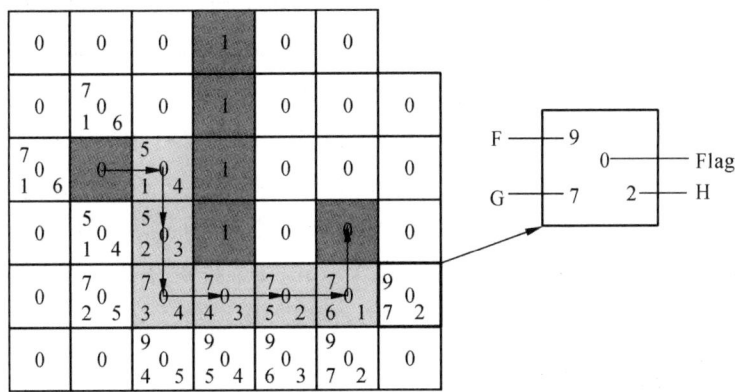

图 11-1　A * 算法原理

在实现 A * 算法之前需要考虑的一个问题是，随着网格尺寸的减少，计算量会呈指数增长，但是过大的网格会影响路径规划的性能。因此，选取适当的网格大小十分重要。另一个问题是转向点在很大程度上是由邻域的数量决定的。在图 11-1 所示的 4 向 A * 算法中，船舶的可选运动方向只有四个，这是对其应用范围较大的限制。Ansari 通过增加"邻域"网格的数量对该方法进行改进，在 8 邻域模型中引入了具有公共角的节点，提高了可选路径的数量。然而，计算量也会大大增加。为了提高搜索效率，有学者提出了稀疏 A * 算法并得到广泛的应用，该算法预先裁剪搜索空间中的无效点，根据环境给不同方向的相邻节点分配不同的优先级。

上述两个问题有密切联系，需要综合考虑。首先，应根据移动物体和障碍物的大小以及规划轨迹所需的分辨率确定网格尺寸。其次，相邻节点的数量可以尽可能多，这样才能找到一个满意的解。最后，精心设计节点剪枝机制以减少计算量。

11.2 障碍物建模

11.2.1 网格尺寸

在 A*算法中,障碍物通常被抽象为一系列网格。网格的大小是首先需要考虑的问题,因为它从安全性和经济性方面影响算法的性能。在传统 A*算法中,网格的尺寸通常与移动机器人的尺寸相当,图 11-2 所示为网格尺寸过大带来问题的一个例子。

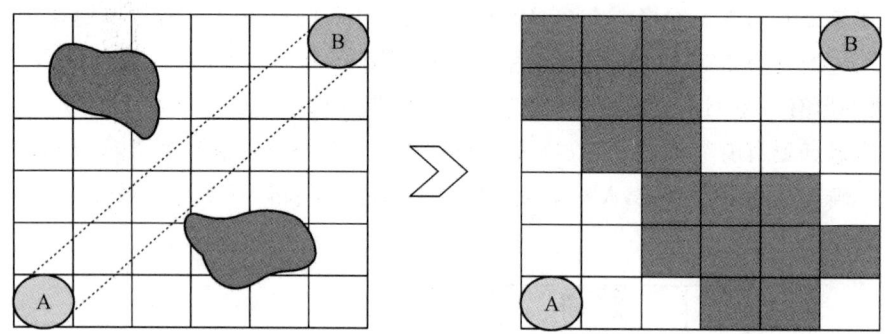

图 11-2　网格限制

从图 11-2 中可以看出,用 6×6 的网格划分区域后,A 和 B 之间无法找到安全路径。由于网格尺寸较大,两个障碍物之间的区域随着障碍物尺寸的扩大而被遮挡,这是 A*算法存在的一个局限性。一个解决方案是减小网格尺寸,增加网格密度,这样障碍物的边界就不会被过度扩大。然而,网格密度过大会增加算法的计算量。在处理这类问题时,需要权衡以上两个约束来确定网格的大小,构建地图模型。

11.2.2 危险区域识别

在传统的 A*算法中,两种状态(0/1)可能导致规划的路径过于靠近障碍物的边缘。然而,在风电场内航行的船舶路径规划要求船舶远离危险区域,包括浅水、固定障碍物和其他船舶。为了实现这一点,引入虚拟人工势场(artificial potential field,APF)的概念,将惩罚值设置在 0—1 之间,用于反映风险的程度。静态的海上基础设施,包括风机、桥梁和浮标。船舶与基础设施之间的距离越近,碰撞风险越高。因此,APF 模型可以用来表示船舶与障碍物之间的碰撞风险。在 APF 模型中,既有引力场又有斥力场。在船舶路径规划中,终点对船舶产生吸引力,障碍物对船舶产生排斥力。在合力的作用下,船舶将逐渐安全接近目的地。在传统的有源电力滤波器模型中,障碍物的斥力场表示为:

$$U(x,y)=\begin{cases} d=\sqrt{(x-x_0)^2+(y-y_0)^2} \\ \dfrac{1}{2}k\left(\dfrac{1}{d}-\dfrac{1}{d_0}\right)^2 & (d\leqslant d_0) \\ 0 & (d>d_0) \end{cases} \quad (11\text{-}1)$$

其中，(x,y) 为运动物体的位置，(x_0,y_0) 为障碍物的位置；d 为运动物体与障碍物之间的距离；k 为与最大排斥力相关的增益的常数系数；d_0 为运动物体与障碍物之间的最小安全距离，取值与运动物体的操纵性有关。斥力的值为 $U(x,y)$ 的负梯度，表示为：

$$F(x,y)=\begin{cases}\dfrac{\partial U(x,y)}{\partial x}+\dfrac{\partial U(x,y)}{\partial y} & (d\leqslant d_0)\\ 0 & (d>d_0)\end{cases} \quad (11\text{-}2)$$

在式(11-2)中，斥力表示为矢量。当有多个障碍物时，将导致斥力场出现一些异常区域。如图 11-3(a)所示，两个障碍物之间的 APF 值变得非常小，从而规划路径从障碍物之间穿过，如图 11-3(c)所示。然而，如果以标量形式表示，两个障碍物之间的值仍然处于较高水平，因此规划的路径倾向于从两个障碍物之外穿过，如图 11-3(d)所示，这对于风电场内的船舶路径规划非常有用。

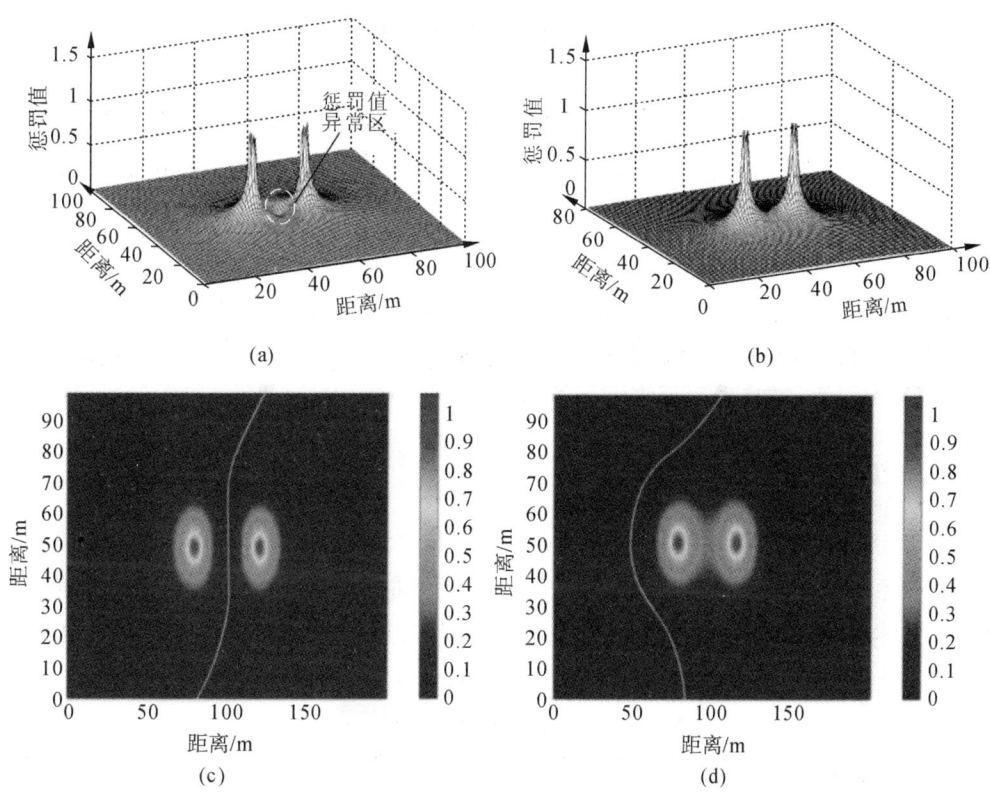

图 11-3 障碍物的斥力及相应的规划路径

(a)矢量 APF；(b)标量 APF；(c)矢量 APF 下的规划路径；(d)标量 APF 下的规划路径

根据上述分析，矢量 APF 并不符合船舶与障碍物的距离越近风险越高的事实。相反，将斥力作为标量参数，并对斥力场模型进行修正更加符合风电场内航行船舶。在修正的斥力场模型中，斥力场模型表示为：

$$F(x,y)=\begin{cases}k(\dfrac{1}{d}-\dfrac{1}{d_0})\dfrac{1}{d^2} & d\leqslant d_0 \\ 0 & d>d_0\end{cases} \tag{11-3}$$

多障碍物在(x,y)处的总斥力可表示为：

$$F_{\text{total}}(x,y)=\sum_{k=1}^{n}F_k(x,y) \tag{11-4}$$

此外，可以根据整体斥力构造接近障碍物的惩罚函数，其表达式为：

$$P_0(x,y)=\begin{cases}1 & d>L/2 \\ \dfrac{F_{\text{total}}(x,y)-\min[F_{\text{total}}(x,y)]}{\max[F_{\text{total}}(x,y)]-\min[F_{\text{total}}(x,y)]} & d\leqslant L/2\end{cases} \tag{11-5}$$

其中，L为物体的长度。如果与障碍物的距离小于船舶尺寸的一半，则认为发生碰撞。

11.3 路 径 生 成

基于网格地图的A*算法整体思路如下：从一系列节点中选择一个候选节点，逐渐扩展，使得从起点到终点的总成本最小。选择中间节点的关键问题是构建代价函数，采用Hart提出的代价函数，其表达式为：

$$f(n)=g(n)+h(n) \tag{11-6}$$

其中，$f(n)$为路径总代价；$g(n)$为从起点到第n个节点的路径代价，即累计代价；$h(n)$为从当前节点到目的地的路径估计代价。$h(n)$也称为启发式函数，用于引导路径逐渐接近目的地。关于如何赋值$g(n)$和$h(n)$的细节将在第11.4.2节中介绍。

11.3.1 多邻居节点生成

由于传统的A*算法的可选方向十分有限，即使没有障碍物，规划的路径也可能不是直线，如图11-4所示。此外，这种算法还会增加转向点的数量，不适用于操纵性能受限的船舶安全路径规划。对于A*算法来说，可选的邻居节点越多，距离越远，路径则越平滑。方向数和角分辨率之间的关系如表11-1所示。

表11-1 方向数与角分辨率的关系

层数	方向数	角分辨率/°
1	8	45
2	16	22.22
3	24	15
n	$8n$	$360/(8n)$

(0,0)	(0,1)	(0,2)	(0,3)	(0,4)	(0,5)	(0,6)	(0,7)
(1,0)	(1,1)	(1,2)	(1,3)	(1,4)	(1,5)	(1,6)	(1,7)
(2,0)	(2,1)	(2,2)	(2,3)	(2,4)	(2,5)	(2,6)	(2,7)
(3,0)	(3,1)	(3,2)	(3,3)	(3,4)	(3,5)	(3,6)	(3,7)
(4,0)	(4,1)	(4,2)	(4,3)	(4,4)	(4,5)	(4,6)	(4,7)
(5,0)	(5,1)	(5,2)	(5,3)	(5,4)	(5,5)	(5,6)	(5,7)
(6,0)	(6,1)	(6,2)	(6,3)	(6,4)	(6,5)	(6,6)	(6,7)
(7,0)	(7,1)	(7,2)	(7,3)	(7,4)	(7,5)	(7,6)	(7,7)

图 11-4　邻域方向受限的 A∗ 算法

在计算每次移动的代价时,相邻节点可以简化为沿圆周的一系列节点,这些节点的半径为船舶在每一步的移动范围,如图 11-5 所示。层数由步长(r)决定。每一步,节点有 $8n$ 个相邻节点,方向从 $0°$ 到 $360°$,假设移动一个网格的代价是 k,移动一步的代价是 kr。

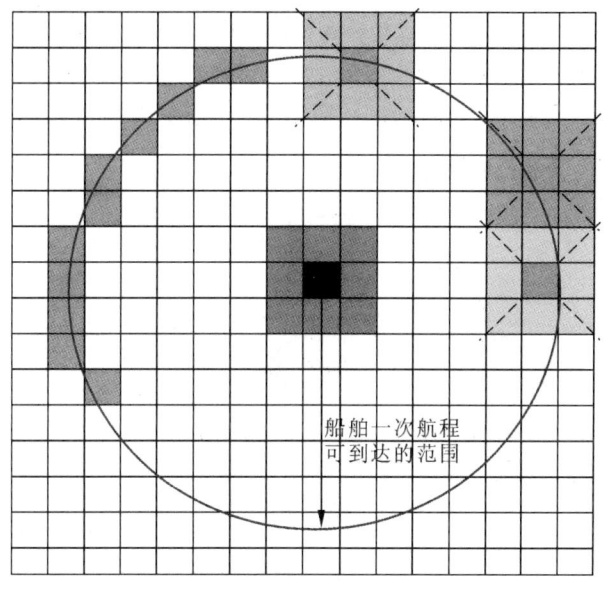

图 11-5　环形邻域示意图

当 $r > 1$ 时,障碍物有可能落在圆内,如图 11-6(a)所示。也就是说,需要判断相邻航路点之间的可达性,即检查起点到下一个点之间是否有障碍物。在这种情况下,物体越大,其安全域越大。如图 11-6(b)所示,假设安全域的长度为 a,则路径可以表示为大小为 $(r+a) \times a$ 的矩形。通过检查矩形区域内是否有障碍物来确定路径的可达性。

A∗ 算法的计算量与物体每一步移动的距离密切相关。为了平衡计算量和路径平滑度,可以构造一个运动距离与惩罚函数之间的函数。假设移动距离的默认值为 r_D,则每

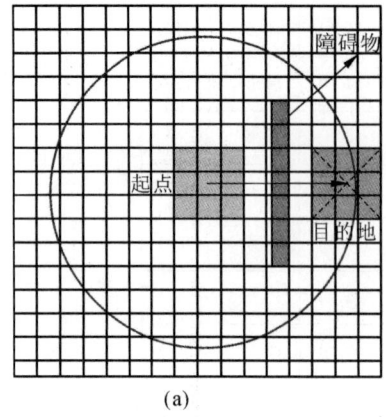 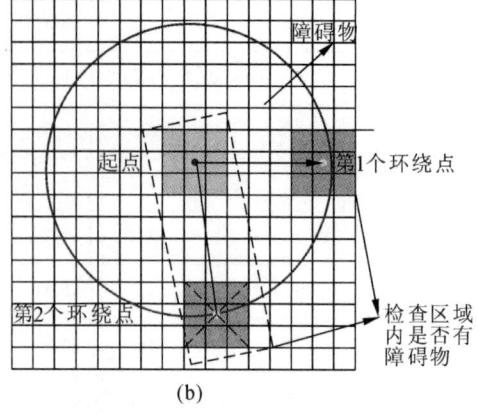

图 11-6　相邻节点之间的可达性示意图

(a)不可达;;(b)可达

一步的移动距离可以表示为 $r_R = (1 - P_{total})r_D$。

移动距离的调整并不一定会降低 A * 算法的复杂度。如图 11-7 所示,每个节点有 8 个邻居。可见,最优路径为 1—4。然而在传统的 A * 算法中,下一步的相邻节点只能从圆上的 8 个相邻节点中选择,整个过程将需要 24 次计算,规划轨迹为 1—2—3—4,在计算所有节点特征时逐步更新转向点。因此,如果新候选节点与现有节点之间的距离小于每一步的移动距离,则新候选节点将替换其父节点,并重新计算移动成本。这样可以实现在减少计算量的同时得到最佳路径。

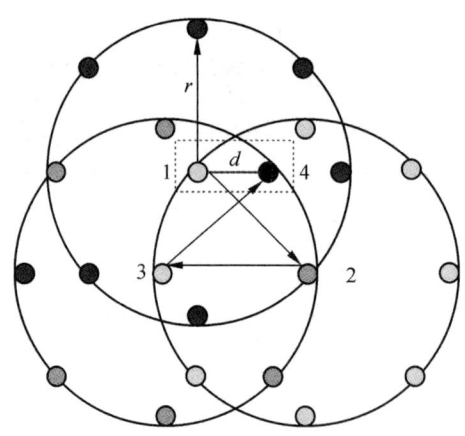

图 11-7　处理相邻节点的说明

11.3.2　节点切割

在船舶路径规划中要考虑操纵性的约束,可以采用节点切割来平滑规划的路径。船舶的操纵性可以通过转弯半径(R_{min})来表示。运动物体的最大转弯角度可以表示为:

$$\alpha = 90° - \beta = \frac{\pi}{2} - \arccos\left(\frac{OO_1^2 + OP^2 - O_1P^2}{2OO_1 \cdot OP}\right) = \frac{\pi}{2} - \arccos\left(\frac{r}{2R_{min}}\right) \quad (11-7)$$

因此，在图 11-8 中，弧形区域 OPQ 是船舶可达区域。上述对 A * 算法的修改也影响了代价函数。在距离代价 g 的基础上，引入航行安全惩罚函数作为 $g(n)$ 的一部分。因此，节点 n 在圆形邻居中的总代价表示为：

$$g(n) = g(n-1) + kr + \sum_{i=1}^{r} P_{\text{total}}(i) \tag{11-8}$$

$$h(n) = \sqrt{nxmx(nx-mx)^2 - (ny-my)^2} \tag{11-9}$$

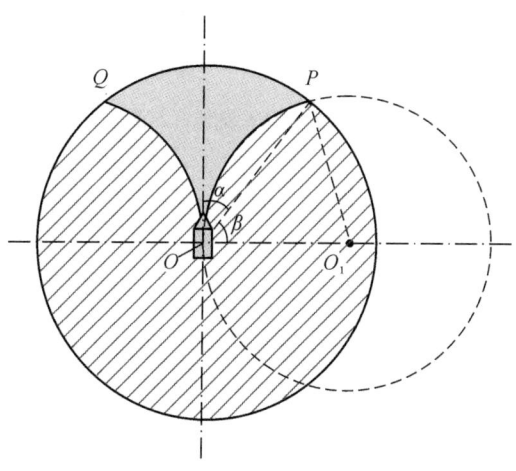

图 11-8　船舶可行区域示意图

11.3.3　路径规划步骤

根据前面的分析，网格图中基于多方向 A * 算法的路径规划可以分为以下五个步骤完成。

步骤 1：构造 OPEN 和 CLOSE 表，其中 OPEN 表示下一步可以选择的所有可能节点，CLOSE 表示已选择组成轨迹的节点集。找到初始位置的坐标。计算起始节点的参数，包括方向、惩罚值、代价函数（g、h、f）、每步移动距离（r）、父节点和子节点。将节点放入 OPEN，并将 CLOSE 初始化为空。

步骤 2：将当前节点记录为 A，根据移动方向（r）和移动距离（A），结合船舶操纵性约束，计算 A 的子节点，将其记录在 OPEN 表中，节点 A 被转移到 CLOSE 表中。

步骤 3：将 OPEN 表中 F 值最小的节点转移到 CLOSE 表中，选择该节点作为当前节点 A。

步骤 4：重复步骤 1～3，直到终点节点被放入 OPEN 表。

步骤 5：通过从目标节点到父节点的反向搜索，可以得到最终规划的路径。

图 11-9 为多向 A * 路径规划算法的一个基本示例。

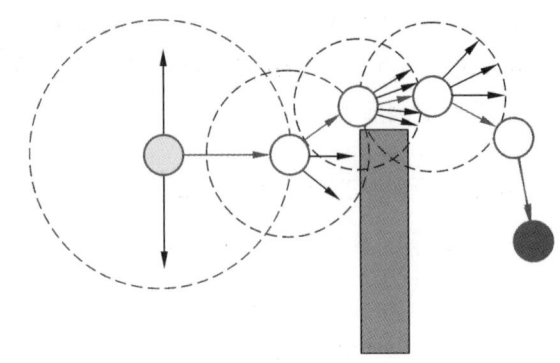

图 11-9 多向 A * 路径规划算法

11.3.4 性能分析

评价算法性能最重要的指标之一是路径长度。相邻节点越多,规划的路径选择就越多,距离也就越短。图 11-10 给出了分别有 4、6、8 和 18 个相邻节点的规划路径。左边为起点,右边为终点。可以看出,随着搜索空间的增加,路径逐渐变得更加平滑,长度逐渐减少。轨迹的长度是用步数测量,8 方向算法的整体轨迹长度为 20 步,远低于 4 方向算法(27 步)。对应的最大转弯角度(20°)远小于 4 方向算法(90°)。

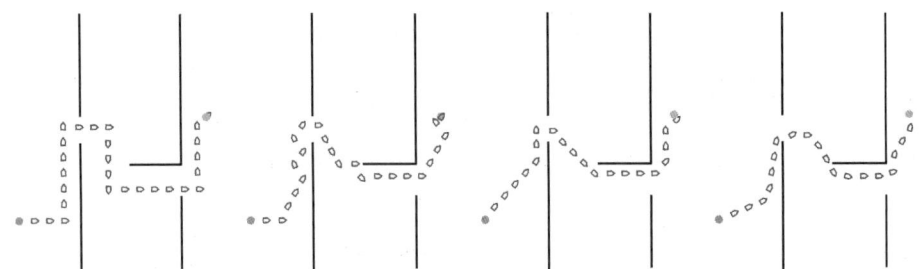

图 11-10 不同数量的邻居节点的规划路径

从图 11-10 中还可以看出,指标包括每一步的移动距离、相邻节点的数量、障碍物的位置,这些也会影响路径与障碍物之间的最小距离。为了使船舶远离障碍物,引入惩罚参数,根据惩罚参数可以调整船舶每一步的移动距离。如图 11-11 所示,添加惩罚函数后的规划路径比 11.3.3 节的规划路径采用了更多的转向操作。

图 11-11 添加惩罚函数后的规划路径

11.4 东海大桥风电场船舶路径规划

为了评价提出的 A* 算法的整体性能,将其应用于上海东海大桥附近某风电场的实际案例中,并对不同情况下规划的路径进行比较分析。此外,还将规划的路径与该地区一艘运维船舶的实际航行轨迹数据进行比较。

11.4.1 障碍模型

考虑东海大桥附近风电场周围的矩形区域(介于[121°49.455E,30°51.475N]和[122°02.433E,30°44.371N]之间的区域)。电子海图中的每个像素对应于一个边长 27m 的正方形。首先,从海图中提取海岸线,利用坐标校准可以将海图中的海岸线位置转换为经纬度坐标。陆地、桥梁、浅水障碍物以不同颜色显示。

浅水区的通航性是根据水深和船舶吃水来确定。障碍物的位置和几何形状,如风机和浮标需要添加到图表中。此外,禁航区也被视为障碍物。此外,从图中识别出的桥梁无法识别通过桥的路线,因此在通航跨度附近,将桥的孔径分成两部分,使船舶能够通过桥区水域。包含障碍物信息的模拟示意如图 11-12(a)所示。

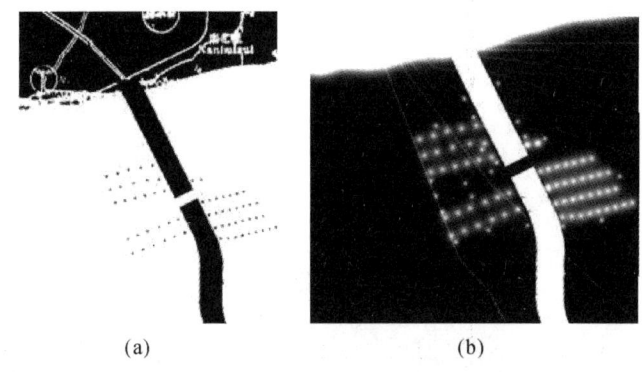

图 11-12 "东海大桥"附近风电场的障碍物模拟

在得到处理后的图和障碍物信息后,就可以计算出每个网格中的惩罚值。首先将水深 2m 以下的水域设置惩罚值为 1,不允许船舶航行。其次,根据式(11-5)计算近海水域的惩罚值,其中参数 d 为网格与海岸线之间的最小距离。最后,障碍物(如风机、浮标等)的尺寸必须考虑在内,参数 d 是通过障碍物中心与网格中心之间的距离来计算。此外,距离桥梁边界 1000m 以内的区域被视为限制区,惩罚值设为 1,禁止船舶进入该区域。所有的惩罚值都在 0 到 1 之间归一化。此外,在该海域还有一些海底管道。虽然允许工作船穿越这些管道,但考虑到安全,不建议多次穿越同一管道。因此,对海底管线水域也赋予了一定的惩罚值。图 11-12(b)为该图表的惩罚图。

11.4.2 结果和分析

风电场由 62 台风机组成,运维船舶需要经常进入风电场,执行向风机运送维修人员等任务。运维船舶"东海 001"的详细信息如表 11-2 所示,运维船舶需要到达的位置坐标如表 11-3 所示。

采用提出的路径规划算法,得到的运维船舶航行轨迹和实际轨迹如图 11-13 所示,途中显示了局部区域的放大图。在仿真试验中,船舶的转弯半径设定为 195m。每步初始移动距离设定为 273m。路径分为 6 段,对应 7 个位置之间的路径,路径规划方法在每个分段中单独执行,整个路径是所有分段的组合。

表 11-2 运维船舶详细信息

船名	MMSI	船舶类型	船长/m	船宽/m
Donghai 001	412371218	运维船舶	39	8

表 11-3 船舶需要经过的位置

No.	船坞	经度(E)	纬度(N)
1	芦潮港	121°50′36.1798″	30°50′22.8599″
2	16#风机	122°00′23.0078″	30°46′33.1406″
3	17#风机	122°00′41.7967″	30°46′37.0252″
4	34#风机	122°01′35.4665″	30°45′41.3765″
5	30#风机	122°00′20.3210″	30°45′25.7961″
6	22#风机	122°00′02.8725″	30°45′55.5719″
7	锚地	122°00′18.0128″	30°46′28.2325″

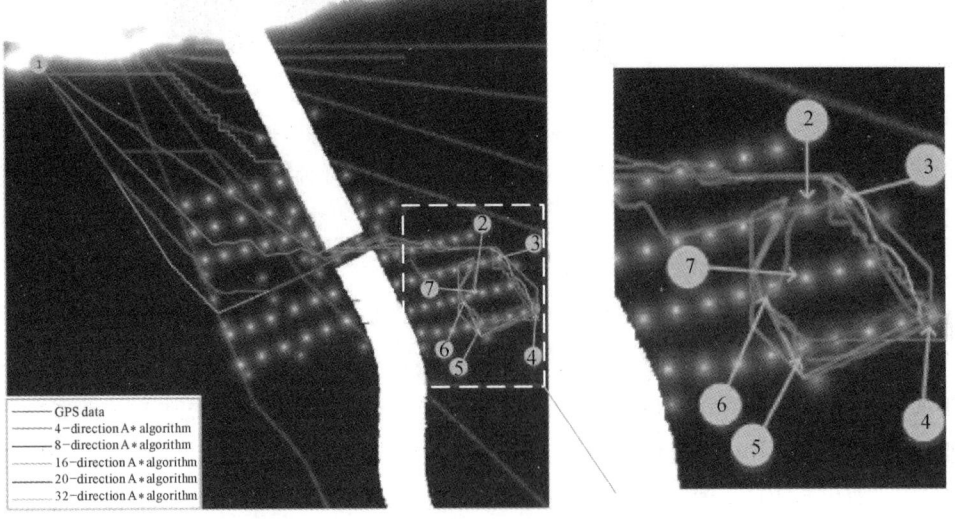

图 11-13 不同方法的路径规划轨迹比较

从图 11-13 中可以看出,4 方向 A*算法规划的路径存在大量急转弯,无法满足运维船舶需求,并且部分轨迹非常接近桥梁区域。此外,仿真实验也反映出该算法有时无法得到有效路径。原因是相邻节点很少,在复杂环境中不可能找到可行路径。

尽管在横向上相邻风机之间的惩罚值在标量虚拟势场模型中比在矢量模型中更高,8/16 向 A*算法的轨迹从风电场内部穿过,这主要是由于每个步骤中可选方向数量有限,无法获得风电场边界方向。20/32 向 A*算法的轨迹在早期从风机之间横向移动,增加了可选方向的数量。考虑到计算复杂度,20 向 A*算法能够为工作船找到满意的轨迹。

路径规划中最重要的指标之一是路径长度。从表 11-4 可以看出,提出算法的轨迹路径长度一般比实际情况长。但最大转弯角度小于实际情况,调整后的算法方向数不小于20。也就是说,尽管路径长度稍长,20/32 方向的轨迹更平滑。比较固定步长方法和自适应步长方法的性能,自适应步长的搜索点数更多。这是因为在一些复杂的环境中移动距离会减少,增加搜索点的数量,但路径长度和最大转弯角度都较小,说明每一步调整的距离在额外计算的情况下会得到更好的结果。此外,调整后的 20 向和 32 向算法的结果具有相似的性能,而 20 向算法的计算量更少,搜索点更少。

除路径长度以外,评估规划路径的另一个重要指标是安全性。表 11-4 给出了能反映轨迹安全性的因素。可以看出,提出的 A*算法得到的规划路径与障碍物的最小距离远远大于真实情况。当方向数大于或等于 20 时,最小距离大于实际情况的 3 倍。这表明运维船舶与风机的碰撞风险大大降低。在不同的轨迹中,距离最近的风机小于 500m 的航路点所占的百分比也反映出相似的特征。此外,采用 32 向 A*算法得到的路径长度也从 16000m 以上大幅减少到 11000m 以下。从图 11-13 也可以看出,20/32 向 A*算法的规划路径在初期阶段沿风电场边界航行,这也可以提高运维船舶的航行安全性。

表 11-4 不同路径规划方法效率比较

路径规划方法	与障碍物最近距离/m	路径长度/m
4 向 A*算法	29.1005	18199.7
8 向 A*算法	58.9042	14739.2
16 向 A*算法	82.8074	14985.5
32 向 A*算法	93.0251	10575.3
GPS 路径	29.1005	16350.7

为了更详细评估提出的算法的性能,进一步增加仿真场景。图 11-14 所示为标量型和矢量型虚拟势场的规划路径。从图 11-14 中可以看出,采用矢量虚拟势场得到的轨迹进入风电场较早,然后向南转,主要原因是在第一个转向点附近的数值比标量势场模型小得多,导致规划路径向左侧倾斜。在首次转向后,只能横向穿过两个风机,这对工作船只来说既不经济也不安全。然而,标量模型避免了风机之间的横向交叉,得到的路径相对较好。两种算法在过桥后的截面是相似的,因为工作船只必须在风电场内航行,所以只能从风机的横向穿过。

对海上运维船舶来说,规划的路径还应当尽可能少地穿越海底管线,以降低可能的抛锚损坏海底管线,因此路径规划算法的另一个改进是对海底管道增加一个惩罚值。图 11-15 显示了增加惩罚值前后的规划路径差异,可以看出,图 11-15(a)中的路径只穿过管道一次,而图 11-15(b)中的路径有三次穿过管道。此外,多次穿越管道也会增加路径长度,经济性较低。

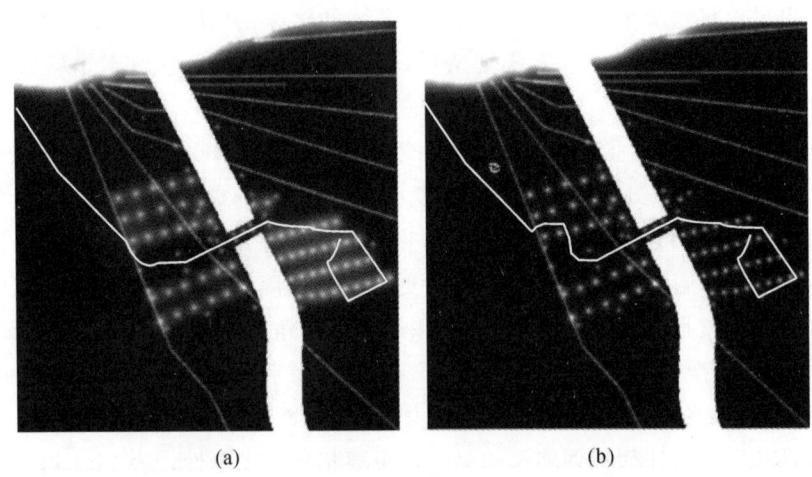

图 11-14 有标量和矢量虚拟势场的规划路径
(a)使用标量 APF 的规划路径;(b)使用矢量 APF 的规划路径

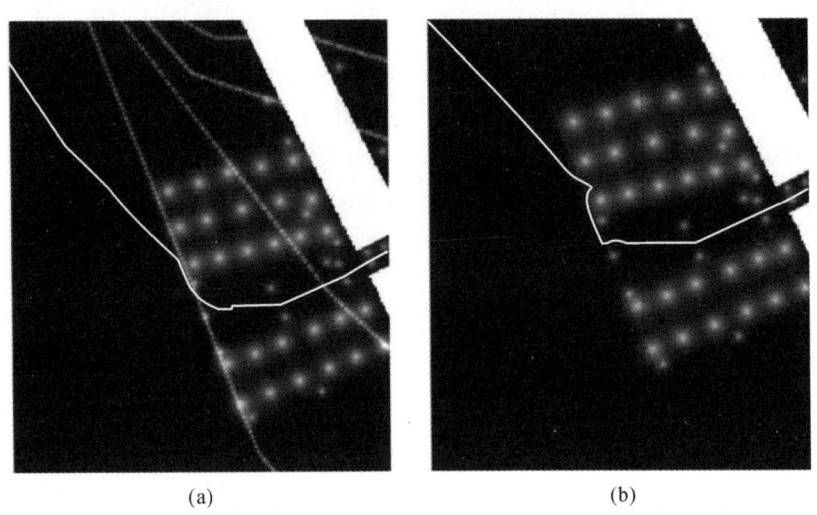

图 11-15 增加/不增加穿越海底管道惩罚值的规划轨迹
(a)增加惩罚值的轨迹;(b)不增加惩罚值的轨迹

11.5 本 章 小 结

本章提出了一种多方向 A∗算法,该算法迭代寻找最优相邻节点。增加网格的分辨率以避免相邻障碍物之间的合并。引入了标量人工势场模型,并对其进行改进,创建了惩罚函数,使船舶能够感知前方轨迹的潜在风险,并提前采取预防措施。在相邻节点搜索中,调整每一步的距离,增加相邻节点的数量,扩大搜索空间。此外,在路径规划中还考虑了海底管道的影响。一旦轨迹穿过管道,惩罚值将增加,这有效地避免了多次穿越管道,也提高了航行安全。

参 考 文 献

[1] CAO P, FAN Z Y, GAO R, et al. A framework of a fast any-angle path finding algorithm on visibility graphs based on A * for plumbing design[C]. Cleveland: International Symposium on Flexible Automation, 2016.

[2] CAO P, FAN Z Y, GAO R, et al. A focal any-angle path-finding algorithm based on A * on visibility graphs[J]. ArXiv Preprint ArXiv, 2017, 1706.03144.

[3] CHANG K Y, JAN G E, SU C M, et al. Optimal interceptions on two-dimensional grids with obstacles[J]. Journal of navigation, 2008, 61(1): 31-43.

[4] DAVOODI M. Bi-objective path planning using deterministic algorithms[J]. Robotics & autonomous systems, 2017, 93: 105-115.

[5] GOYAL A, MOGHA P, LUTHRA R, et al. Path finding: A * or Dijkstra's[J]. International journal in IT and engineering, 2014, 2(1): 1-15.

[6] KALA R, SHUKLA A, TIWARI R. Fusion of probabilistic A * algorithm and fuzzy inference system for robotic path planning[J]. Artificial intelligence review, 2010, 33(4): 307-327.

[7] KHATIB O. Real-time obstacle avoidance for manipulators and mobile robots[J]. International journal of robotics research, 1986, 5(1): 90-98.

[8] MAC T T, COPOT C, TRAN D T, et al. Heuristic approaches in robot path planning: A survey [J]. Robotics & autonomous systems, 2016, 86: 13-28.

[9] RIMON E, KODITSCHEK D E. Exact robot navigation using artificial potential functions[J]. IEEE transactions on robotics & automation, 1992, 8(5): 501-518.

[10] WITKOWSKA A, MIERZCHALSKI R, WILCZY SKI P. Trajectory planning for service ship during emergency sts transfer operation[J]. Advances in intelligent systems and computing, optimization and automation, 2017, 577: 514-523.

[11] YANG X, DING M Y, ZHOU C P. Fast marine route planning for UAV using improved sparse A * algorithm[C]. Shen Zhen: The Fourth International Conference on Genetic & Evolutionary Computing, 2010.

第 12 章 船舶避碰观测—推测—预测—决策方法

船舶避碰决策方法的研究一般可以分为两种不同的思路,即从船舶运动的几何关系出发的避碰决策(如本书的第 4、5、7、8 章)和从机器人避碰路径规划思想出发的避碰决策(如本书的第 9、10、11 章)。上述两种思路分别从传统的航海技术角度和当前的机器人学角度来解决船舶航行中的碰撞风险。一方面,传统的航海技术角度难以适应越来越高自动化、高智能化的船舶航行控制设备。另一方面,船舶的运行环境和动力学特征都与传统的轮式、履带式机器人相去甚远,并且机器人避碰往往对传统的船舶驾驶习惯考虑较少。因此,本章考虑如何通过分析船舶避碰过程的深层机理,研究既满足船舶驾驶习惯又能够适用于系统辅助决策的避碰决策方法。

12.1 内外双层逻辑、决策耦合的船舶避碰决策过程

船舶避碰过程由于船舶自身的巨大惯性和欠驱动特性而与道路、铁路、航空等交通方式相比呈现出非常鲜明的特点。首先,船舶的巨大惯性决定了船舶避碰过程中避碰双方作出的所有紧急、快速的操纵都将受影响而无法达到预期目标。其次,船舶的欠驱动特性决定了船舶避碰过程中的所有行为都需要提前作出操纵并通过时间上的积累达到预期目标。

这就导致船舶驾驶人员在决策中需要首先拟定出一个合理的避碰方案,随后通过一系列避碰操纵使得船舶到达预计的状态。如果方案合理、操纵有效,则避碰成功,否则都会导致避碰失败。这在避碰实践中表现为一种内外两层的逻辑结构,即深层的避碰意图和表现出的避碰决策/操纵。在实践中两船沟通的内容多为避碰意图,随后双方按照各自的避碰意图进行具体的操纵。这带来的问题是,由于会遇双方对于沟通中的避碰意图理解的偏差甚至完全误解而导致的船舶碰撞事故十分常见。

船舶避碰过程往往持续较长时间,在整个过程中,船舶的运动都表现为缓慢的运动状态的微小改变量的积累。这其中往往涉及多次的沟通,并根据对方船只的情况改变本船的避碰决策。因此,船舶避碰过程又体现出决策高度耦合的特性。

总之,可以观测到的避碰操纵行为和指导避碰操纵的避碰意图共同构成了船舶避碰决策的内外两层逻辑结构,并在与目标船的反复沟通和交换意见中互相影响对方的避碰意图及决策,最终实现成功避碰。

12.2 两层逻辑结构的船舶避碰决策建模

采用两层逻辑结构和迭代式的过程来描述会遇场景中船舶之间的高度耦合关系,该决策框架具体表现为观测—推测—预测—决策(observation, inference, prediction and decision, OIPD)的类人避碰决策框架。图 12-1 所示为 OIPD 决策框架的示意图。当智能船舶独立地按照 OIPD 进行避碰决策时,可以有效地反映船舶的自主决策过程,体现多智能体(multi-agent)的动力学特征,从而方便会遇的人工船舶及早理解智能船舶的避碰意图,做出合理决策。

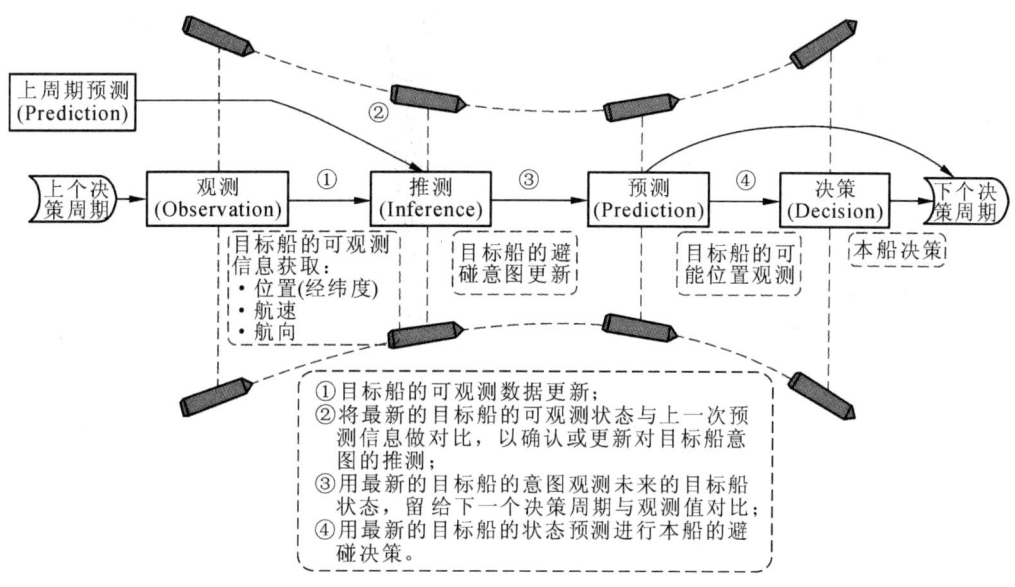

图 12-1 船舶避碰的 OIPD 决策框架

在每一个决策周期开始时,本船首先根据观测到的目标船信息更新船舶状态。随后,将当前状态信息与前一决策周期的预测值进行比较。在 DS 证据理论的基础上,通过融合时间、空间的识别信息,计算出预测信息与实际情况的偏差。利用这种定量方法,可以确认或进一步修正前一个决策周期中对目标船的避碰意图的推测。基于所推测的避碰意图,本船可以预测目标船的未来状态,并进行自身的避碰决策。

12.3 深层避碰意图及其形式化表达

在典型的两船避碰场景中,COLREGs 是两船都应该遵守的基本规则。COLREGs 定义了三种船舶会遇场景,即交叉会遇、对遇和追越。在这些会遇场景中,根据本船与目标船的相对位置的不同,本船可能承担让路船或直航船的责任。笔者及其团队通过分析 COLREGs 的相关规定内涵,将避碰规则规定的让路/直航的角色划分推广到了多船会遇场景中。本章的多船避碰方法沿用上述思想,并对让路/直航船在避碰场景中的行为内在逻辑进行进一步的分析。

首先,以一次成功的多船避碰过程为例,对多船避碰行为进行分析和归纳。图 12-2 所示为四艘船参与的船舶避碰过程中的 9 个中间状态的截图。其中,四艘船的初始位置即图 12-2(a)($t=T_0$)所示;相互之间预设的让路/直航关系如表 12-1 所示,其中每行代表场景中的本船,每列则代表目标船,因此每格为本船对目标船的关系,如 S_1 对 S_2 为让路船。并按照表 12-1 的预设,绘出了每艘船通过会遇场景的大概位置。按照一般情况下两两船舶之间的让路/直航关系的划分,每一艘船都会和其他的船舶形成一组特定的让路/直航关系,并可以汇总成表 12-1 的具有对角线对称性的表格。需要注意的是,表 12-1 的让路/直航关系并不是严格按照 COLREGs 的相关规定设置的,如根据相互位置,S_1 本应对 S_2 和 S_3 都让路,在表 12-1 中设置 S_1 仅对 S_2 让路,对 S_3 直航。采用这种方式是为了验证,即使不按照 COLREGs 也可以成功地解决船舶避碰问题。由表 12-1 可以看出,在多船会遇场景中,本船往往既是一艘船的让路船,同时又是另一艘船的直航船。在 COLREGs 中对于两船会遇的场景的规定只突出了让路船的优先避让的责任,而对于直航船,仅要求在紧急情况下才采取避让措施。显然这在多船会遇场景中是不适宜的,因为多数船舶都具有两种角色。对于多船会遇这种复杂的场景,合理的做法是所有船舶都积极地采取应对措施。

表 12-1 实验场景中四艘会遇船舶的让路/直航关系汇总

	S_1(红)	S_2(绿)	S_3(蓝)	S_4(黑)
S_1(红)	—	让路	直航	直航
S_2(绿)	直航	—	直航	直航
S_3(蓝)	让路	让路	—	让路
S_4(黑)	让路	让路	直航	—

其次,审视图 12-2 中所有船舶的行为,分析实际避碰过程中船舶的避碰意图及其可能采取的避碰路线。图 12-2(b)~(i)($t=T_1\sim T_8$)所示为根据图 12-2(a)($t=T_0$)的初始状态,按照表 12-1 所示的让路/直航关系,在未来的 8 个时间截面为成功避让各船舶而可能出现位置的概率点云图。船舶的位置为在不同条件下利用多船避碰方法进行多次仿真实验得到,每一次成功的避碰均在时间断面所在位置产生一个点。由图 12-2 可知,参与避碰的船舶在每一个时刻都相对集中于一点,呈典型的正态分布趋势。因此,船舶避碰的过程一方面有很强的随机性,很难准确地预知船舶下一步的位置;另一方面又有明确的目的性,所有的行动都围绕着一个特定的目标展开,这个目标就是船舶的避碰意图。

最后,结合表 12-1 和图 12-2,分析船舶避碰意图的实质和表达方式。根据表 12-1 对船舶两两间的让路/直航关系的预设,以船 S_1 为例,S_1 应该对 S_2 让路,对 S_3 和 S_4 直航。从图 12-2 中可以看出,S_1 在图 12-2(d)~(f)($t=T_3\sim T_5$)中与 S_2 完成避让,避让的方式是 S_1 右转从 S_2 的船尾经过,这是符合 COLREGs 的相关规定的。同时,在面对 S_3 和 S_4

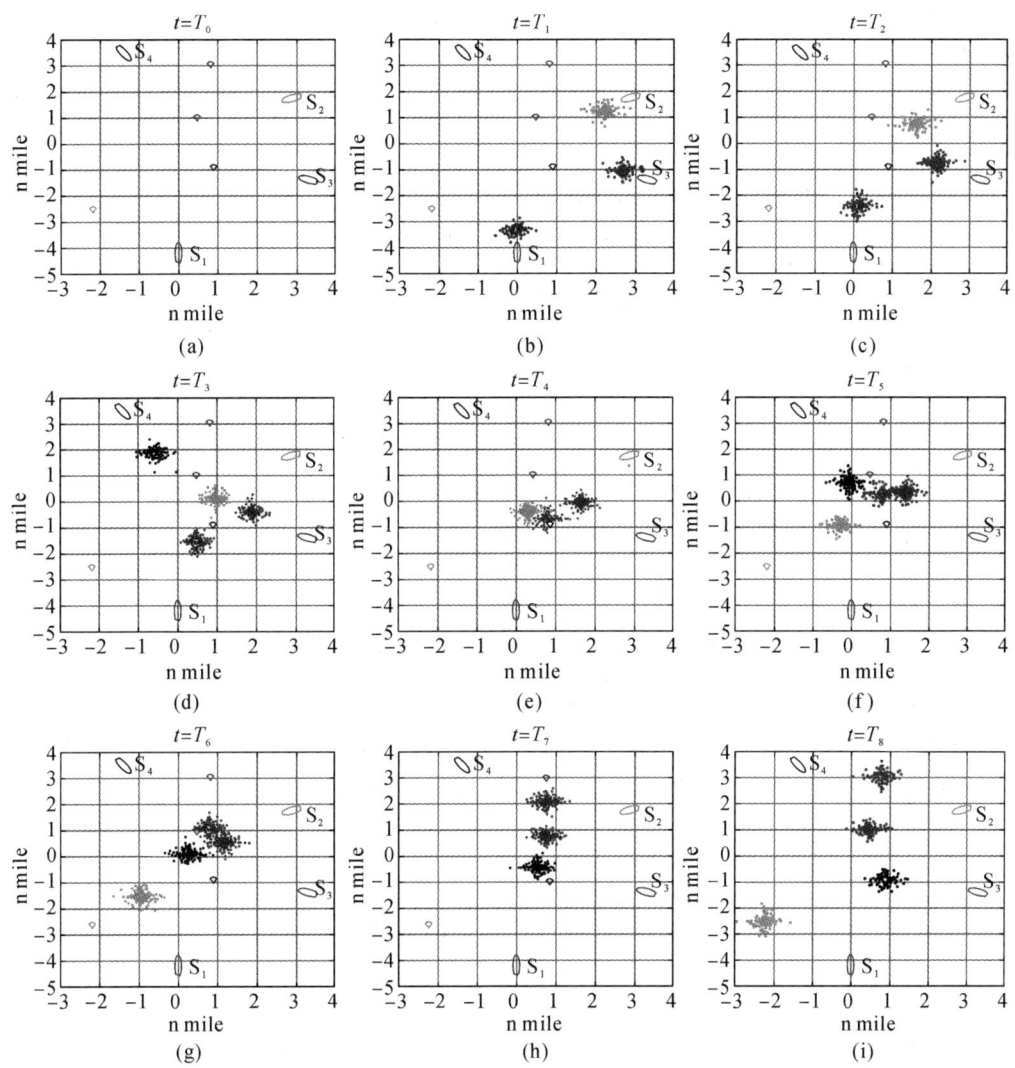

图 12-2 依照 COLREGs 精神实施的四艘船避碰场景的可能路线

时,并没有做出相应的回避行为,直接从 S_3 和 S_4 的船头经过。与之相对应的,船 S_3 需要避让所有其他的船舶。因此,S_3 在遇到所有船舶时,都有明显的转向避让的行为。由上述分析可知真正决定避碰结果的是船舶相互之间有序的避让逻辑,在实践中的具体表现则是从对方船的船头还是船尾经过。回归到 COLREGs 中,让路船的避让职责就是通过减速、转向等一系列操作使本船从目标船的船尾经过,直航船则是尽可能从目标船的船头经过。

船舶避碰的过程是一个不断变化的过程,但是正常状态下一旦所有船舶明确了避碰意图,即明确了从哪些船舶的船头经过和从哪些船舶的船尾经过,其行为就变得易于预测和理解。因此,本章采用的 OIPD 算法最重要的目标就是在无沟通的情况下,通过观测(observation)当前会遇场景的状态,推测(inference)目标船的避碰意图,进而预测

(prediction)对方船舶的位置以及本船决策(decision)。既然避碰意图可以归结为从船头或从船尾经过的简单二元逻辑,在本章及下一章,将从对方船头经过的避碰意图(collision avoidance logic,CAL)设为 0,相应地将从对方船尾经过的避碰意图设为 1。则表 12-1 可以归纳为如表 12-2 所示的符号化表格,并进一步表示为当前场景的避碰意图矩阵的形式,在 **CAL** 矩阵中,避碰意图的对角线对称性更加显著。

表 12-2 实验场景中各船舶的避碰意图表示

	S_1(红)	S_2(绿)	S_3(蓝)	S_4(黑)
S_1(红)	NA	1	0	0
S_2(绿)	0	NA	0	0
S_3(蓝)	1	1	NA	1
S_4(黑)	0	1	0	NA

$$CAL = \begin{bmatrix} NA & 1 & 0 & 0 \\ 0 & NA & 0 & 0 \\ 1 & 1 & NA & 1 \\ 0 & 1 & 0 & NA \end{bmatrix} \tag{12-1}$$

需要注意的是,多船会遇场景中的两两船舶之间不仅会出现交叉会遇的情况,也会出现对遇和追越的情况。结合上述分析,追越船舶可以认为试图从被追越船舶的船尾经过,而对遇船舶则可以认为都试图从对方的船头经过。追越场景将在本章 12.4 节的数值实验中进一步分析。

12.4 基于意图推测的避碰决策

如前所述,可观测和可预测的信息都是可以高度量化的。这是由于船舶的外部行为可以用几何参数和动力学参数来表示,这些参数描述了船舶的当前状态。用 t_i($i=1,2,3\cdots$)表示决策系统中离散化的时间间隔,并作为本章研究船舶行为和动机的基本时间刻度表示。

设 t_i 时所有船舶的实际状态集合用 $\boldsymbol{S}_i = [s_i^r]_{n \times 4}$ 表示,其中 n 是所讨论的船舶数量,$r = 1,2,3,\cdots,n$ 表示具体的船舶。设时间 t_i 时 r 船的实际状态为向量 $s_i^r = [x_i^r, y_i^r, \theta_i^r, v_i^r]$,其中 x_i^r 和 y_i^r 是对地坐标,θ_i^r 是航向角,v_i^r 是速度。此处 s_i^r 即为本船可观测的参数。设时间 t_i 时从 r 船的角度对 p 船的预测状态用向量 $\tilde{s}_i^{p|r} = [\tilde{x}_i^{p|r}, \tilde{y}_i^{p|r}, \tilde{\theta}_i^{p|r}, \tilde{v}_i^{p|r}]$ 表示,每个顶部带波浪号的变量代表变量的预测值。那么,从 r 船的角度,在时间 t_i 时所有船舶的预测状态表示为 $\tilde{\boldsymbol{s}}_i^r = [\tilde{s}_i^{p|r}]_{n \times 4}$。

从 r 船的角度,在 t_i 时刻,p 船对 q 船的推断意图用 $\psi_i^{p,q|r}$ 表示。因此,从 r 船的角度出发,在 t_i 时刻,所有船舶的推断意图可以表示为 $\boldsymbol{\psi}_i^r = [\psi_i^{p,q|r}]_{n \times n}$,其中 $p,q,r = 1,2,\cdots,n$ 是船舶编号且 $p \neq q$。此外,$\boldsymbol{\psi}_i^r$ 等价地称为从 r 船的角度出发,船舶的推断 **CAL** 矩阵。

$\psi_i^{p,q|r}$ 可以是 1 或 0,其中 1 代表 p 船对 q 船的意图是让路(GW),0 代表直航或非 GW。GW 意味着 p 船倾向于从 q 船的尾部通过会遇区域。在一个无冲突的 **CAL** 矩阵中,当矩阵的一个元素为 1 时,对角对称元素为 0,反之亦然。否则,避碰意图会产生冲突,并很有可能导致碰撞事故的发生。

利用上述符号,船舶的可观测信息、可预测信息和推断信息的基本关系可以表述为:

$$\left. \begin{array}{l} \psi_i^r = F(\widetilde{S}_i^r, S_i, \psi_{i-1}^r) \\ \widetilde{S}_{i+1}^r = G(S_i, \psi_i^r) \end{array} \right\} \quad (12\text{-}2)$$

式(12-2)的第一式表示,通过将船舶在时间 t 时的实际状态和预测状态与先前的推断意图进行比较,可以得出船舶在 t_i 时刻推断的避碰意图。第二式指 t_{i+1} 时刻的预测状态是由当时的观察状态和推断意图计算得出的。在前面的符号定义中,$s_i^r = [x_i^r, y_i^r, \theta_i^r, v_i^r]$ 是具有确定值的普通向量。对于相应的预测状态,$\widetilde{s}_i^{p|r} = [\widetilde{x}_i^{p|r}, \widetilde{y}_i^{p|r}, \widetilde{\theta}_i^{p|r}, \widetilde{v}_i^{p|r}]$ 是一个具有不确定性信息的随机向量,随机向量 $\widetilde{s}_i^{p|r}$ 应该有一个联合分布函数。在模型的实现中,函数 G 在最大似然意义下导出向量的值。类似地,推导出的 **CAL** 矩阵 ψ_i^r 也是一个随机矩阵。

虽然式(12-2)描述了 $\widetilde{S}_{i+1}^r, S_i, \psi_i^r$ 这三种变量之间的关系,但式(12-2)没有给出用函数 F 和 G 表示的具体推理过程,F 和 G 不是封闭形式的函数,而是一系列的建模和计算步骤。

图 12-3 所示为船舶未来可能达到的预测区域。其中,左侧图示为船舶在一段时间内保持舵角的可达区域,而右侧表示船舶在一段时间内改变舵角的可能航迹。由图 12-3 可以看出,无论所选时间周期内舵角如何变化,船舶在下一时刻能够到达的位置都被限制在一个有限区域内,该区域在本章及下一章被称为可达域。船舶的可达域是船舶操纵性的可视化表示,也是预测目标船运动的基本原则之一。

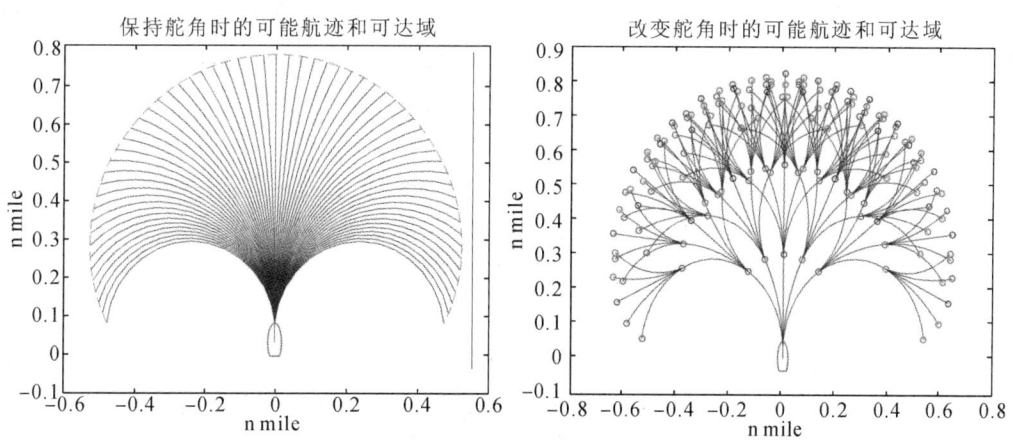

图 12-3 船舶在未来几分钟内可能到达的区域

图 12-4 所示为如何使用可达域来过滤目标船的预测位置。当本船(S_1)根据当前情况进行预测时,将形成以预测位置为中心的点云。与图 12-4 所示的点云一样,距离预测

位置越近,点的密度就越大。可达域可以用来初步筛选预测状态。根据图 12-4,由于更多的概率点位于船舶 S_4 的可达域之外,因此 S_4 的预测不如船舶 S_2 和 S_3 可信。

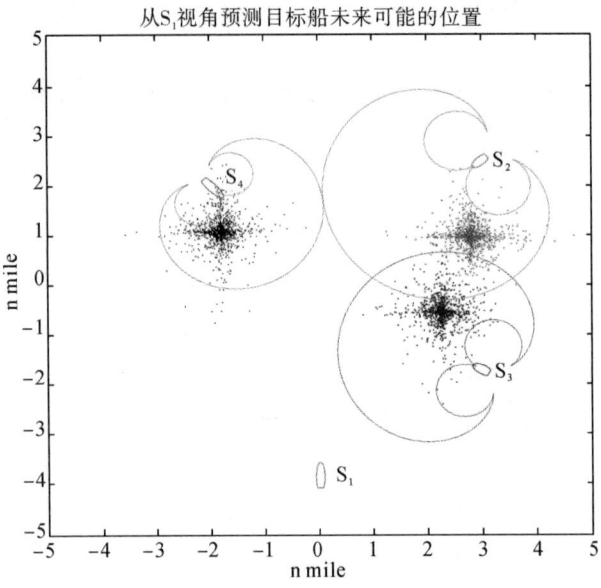

图 12-4 从 S_1 视角预测其他目标船的未来可能位置(点云图)及基于当前状态的可达域

12.5 沟通受限情况下的类人多船避碰决策方法

12.5.1 避碰方案的基本框架

(1) 观察船舶状态,以便进行反复的避碰决策

OIPD 的迭代决策模型假设了一个同步的分析框架,在这个框架中,每艘船都独立地做出自己的决策。在下面的算法中,本船指的是当前处于决策中的船,而其他船舶则被归类为目标船,其行为由本船在决策过程中观察和估计。

(2) DCPA 和 TCPA 的计算

DCPA 和 TCPA 是实时避碰决策最广泛使用的标准之一。给定船舶的实时状态信息,随着时间的推移,预测的轨迹可以表示为一个线性方程。两艘船的 DCPA 和 TCPA 可以通过寻找两条预测轨迹的联立线性参数方程的局部最小值来计算。

(3) 避碰逻辑的初步判断

根据对重大海上碰撞事故调查报告的分析,数据显示大约 56% 的船舶碰撞事故涉及违反 COLREGs。尽管 COLREGs 中没有针对多船相遇的避碰场景的具体规定,但在本章假定,在迭代的避碰决策过程开始时,所有涉及的船舶最初都试图遵守 COLREGs。虽然可以通过求解二次方程的极值来计算 DCPA 和 TCPA。会遇船舶之间避碰意图的推测显然更加复杂。因此,OIPD 方法的核心问题是如何以定量形式评估船只的决策/操纵行为并据此推断 CAL。

(4)从本船和目标船的角度对预测和决策进行交叉分析

由于所有涉及船舶的决策/操纵都纠缠在避碰决策环境中,因此在 OIPD 模型的预测和决策阶段提出了交叉分解的方法。目标船意图的推断和本船的决策阐述如下:

- 船舶的避碰决策/操作由其 CAL 决定,而船舶的当前状态(包括位置、速度、航向等)则是根据其上一个决策得出的。
- 船舶的可观察状态是所有其他船舶做出避碰决策的唯一信息。还假设每艘船都做出理性的决策。
- 通过根据本船对目标船行为的期望推导出避碰解决方案,本船选择其最佳策略来参与避碰解决程序。
- 本船的决策偏好是首先保持足够的安全性(避免冲突),然后将与原始目标的偏差保持在足够低的水平。

12.5.2 避碰决策的整体流程

(1)避碰算法:从 CAL 到避碰决策/操纵

本章提出的避碰决策方法中,算法 1 为主要决策框架,另几个算法则作为决策的主要函数,分别实现避碰决策、意图推测和状态预测等主要功能。算法的目标是同时输出对所有目标船的未来状态预测和本船当前时刻的决策。该算法在获得最新的观测信息的基础上通过以下两个步骤实现状态预测:

① CAL 推测更新,更新上一次对 CAL 矩阵的推测:$\psi_i^r = [\psi_i^{p,q|r}]_{n \times n} \leftarrow S_i, \tilde{S}_{i+1}^r, \psi_{i-1}^r$

② 状态预测,根据最新的 CAL 矩阵,模拟目标船可能的决策过程:$\tilde{S}_{i+1}^r \leftarrow T_{\text{steer}}, S_i, \psi_{i-1}^r$

最后,复用步骤②中模拟目标船的决策方法,可以得出本船当前时刻的避碰决策。具体的决策框架见表 12-3 算法 1 的伪代码。

表 12-3 算法 1 的伪代码

	算法 3-1:分布式决策中 OIPD 算法的主要框架
1:	设置场景初始状态 s_0
2:	/* 在每一个时间段中 */
3:	for each t_i
4:	/* 进入每艘船的决策循环 */
5:	for each ship r /* 当本船为 r 船时 */
6:	if $t_i \in T_r$ /* 当 t_i 属于 r 船的决策周期 T_r 中时,r 船的决策开始 */
7:	Input S_i /* 输入当前可观测状态 */
8:	运行算法 1. /* 开始 CAL 推测,方法见 12.3~12.4 节
9:	$\psi_i^r = [\psi_i^{p,q|r}]_{n \times n} \leftarrow S_i, \tilde{S}_{i+1}^r, \psi_{i-1}^r$ /* 得到 t_i 时刻 r 船视角下的 CAL 矩阵 */

续表 12-3

10：	for each ship p /* 本船的推测循环中,会预测所有会遇船舶的可能决策 */ /* 当 $p=r$ 即本船对自身的避碰决策 */
11：	for each ship q that $\psi_i^{p,q\mid r}=1$
12：	/* 在本船的推测 CAL 中,若 p 船对 q 船的 CAL 为 1,即 p 船为让路 */
13：	运行算法 2. /* CAL=1 时的 p 船路径预测 */
14：	$\begin{cases} \tilde{s}_{i+1\mid i}^{p\mid r} \leftarrow T_{\text{steer}}, S_i, \psi_i^r(p\neq r) \\ s_{i+1}^r \leftarrow T_{\text{steer}}, S_i, \psi_i^r \end{cases}$ /* 若 p 船为本船,即为本船的决策 */
15：	end for
16：	for each ship q that $\psi_i^{p,q\mid r}=0$
17：	/* 在本船的推测 CAL 中,若 p 船对 q 船的 CAL 为 0,即 p 船为直航 */
18：	运行算法 3. /* CAL=0 时的 p 船路径预测 */
19：	$\begin{cases} \tilde{s}_{i+1\mid i}^{p\mid r} \leftarrow T_{\text{steer}}, S_i, \psi_i^r(p\neq r) \\ s_{i+1}^r \leftarrow T_{\text{steer}}, S_i, \psi_i^r \end{cases}$ /* 若 p 船为本船,即为本船的决策 */
20：	end for
21：	if $p\neq r$ /* 若 p 船不是本船,在路径预测后验证预测可靠性 */
22：	if $\tilde{s}_{i+1\mid i}^{p\mid r}$ 符合野本模型
23：	如果通过图 12-4 船舶操纵模型测试,即可能出现在该位置,程序继续
24：	else
25：	预测失败,放松算法 2 和算法 3 的限制条件,重新运行算法 2,算法 3 /* 否则,调整参数,重新运行决策算法 */
26：	end if
27：	end if
28：	end for
29：	end if
30：	输出 r 船视角下对所有目标船 p 的状态预测 $\tilde{S}_{i+1\mid i}^p(p=1,2,\cdots\ p\neq r)$
31：	输出 r 船自身的避碰决策 S_{i+1}^r
32：	输入 r 船下一个决策周期的 CAL 矩阵 $\boldsymbol{\psi}_i^r=[\psi_i^{p,q\mid r}]_{n\times n}$
33：	end for
34：	end for

(2)算法 1 分析与解释

• 预计算

会遇场景信息初始化(表 12-3 中 1～5):在轨迹预测/决策的最初,首先将会遇场景的船舶状态初始化并离散为初始状态S_0(表12-3中2)。为了确保理论方程和避碰决策系统是可计算的,还必须对时间进行离散化,并将每艘船的决策周期的持续时间设置为离散时间的整数倍(表12-3中3～5)。本算法中假设每个决策周期中的可能解集是可用的且是有限的。以r船作为本船开始进入CAL预测并作出决策。

输入当前状态(表12-3中6～7):CAL推测、本船决策和目标船轨迹预测都需要输入所有相关船舶的当前状态。观测信息S_i是从全局状态信息集合中获取的,也是本船唯一能从环境中获取的信息。

• CAL矩阵的推测和确认

从r船(本船)视角,在每一个决策周期中,观测到所有相关船舶的状态,当前时刻t_i的CAL矩阵为$\psi_i^p = [\psi_i^{p,q|r}]_{n \times n}$,可由算法4计算。通过与历史数据的比较和对每个$\psi_i^{p,q|r}$的确认,该观测值用于更新CAL推断。

• 轨迹预测/决策

由模拟每艘船的避碰决策(表12-3中10～20)和预测验证(表12-3中21～27)两部分组成。从本船的角度对每艘船进行轨迹规划(第11～21行):轨迹规划算法被设计为具有两层嵌套视角的逻辑结构。本船的视角是底层逻辑层,它为避碰决策提供了一个虚拟的外部环境。这里的"想象"意味着所有船只的信息都来自于对本船的观察和推断。每艘船的具体决策都是第二层的视角。因此,每艘船舶都需要在本船的"想象"中执行决策。决策方法算法2(表12-2)和算法3的详细注释见12.5.3节。

预测验证:在避碰决策过程之后,如果p船是本船($p=r$),p船所做的决策就是本船的决策。如果p船不是本船,则其所做的决策是从本船的角度对p船的预测(表12-3中21)。尽管所有的预测都是根据船舶的正常避碰性能进行的,但是预测也应该通过野本方程(表12-3中22)进行初步验证,验证方法如图12-4所示。只有当预测位置落在船舶的可达域内时,该预测将被接受。否则,就需要调整参数,重新运行第11行。这种情况往往是由于本船对p船的模拟避碰决策过程并不符合p船的实际情况。

在当前决策周期的算法结束时,本船将执行本次决策,直到下一个决策周期。

12.5.3 轨迹规划辅助算法的解释

(1)算法2:当$CAL=1$时,p船的轨迹规划算法

$CAL=1$表示本船倾向于从目标船的后侧通过会遇区域,类似于COLREGs中的"让路"情况。本船可以采取的措施是降低速度和转向右舷。由于不同措施的效果根据航向角交角的不同而不同,因此所有目标船均按交角分为两组。并首先采取降低速度来避让与本船的交角较小的目标船,然后通过右转舵来避让其他目标船。表12-4给出了该算法的概述。算法2中的常量参数包括:碰撞风险阈值Dis_{risk},速度η_v和转向角η_θ的单位变化,最大转向角θ_{max},最大转向时间T_{max}和最小值安全DCPA值D_0。ϕ_0是两船的交角的特定值。当交角小于ϕ_0时,转向操纵的避碰性能将不再有效,甚至可能增加发生碰撞的风险。因此,改变速度应具有更高的优先级。

表 12-4　p 船的轨迹规划算法（$CAL=1$ 时）

	算法 3-2：p 船的轨迹规划算法（$CAL=1$ 时）
1：	/* 航迹推算 */
2：	Input current status of time t_i S_i /* 输入当前可观测状态 */
3：	Current CAL matrix of t_i　$\boldsymbol{\psi}_i^p = [\psi_i^{p,q}]_{n\times n}$ /* 输入当前 CAL 矩阵 */
4：	$\{TS_{q0} \mid \psi^{p,q}=1, q\neq p, q=1,2\cdots\}$ /* 输入所有 p 船 $CAL=1$ 的目标船 q */
5：	$\{TS_q \mid Dis_{p,q} \leqslant Dis_{\text{risk}}, TS_q \in TS_{q0}\}$ /* 找到这些船中与 p 船有碰撞风险的船 TS_q */
6：	$\Phi = \phi_{p,q}$　/* $\phi_{p,q}$ 计算两船的航向交角 */
7：	$v_{i+1}^p = v_i^p$
8：	$\theta_{i+1}^p = \theta_i^p$
9：	/* 轨迹规划开始 */
10：	for each TS_q
11：	$DCPA_{\min} = \min DCPA(p,q)$ /* 计算最初的最小 $DCPA$ */
12：	if $\phi_{p,q} \leqslant \phi_0$ /* 两船处于小航向交角时，减速避碰更有效果 */
13：	while $DCPA_{\min} < D_0$　/* 直到最小 $DCPA$ 大于安全值 */
14：	$v_{i+1}^p = v_{i+1}^p - \eta_v v_i^p$ /* 每次减速固定系数 */
15：	$DCPA_{\min} = \min DCPA(p,q)$
16：	end while
17：	else if $\phi_{p,q} > \phi_0$ /* 两船处于小航向交角时，p 船右转避碰 */
18：	for $\eta_\theta = 0$ to $\theta_{\max}$ /* 转向角度从 0 到最大转向角 $\theta_{\max}$ */
19：	for $T_{\text{steer}}^p = 0$ to $T_{\max}$ /* p 船在新航向上的时间从 0 到 $T_{\max}$ */
20：	$DCPA_{\min} = \min DCPA(p,q)$ /* 计算在此过程中的最小 $DCPA$ */
21：	if $DCPA_{\min} \geqslant D_0$ /* 直到最小 $DCPA$ 足够大 */
22：	Break
23：	end if
24：	end for
25：	if $DCPA_{\min} \geqslant D_0$
26：	Break
27：	end for
28：	end for
29：	end if
30：	return $v_{i+1}^p, \theta_{i+1}^p = \theta_{i+1}^p + \eta_\theta, T_{\text{steer}}^p$
31：	end for
32：	output $S_{i+1}^p \leftarrow v_{i+1}^p, \theta_{i+1}^p, T_{\text{steer}}^p, S_i^p$

(2)算法3：当$CAL=0$时，p船的轨迹规划算法

$CAL=0$的情况下本船的避碰决策内容与$CAL=1$的情况相反。即采用加速和左转的方式以尽快从目标船的船头通过会遇区域。

12.5.4 预测和观测信息的交叉分析

(1)真实状态对和预测状态对

随着对目标船CAL的推理—验证循环的进行，包括目标船轨迹、速度和航向在内的预测状态将朝着真实值收敛。由于在会遇场景中，所有船舶的决策都相互影响、高度耦合，因此在决策的内容上，会遇船舶的避碰决策分析很容易陷入纠缠和混沌。因此，本节提出了一种基于D-S证据理论的交叉分解方法，以进行目标船的决策/操纵分析。

在OIPD方法中，目标船的CAL推测是基于对目标船的决策/操纵行为的不断推测—验证—推测的循环。通过比较目标船和本船的相对状态对，可以完成上述推测和确认并在此基础上修改或确认对目标船CAL的预测。交叉分析的两种相对状态对定义如下：

• 真实状态对（Real Status Pairs，RSP）

设$\langle s_i^p, s_i^q \rangle$为$p$船和$q$船在$t_i$时刻的$RSP$，其中$s_i^p=[x_i^p,y_i^p,\theta_i^p,v_i^p]$，$s_i^q=[x_i^q,y_i^q,\theta_i^q,v_i^q]$。$RSP$包含一对会遇船舶在相同时刻的所有可观测信息。

由于在t_i时刻预测目标船的有效性对于CAL推断和本船在下一个时间段的决策都是必要的，因此在RSP基础上构造另一个状态对以进行分析。

• 预测状态对（Predicted Status Pairs，PSP）

设$\langle s_{i+1}^r, \tilde{s}_{i+1}^{q|r} \rangle$为$t_i$时船舶$r$船（本船）和$q$船（目标船）的$PSP$，其中$s_{i+1}^r$是$t_{i+1}$时本船的状态，可以通过预测$t_i$处本船决策（Alg.1.）的结果来实现，并预测从本船角度看t_{i+1}时刻目标船p的状态$\tilde{s}_{i+1}^{q|r}$。特别的，当两艘船都是目标船（如p船和q船）时，PSP变为$\langle \tilde{s}_{i+1}^{p|r}, \tilde{s}_{i+1}^{q|r} \rangle$。

应该注意的是，RSP和PSP中的第一个参数是主视角的状态，第二个参数是目标船的状态。例如，由$RSP\langle s_i^p, s_i^q \rangle$计算的$CAL$表示它是$p$船对$q$船的$CAL$。$RSP$中的两个状态参数都代表已经发生并且可以观察的状态，而PSP中的状态参数代表还没有发生的状态。

(2)基于证据差异测量的避碰逻辑推理

基于RSP和PSP，可以利用证据理论来分析观测信息和预测信息之间的差异，并进一步来推测船舶的CAL。此外，即使在多船会遇的情况下，也可以通过两艘船的成对比较来实现CAL的推断。

• 证据理论参数设置

遵循证据理论的范式，使用二元素集$\Theta=\{P,NP\}$为识别框架，其中P表示支持CAL推理的感兴趣的决策/操作，而NP相反。Θ的幂集是$2^{\Theta}=\{\{P\},\{NP\},\{P,NP\},\varnothing\}$，其中$\{P,NP\}$是通用集，$\varnothing$是空集。令$m$为$\Theta$上的基本概率分配（Basic Probability

Assignment,BPA)函数,为 $m(\{P\})$ 和 $m(\{NP\})$ 分配量化置信度,根据该置信度可以将感兴趣的行为分类为对当前 CAL 的支持或不支持的推论。特别地,$m(\{P,NP\})$ 指定了给定避碰行为可以被识别为支持还是不支持的不确定程度。图 12-5 所示为 $m(\{P\})$,$m(\{NP\})$ 和 $m(\{P,NP\})$ 曲线组成的基本 BPA 曲线,其约束为 $m(\{P\})+m(\{NP\})+m(\{P,NP\})=1$。在图 12-5 中,基准函数为:

$$f_0(x,\alpha,\beta)=\begin{cases}1-\exp\left[-(\frac{x-\alpha}{\beta})^2\right],\alpha\leqslant x\\ 0,\alpha>x\end{cases} \tag{12-3}$$

则各曲线定义如下:

$m(\{P\})$ $f_1(x)=f_0(1.5x,0.6,0.7)$

$m(\{NP\})$ $f_2(x)=f_0(2-1.5x,0.6,0.7)$

$m(\{P,NP\})$ $f_3(x)=1-f_1(x)-f_2(x)$

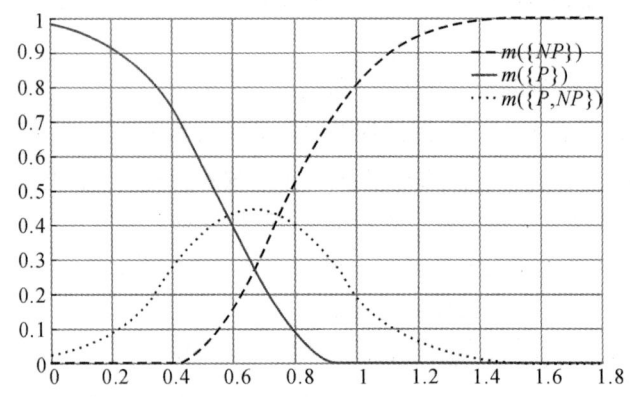

图 12-5   BPA 赋值函数曲线

上述证据理论模型将被用于观测值和预测值的时空分析和定量计算。

- 预测状态的证据量测

通过预测测量,可以预测和检查决策的深层意图即 CAL。根据上一节中介绍的定义,在时间 t_j 时目标船 CAL 的预测度量是使用 $PSP\langle s_{i+1}^p,\tilde{s}_{i+1|i}^q\rangle$ 和 $RSP\langle s_i^p,s_i^q\rangle$ 来计算的。

令 s_i^p 和 s_i^q 是两个任意的主要船舶状态数据,$D(\langle s_i^p,s_i^q\rangle)$ 定义为两个位置之间的实际距离,$DCPA(\langle s_i^p,s_i^q\rangle)$ 是两艘船的预期 DCPA,而 $TCPA(\langle s_i^p,s_i^q\rangle)$ 是相应的 TCPA。特别地,如果两个船舶状态数据指示船舶彼此离开,即没有靠近的趋势,则 $DCPA(\langle s_i^p,s_i^q\rangle)$ 和 $TCPA(\langle s_i^p,s_i^q\rangle)$ 将被分配一个大数 M(例如 $M \triangleq 2^{10}$)。令 $\lambda(0\leqslant\lambda\leqslant 1)$ 为确定性加权参数,几个定义如下所示:

定义 1:s_i^p 和 s_i^q 之间的空间接近因子 $Cl(\langle s_i^p,s_i^q\rangle)$ 是 $D(\langle s_i^p,s_i^q\rangle)$ 和 $DCPA(\langle s_i^p,s_i^q\rangle)$ 的函数,表示如下:

$$Cl(\langle s_i^p,s_i^q\rangle)=\lambda D(\langle s_i^p,s_i^q\rangle)+(1-\lambda)DCPA(\langle s_i^p,s_i^q\rangle) \tag{12-4}$$

定义 2：给定两个船舶状态数据对 $RSP\langle s_i^p, s_i^q\rangle$ 和 $PSP\langle \tilde{s}_{i+1}^{p|r}, \tilde{s}_{i+1}^{q|r}\rangle$，在时间间隔 $[t_i, t_{i+1}]$ 中，p 船向 q 船的预测避碰操纵空间增益因子（the Predicted Collision Avoidance Manoeuvring Spatial Gain factor, pre-CAMSG）由下式给出：

$$PreG_D^{pq}([t_i, t_{i+1}]) = \frac{Cl(\langle \tilde{S}_{i+1}^{p|r}, \tilde{S}_{i+1}^{q|r}\rangle)}{Cl(\langle s_i^p, s_i^q\rangle)} \quad (12\text{-}5)$$

类似的，在时间间隔 $[t_i, t_{i+1}]$ 中，p 船向 q 船的预测避碰操纵时间增益因子（the Predicted Collision Avoidance Manoeuvring Temporal Gain factor, pre-CAMTG）为：

$$PreG_T^{pq}([t_i, t_{i+1}]) = \frac{TCPA(\langle \tilde{S}_{i+1}^{p|r}, \tilde{S}_{i+1}^{q|r}\rangle)}{TCPA(\langle s_i^p, s_i^q\rangle)} \quad (12\text{-}6)$$

当 p 船是本船（$p=r$）时，$\tilde{s}_{i+1|i}^{p|r} = s_{i+1}^r$。pre-CAMSG 和 pre-CAMTG 利用 t_i 时刻全部可观测信息来描述预测状态和当前时刻的避碰行为之间在空间和时间方面的符合程度，并用证据理论方法进行定量分析。

· 观测状态的证据测量

通过观察测量，检查事实状态并将其与预测进行比较。该分析框架类似于预测测量的框架，除了关注 t_{i+1} 时刻的状态对 $RSP\langle s_{i+1}^p, s_{i+1}^q\rangle$ 而不是 $PSP\langle \tilde{s}_{i+1}^{p|r}, \tilde{s}_{i+1}^{q|r}\rangle$。因此，定义 2 的对应定义表示如下：

定义 3：给定两个船舶状态数据对 $\langle s_i^p, s_i^q\rangle$，$\langle s_{i+1}^p, s_{i+1}^q\rangle$，观察到的避碰操纵空间增益因子（obs-CAMSG）在时间间隔 $[t_i, t_{i+1}]$ 中朝着 q 船的 p 船的由下式给出：

$$ObsG_D^{pq}([t_i, t_{i+1}]) = \frac{Cl(\langle s_{i+1}^p, s_{i+1}^q\rangle)}{Cl(\langle s_i^p, s_i^q\rangle)} \quad (12\text{-}7)$$

在时间间隔 $[t_i, t_{i+1}]$ 中，观察到的 p 船朝向 q 船的避碰操纵时间增益因子（obs-CAMTG）由下式给出：

$$ObsG_T^{pq}([t_i, t_{i+1}]) = \frac{TCPA(\langle s_{i+1}^p, s_{i+1}^q\rangle)}{TCPA(\langle s_i^p, s_i^q\rangle)} \quad (12\text{-}8)$$

(3) 预测与观察之间的证据差异的计算

预测测量值与观察测量值之间的差异对于 CAL 推测的准确性是至关重要的。应用两个证据之间的距离来找到描述差异的定量方法。

定义 4：令

$$\hat{E}_{pq}^{i+1} = [\hat{m}_{pq}^{i+1}(\{P\}), \hat{m}_{pq}^{i+1}(\{NP\}), \hat{m}_{pq}^{i+1}(\{NP, P\})] \quad (12\text{-}9)$$

表示在时间 t_{i+1} 时 p 船对 q 船的预测度量，

$$E_{pq}^{i+1} = [m_{pq}^{i+1}(\{P\}), m_{pq}^{i+1}(\{NP\}), m_{pq}^{i+1}(\{NP, P\})] \quad (12\text{-}10)$$

是在相应时刻对应的观测值。

设 $\hat{E}_{pq,S}^{i+1} = [\hat{m}_{pq,S}^{i+1}(\{P\}), \hat{m}_{pq,S}^{i+1}(\{NP\}), \hat{m}_{pq,S}^{i+1}(\{NP, P\})]$ 是在时间 t_{i+1} 处 p 船对 q 船的基于 pre-CAMSG 的空间分析证据，而 $\hat{E}_{pq,T}^{i+1} = [\hat{m}_{pq,T}^{i+1}(\{P\}), \hat{m}_{pq,T}^{i+1}(\{NP\}), \hat{m}_{pq,T}^{i+1}(\{NP, P\})]$ 是在时间 t_{i+1} 处 p 船对 q 船的基于 pre-CAMTG 的时间分析证据。然后，在

时间 t_{i+1} 处 p 船对 q 船的综合预测证据可以表示为：

$$\hat{E}_{pq}^{i+1} = \hat{E}_{pq,S}^{i+1} \oplus \hat{E}_{pq,T}^{i+1} \tag{12-11}$$

可以用类似的方式计算在时间 t_{i+1} 时 p 船对 q 船的综合观测证据。

$$E_{pq}^{i+1} = E_{pq,S}^{i+1} \oplus E_{pq,T}^{i+1} \tag{12-12}$$

在时间 t_{i+1} 时，对 p 的预测和观察对船 q 的差异是 $\hat{E}_{pq}^{i+1}$ 和 E_{pq}^{i+1} 之间的距离，用 D_{pq}^{i+1} 表示

$$D_{pq}^{i+1} = \left[\frac{1}{2} (\hat{E}_{pq}^{i+1} - E_{pq}^{i+1}) \mathbf{D} \ (\hat{E}_{pq}^{i+1} - E_{pq}^{i+1})^T \right]^{\frac{1}{2}} \tag{12-13}$$

这里，参数矩阵

$$\mathbf{D} \triangleq \begin{pmatrix} 1 & 0 & 1/2 \\ 0 & 1 & 1/2 \\ 1/2 & 1/2 & 1 \end{pmatrix}$$

在每个决策循环中，将预测和观测度量与它们的时空成分结合在一起，形成证据。因此，预测和观察之间的差异反映了一艘船对另一艘船的感知的局限性。另外，在当前步骤中，一艘船的下一行为（操纵）可能会以某种方式对于其他人是意外的，这将导致与原始估计值有一定程度的偏差。在多船会遇场景中，一艘船的避碰决策会受到多艘目标船的影响，因此在进行避碰决策时必须考虑到所有船的利益以确保安全。通过遵循式 (12-4) 至式 (12-13) 的分析步骤，可以计算出在 t_{i+1} 时，p 船与 q 船的预测与观测之间的差异。这一利用式 (12-3) 至式 (12-12) 依此分析计算的过程，就是表 12-3 中的算法。

12.6 混合场景下的 OIPD 决策算法的仿真验证

12.6.1 船舶会遇场景设置

在本节中，通过仿真测试了 OIPD 方法对多船避碰的有效性。首先，用典型的四船会遇情况构造为实验场景。初始状态包括所涉及船舶的位置、速度和航向角，如表 12-5 所示。所有船舶的初始状态集与案例 1 至案例 3 保持相同，图 12-6 所示为案例 1~3 的初始状态。根据上述设置，如果船舶未采取适当的避碰措施，则它们将在 1000s 之后在中间点发生碰撞。所有仿真结果均由与时间有关的运动序列表示。该算法已在 Matlab 中进行了编码和仿真。

表 12-5　多船会遇场景的初始设置

船号	船 1(S_1)	船 2(S_2)	船 3(S_3)	船 4(S_4)
初始位置/n mile	[0,−5.00]	[3.83,3.21]	[3.85,−2.22]	[−2.55,2.55]
初始速度/kn	18	18	16	13
初始航向/°	0	230	300	135
决策周期时长/s	3	4	5	5
探测范围/n mile	5	5	5	5
最初 $DCPA$/m	0	0	0	0
最初 $TCPA$/s	1250	1250	1250	1250

首先,尝试根据COLREG分析当前的会遇场景。从 S_1 的角度来看,S_2 和 S_3 是直航船,而 S_1 应该对其让路。而 S_1 是 S_4 的直航船。如果 S_1 的决策符合COLREGs,则应从 S_4 的前部以及 S_2 和 S_3 的后部经过会遇区域。由于 S_1 和 S_2 之间的交叉角较大,而 S_1 和 S_3 之间的角度较小,因此在避免与 S_2 或 S_3 发生碰撞时,S_1 的决策应该有所不同。在以下小节中,此方案设置将用于验证算法的性能,将其应用于具有不同COLREGs服从性的船上。目标船 CAL 推断的有效性也将在相同的场景设置下进行验证。

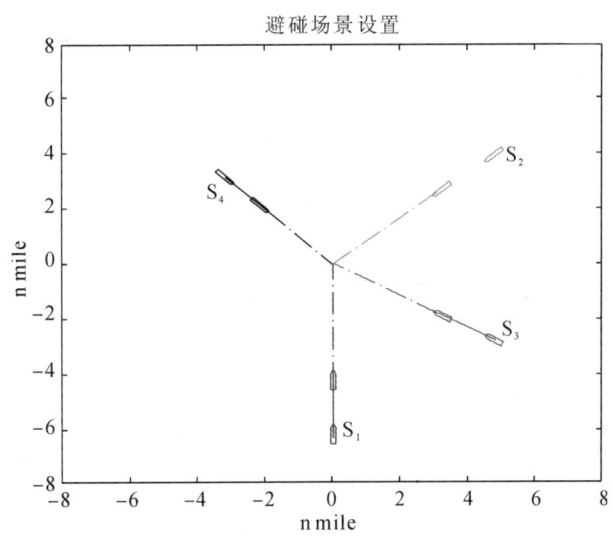

图 12-6　多船会遇场景的设置

12.6.2　案例 1:四艘船正常航行下的避碰实验

在案例 1 中,每艘船都应遵守COLREGs并主动采取行动。因此,在避碰过程中,每艘船都将主动朝向右舷的目标船避让,并在目标船尾部穿越会遇区域。案例 1 中几个典型时间点的各船舶位置和开始时的历史轨迹如图 12-7 所示。整个避碰过程中,所有四艘船相互之间的 $DCPA$ 和瞬时距离如图 12-8 所示,其中折线是 $DCPA$ 的曲线,而抛物线是距离的曲线。根据图 12-7 和图 12-8,每个参与的船舶最终都会正确地推断出目标船的

CAL,并成功避免碰撞。可以看到,S_1 和 S_3 从 S_2 的后方区域经过,S_2 从 S_4 的后方区域经过,S_4 从 S_1 的后方经过。所有避碰行为均与 COLREGs 一致。为了更具体地验证 OIPD 方法的性能,表 12-6 中列出了有关船舶决策、推理和操纵的一些细节,包括决策次数,采取行动的时间,转弯角度(单位:°),停留在新航向上的时间(单位:s),最终速度的改变量(%),与目标船的最短距离以及为了避碰而多航行的比例。

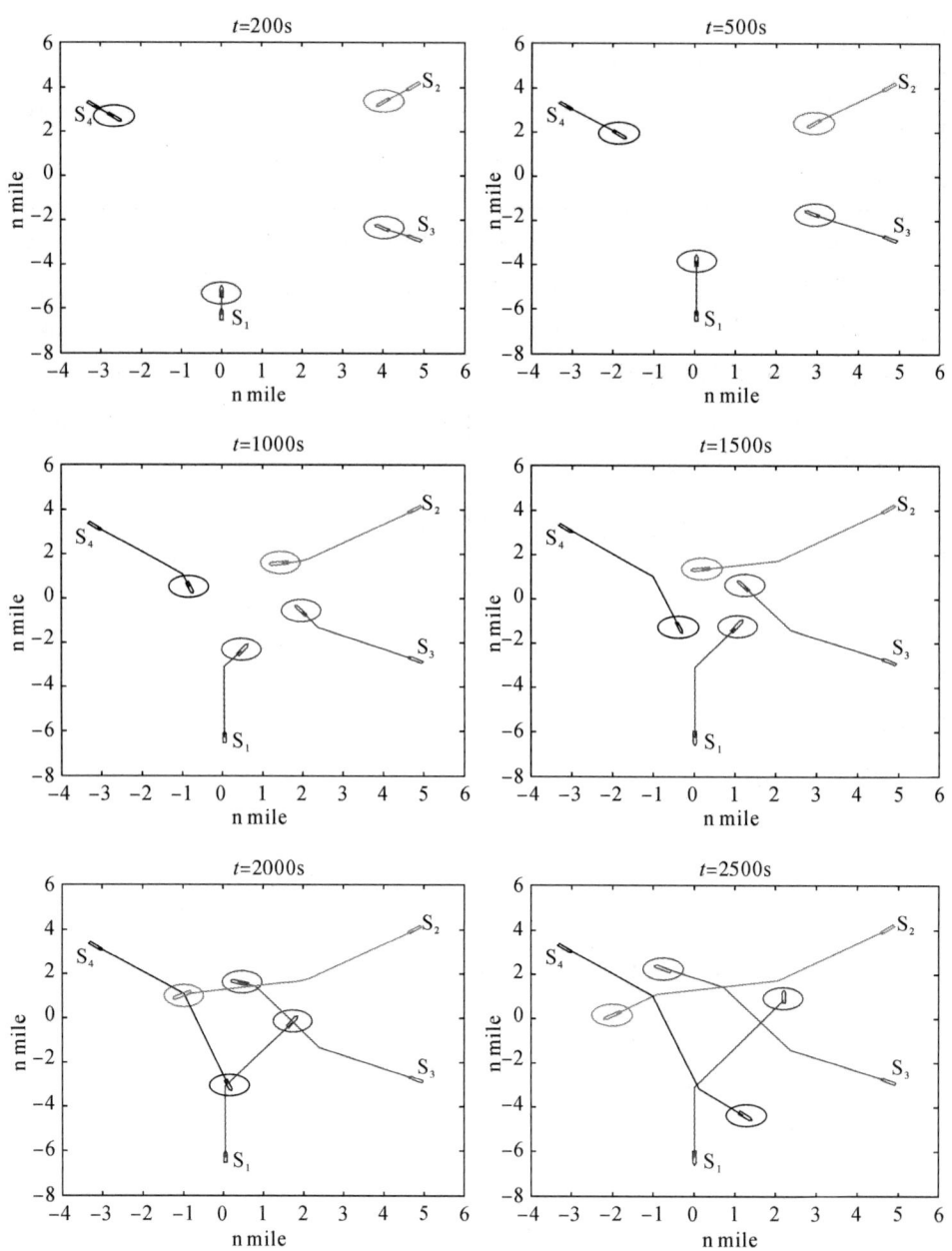

图 12-7 4 艘全部符合 COLRGEs 的会遇船舶在案例 1 中的避碰轨迹

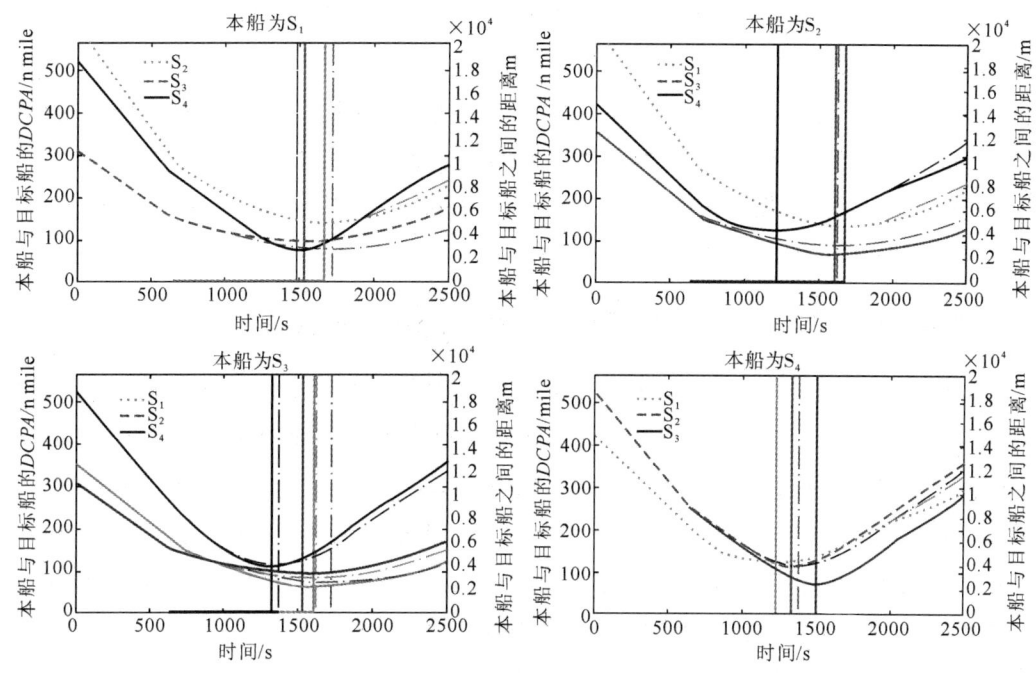

图 12-8 案例 1 中所有船的 DCPA 和瞬时距离

表 12-6 在案例 1 的设置下每艘船采取的行动

船号	S_1	S_2	S_3	S_4
决策次数;决策时刻/s	1;621	1;708	1;620	1;815
每次决策中的转向角/°	30	30	30	30
每次决策中在新航向上的保持时间/s	600	600	600	600
每次决策后新速度占原航速的百分比(%)	50	50	60	100
本船 CAL 改变的次数	0	0	0	0
距离目标船的最小距离/m,最近目标船船号,最近时刻/s	2676.5,S_4,1484	2342.1,S_3,1603	2342.1,S_2,1603	2676.5,S_1,1484
为避碰额外航行距离/n mile	1.80	1.50	2.13	2.17
额外航行的比例	0.1547	0.1547	0.1547	0.1547

由表 12-6 可知,S_1 在 621s 做出初始决定,包括向右舷转 30°并将速度降低至初始速度的 50%。由于初始位置和决策周期,每艘船的决策时间都不同。S_4 的决策是最新的,其第一个决策发生在 $t=815s$,包括向右舷转 30°。这里需要说明的是,为了使船舶状态变化的幅度尽可能小,所有船舶在一次决策中的转向角设置为最大 30°,转向时间最长保持 600s。最后,所有船舶都通过转向右舷 30°来避免碰撞。在整个避碰操纵的过程中,最

危险的情况发生在 1603s,当时 S_2 和 S_3 之间的距离为 2342.1m。考虑到船长 300m 的设置,此距离足够安全。

图 12-8 中所有船的 DCPA 和瞬时距离则从另一个角度体现了避碰场景的变化过程。点画线所示的对照组为没有意图推测的情况下做出的决策的实验数据。由于在避碰操作期间没有 CAL 更改,因此无论有无推断的避碰实验均取得了成功。两种情况之间的差异主要是由于情况的时间和状况不同。

12.6.3 案例 2:有一艘船不遵守避碰规则的避碰实验

在航行期间,由于人为失误或组织因素,操作人员可能违反 COLREGs 的规定或做出不适当的决策。一个操作人员也可能由于对当前场景的不同理解或不了解法规而做出错误的决策。在案例 2 中,将对这种情况进行仿真实验,其中 S_1 将做出与 COLREGs 的规定相反的行为,以测试其他船舶的应对措施。在这种情况下,其他船只必须及时发现这种情况并做出相应的响应,否则很有可能发生碰撞。根据 COLREGs 的要求,船舶必须首先相互沟通,并通过沟通做出合理的决策。但是,在本章的设定下,每艘船都需要在无沟通的情况下推断目标船的 CAL 并判断目标船的异常情况。船舶决策和操纵的结果如图 12-9 所示。所有船舶的 DCPA 和瞬时距离如图 12-10 所示。可以看出,所有船舶都成功地避免了碰撞。船舶决策和推断的详细信息如表 12-7 所示。S_1 被设置为只做出决策而不会推断其他船舶的行为。当所有船只进入会遇区域时,它们的初始决策完全基于其他船只的当前状态。可以看到,在案例 2 的初始阶段,所有船舶都作出了与案例 1 相同的情况,除了设置的障碍船 S_1 的表现相反。S_1 的第二个决策是在第一个避碰阶段结束时,即在 $t=1221$s 时,它根据当时的情况做出新的决策来保持当前航向。由于 S_4 尚未检测到其他碰撞风险并且 CAL 发生变化,因此它会维持初始决策,直到它经过会遇区域为止。S_2 在 $t=1824$s 和 $t=1855$s 识别到 S_1 的异常,并及时更改决策。但是,应该注意的是,尽管 S_2 的 CAL 发生了 8 次变化,但是只有两个时刻($t=1824$s 和 $t=1855$s)与其自身直接相关。其他情况则是检测到其他两艘船舶之间的 CAL 改变,这时,S_2 根据情况维持旧决策。由于发现了 $t=1855$s 之后 S_2 的 CAL 变化,S_3 做出了新的决策。

表 12-7 在案例 2 的设置下每艘船采取的行动

船号	S_1	S_2	S_3	S_4
决策次数;决策时刻/s	2;687,1221	3;708,1824,1856	2;620,1855	1;815
每次决策中的转向角/°	−30;−30	30;−30;30	30;−30	30
每次决策中在新航向上的保持时间/s	600;600	600;600;600	600;600	600
每次决策后新速度占原航速的百分比(%)	100	50;50;50	60;60	100

续表 12-7

船号	S_1	S_2	S_3	S_4
本船 CAL 改变的次数	—	8;1824,1828,1832,1836,1840,1844,1848,1856	1;1855	0
距离目标船的最小距离/m,最近目标船船号,最近时刻/s	1426.2,S_4,1212	2342.1,S_3,1602	2342.1,S_2,1602	1426.2,S_1,1212
为避碰额外航行距离/n mile	6.00	1.50	2.13	2.17
额外航行的比例	0.1547	0.1547	0.1547	0.1547

实际上,S_1 的决策使其从一开始就离开可能发生碰撞的中心区域,这是一个有效的决策。因此,即使没有按照避碰规则进行决策,对整个避碰场景的影响也不大。当会遇场景中有失控的船只时,则需要避碰方法具有更大的灵活性来应对这种情况。

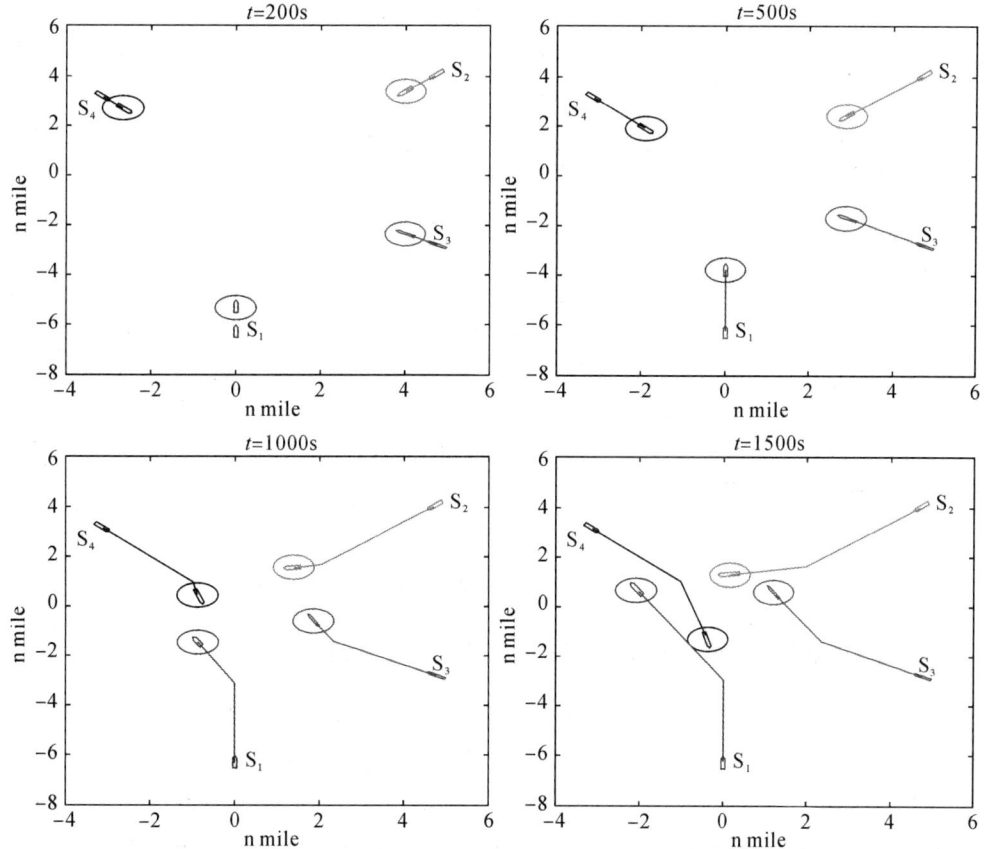

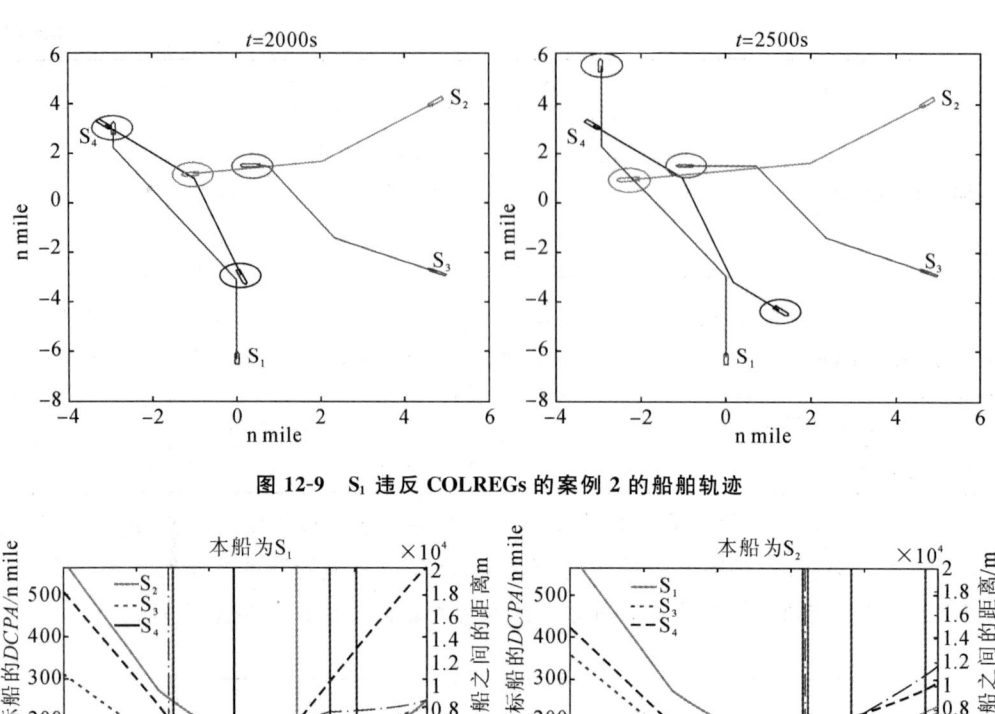

图 12-9 S_1 违反 COLREGs 的案例 2 的船舶轨迹

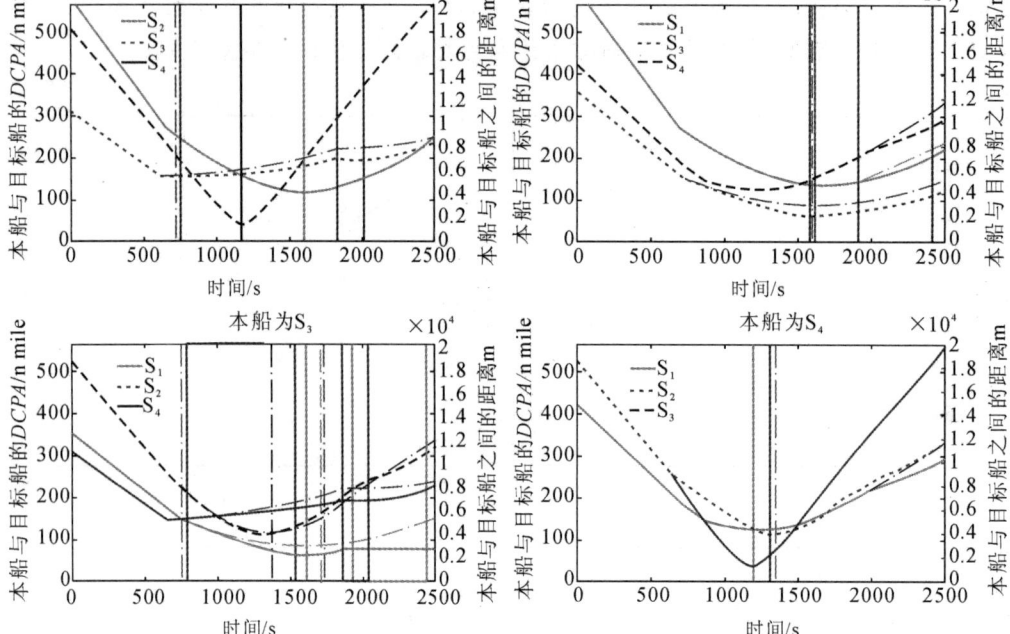

图 12-10 案例 2 中所有船的 DCPA 和瞬时距离

12.6.4 案例 3：有一艘船为失控船的避碰实验

对于多船会遇场景，失控的船舶往往比决策或操纵错误更为危险。在此场景中，障碍船 S_1 被设置为保持其初始速度和航向角前进，而无需考虑其他船只。图 12-11 所示为该场景下的船舶避碰轨迹，其中最危险的情况显示在 $t=1500s$ 的子图中。另外，图 12-12 显示了所有船只的 DCPA 和瞬时距离。表 12-8 显示了船只决策和推断的详细信息。可以看到，即使遇到这种比情况 1 和 2 复杂得多的情况，所有船只最终也都成功通过该区域。

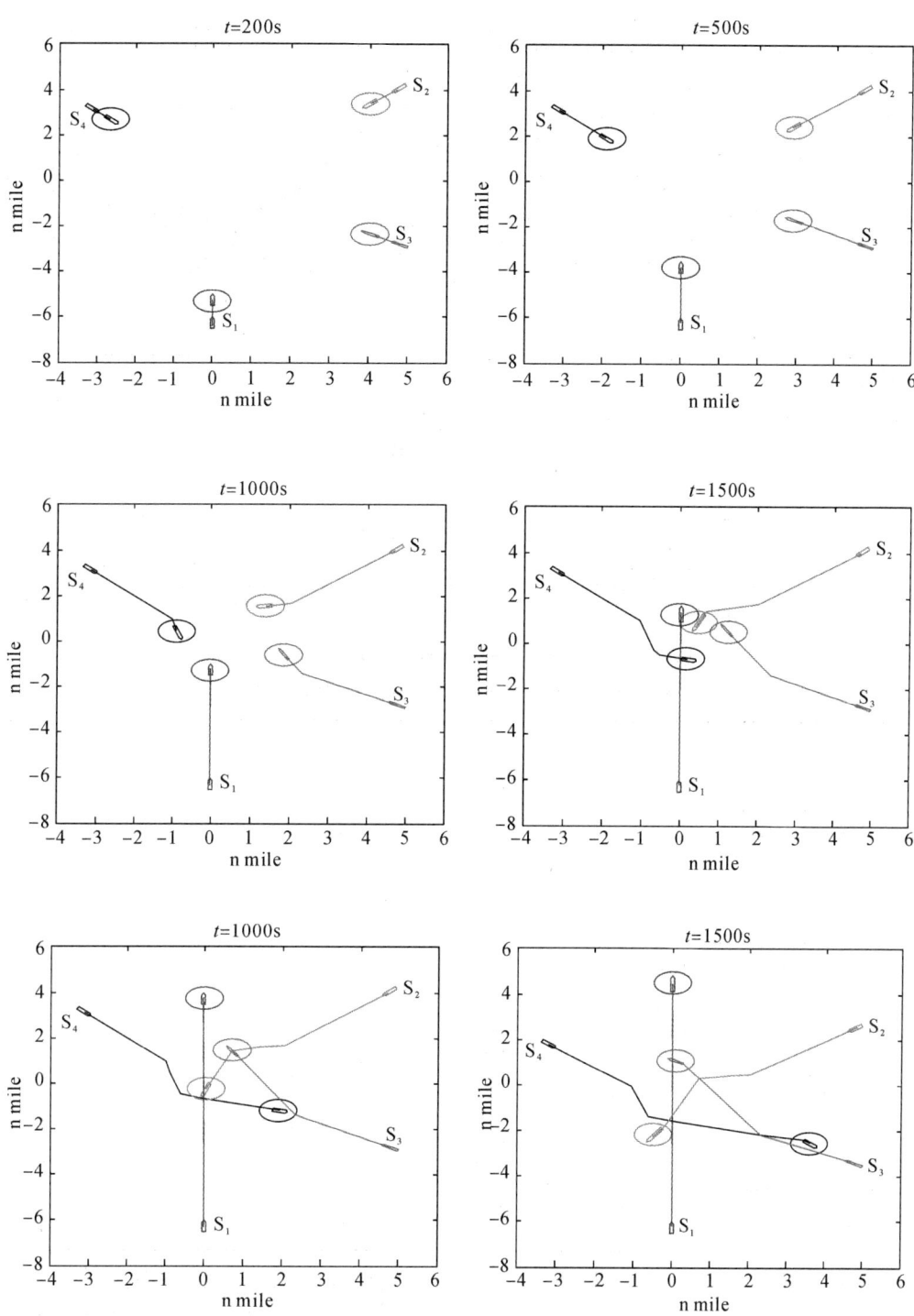

图 12-11　S_1 船失控的案例 3 的船舶轨迹

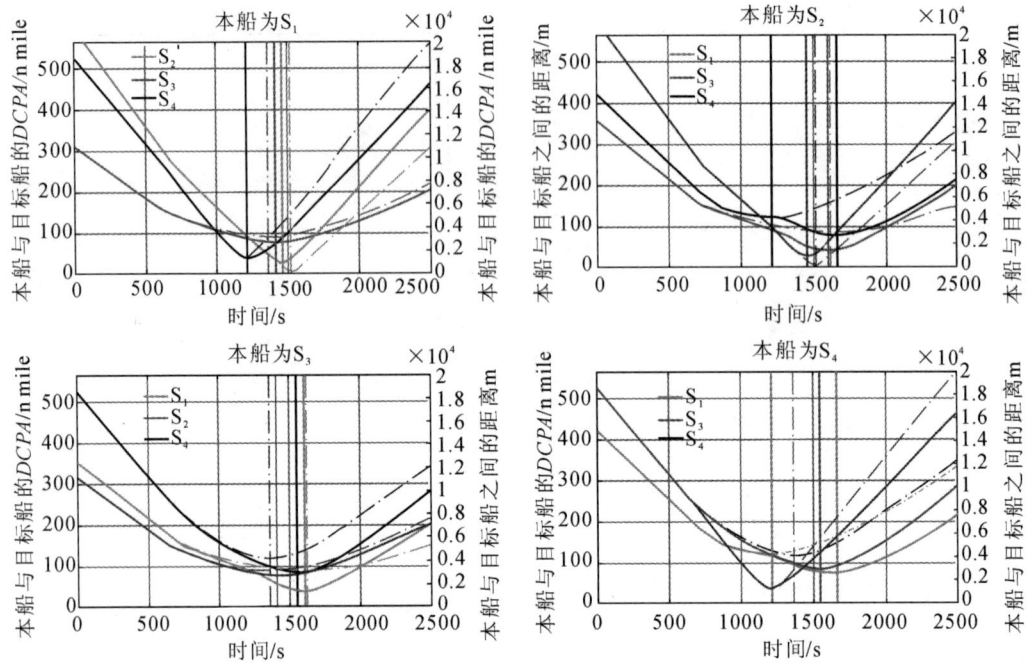

图 12-12 案例 3 中所有船的 DCPA 和瞬时距离

表 12-8 在案例 3 的设置下每艘船采取的行动

船号	S_1	S_2	S_3	S_4
决策次数；决策时刻/s	No Decision	2；708,1220	2；620,1225	2；815,1220
每次决策中的转向角/°	—	30；−30	30；30	30；−30
每次决策中在新航向上的保持时间/s	—	600；600	600；600	600；600
每次决策后新速度占原航速的百分比(%)	—	50；50	60；50	100；100
本船 CAL 改变的次数	No Inference	1；1220	1；1225	1；1220
距离目标船的最小距离/m,最近目标船船号,最近时刻/s	950.70,S_2,1463	950.70,S_1,1463	1417.1,S_2,1611	1262.8,S_1,1215
为避碰额外航行距离/n mile	0	1.50	2.13	2.17
额外航行的比例	0.0	0.1547	0.1547	0.1547

避碰的总体过程与案例 2 相似。一开始,所有船舶均根据正常情况做出决策,然后识别出 S_1 异常。与案例 1(图 12-7)相比,S_2 和 S_4 在 $t=1220$s 时发现了 S_1 的异常状态。最终的连锁反应是 S_3 随后决定在 $t=1225$s 继续转向 30°。在这种复杂的情况下,及时发现异常状态并在没有沟通的情况下做出合理决定是困难的。因此,最高风险情况发生在 $t=1463$s,此时 S_1 和 S_2 之间的距离为 950m,显著小于案例 1 和 2 的情况。此外,从

图 12-12 中可以看到,在没有避碰意图推测的情况下(点画线所示)S_1 与 S_2 最终发生了碰撞。

12.6.5 避碰决策有效性的数据包络分析

本节在 3 种不同的情况下验证了 OIPD 避碰决策方法的可行性。从仿真实验可以看出,该算法对大多数避碰场景都是有效的。同时,由于文献中大多数现有算法都假设会遇船舶对各自的决策都相互了解,并据此建立船舶避碰的评价指标体系评估避碰决策的效果,在这方面 OIPD 方法是一个突破。因此很难将 OIPD 算法与传统的避碰决策方案进行比较。在本小节中,为了评估在 3 个案例中使用 OIPD 方法的船舶的避碰决策的效果,应用数据包络分析方法(data envelopment analysis,DEA)定量评估 OIPD 算法的决策效率。

DEA 被广泛用于估计多输入多输出系统的性能效率。在本小节中,每艘船都被视为 DEA 方法的一个决策单元(decision-making union,DMU),DMU 的输入和输出如图 12-13 所示。DMU 的输入包括可以描述当前遇到的船舶会遇场景中决策复杂性的基本要素,其中包括:

(1)空间紧迫性参数:用 $DCPA$ 表示,可从表 12-5 中找到每艘船最短的初始 $DCPA$。

(2)时间紧迫性参数:用 $TCPA$ 表示,可从表 12-5 中找到每艘船最小的初始 $TCPA$。

(3)情景复杂度:对于不同的情景,所涉及的船只数量和遭遇情景的类别决定了避碰决策的复杂性。例如,如果有多个船舶处于追越场景,则避碰决策的复杂性将高于仅涉及交叉会遇情况的场景。需要注意的是,在案例 1 至案例 3 中,不存在交叉会遇之外的场景。场景复杂度参数 C_{iDEA} 可以如下计算:

$C_{iDEA}=n$,当本船需要处理 n 个目标船的交叉相遇情况。

$C_{iDEA}=3k+(n-k)$,本船需要处理 n 个目标船的会遇情况,其中有 k 个目标船在追越或对遇情况下。

(4)遵守 COLREGs:COLREGs 是公认的国际法规,是避碰决策的最重要参考。如果有一艘偏离 COLREGs 的船舶,则其他船舶应根据其行为检测出这种痕迹,并相应地更改其决定。这种情况可以在案例 2(12.6.3 节)和案例 3(12.6.4 节)中找到。当有 k 个不符合 COLREGs 的目标船时,方案符合性参数 O_{iDEA} 可以计算为 $O_{iDEA}=3k$,而如果所有目标船都遵循 COLREGs,则 $O_{iDEA}=1$。

DMU 的输出包括可以描述所有涉及船舶的避碰决策的性能和结果的要素。可以在每个实验场景的结果表中获取所有输出信息,其中包括:

(1)安全绩效因子:本船与目标船之间的最近距离用于评估避碰决策的安全绩效,可以从每种情况的结果表中获得。

(2)操纵绩效因子:所有避碰决策都需要通过避碰操纵来安全地穿越相遇区域。避碰决策的成功并不意味着避碰的整个过程都是成功的。有许多实际因素限制了避碰的性能。因此,为了确保成功避免碰撞,避碰决策的结果应该清晰明了,并应尽可能减少更

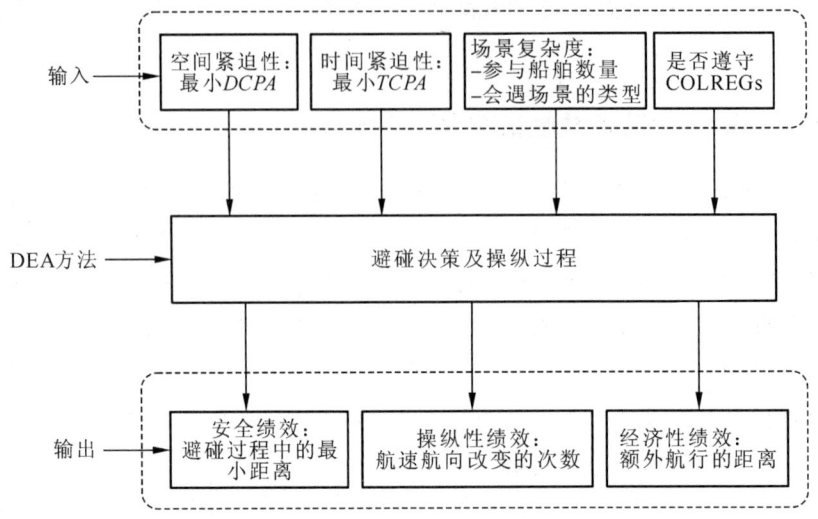

图 12-13 DEA 模型结构

改次数。在操纵绩效因子中,决策变更的次数被定义为重要指标。决策更改的次数越少,避碰决策的可操作性就越高。可以从每个实验场景的结果表中获得每艘船的操纵绩效因子。

(3)经济绩效因子:尽管安全是避碰过程中的首要考虑因素,但经济也是基于确保安全的重要决策因素。船舶航行的经济学主要体现在时间经济性和空间经济性上,它们代表了运输的效率和能耗。一般的避碰流程通常持续数十分钟到一两个小时。从整个航行周期的角度来看,这是一个相当短的时期,这意味着避碰决策和操作对航行时间经济的影响非常有限。因此,在避碰决策中,主要考虑使用空间经济性来评估由于避碰动作而产生的额外航行距离率,从而对其经济表现进行评估。对于每艘船的避碰流程,在给定额外航行距离 Dis_{CA} 和原始航行距离 Dis_0 的情况下,额外航行距离率定义为 $r_{Dis}=(Dis_{CA}-Dis_0)/Dis_0$,将其作为经济绩效因子。可以从每个场景的结果表中获得每艘船的经济绩效因子。

在 DEA 方法中,认为 DMU 通过决策过程,将输入向量 $x_{DEAi}=[x_{DEA1},x_{DEA2},x_{DEA3},x_{DEA4}]^T, i=1,2,3,4$ 转化为输出向量 $y_{DEAi}=[y_{DEA1},y_{DEA2},y_{DEA3},y_{DEA4}]^T, i=1,2,3,4$。然后,一个场景中的所有 DMU 形成一个数据矩阵 (X_{DEA},Y_{DEA}),其中,$X_{DEA}=[x_{DEA1},x_{DEA2},x_{DEA3},x_{DEA4}], Y_{DEA}=[y_{DEA1},y_{DEA2},y_{DEA3},y_{DEA4}]$。基于 (X_{DEA},Y_{DEA}) 将决策效率的确定问题转化为线性规划的最优解。由于关注点不同,求解最优解的方法也略有不同,例如,对于 DMU_i,CCR 模型主要解决以下线性规划问题:

$$\min_{\theta_{DEA},\lambda_{DEA}} \theta_{DEA}$$

$$s.t. \begin{cases} \theta_{DEA}x_{DEAi} \geqslant X_{DEA}\lambda_{DEA} \\ Y_{DEA}\lambda_{DEA} \geqslant y_{DEAi} \\ \lambda_{DEA} \geqslant 0 \end{cases}$$

通过应用三个基本的 DEA 模型,可以计算出每艘船的决策性能的效率。在 DEA 模型中,效率得分越高,绩效越好。当效率得分为 1 时,称为 DEA 有效,即投入产出的绩效是理想的。CCR、BCC 和 ADD(additive)模型是基本的 DEA 模型,其中,CCR 和 BCC 都是用提出者的名字命名的模型,三种模型也是应用最广泛的 DEA 模型。CCR 模型估计的效率包括技术效率和规模效率,称为决策单元的总效率;BCC 模型只对技术效率进行了估计;而 ADD 模型则是对几种模型结果的综合和校正。表 12-9 所示为使用三种 DEA 模型评估三个案例中各艘船舶的避碰决策有效性的结果。图 12-14 为依据 DEA 分析结果绘制的三个案例的各艘船舶避碰决策有效性的条形图。

表 12-9　三种 DEA 模型评估三个案例中各艘船舶的避碰决策有效性的结果

船号	CCR 模型结果	BBC 模型结果	ADD 模型结果
案例 1:四艘船正常航行下的避碰实验			
S_1	1	1	0.9316
S_2	1	1	0.6583
S_3	1	1	0.8117
S_4	1	1	1
案例 2:有一艘船不遵守避碰规则的避碰实验			
S_1	1	1	1
S_2	1	1	0.956
S_3	1	1	0.9872
S_4	1	1	1
案例 3:有一艘船为失控船的避碰实验			
S_1(失控船)	0.3858	0.3858	0.0914
S_2	1	1	0.8849
S_3	1	1	0.9533
S_4	1	1	1

由表 12-9 和图 12-14 可以看出,除了案例 3 中的失控船 S_1,其他情况下的所有船舶的避碰决策的 CCR 模型和 BBC 模型都是 DEA 有效的。ADD 模型是几种基本 DEA 模型的综合,其评判指标和要求相比其他基本 DEA 模型更严格,即使这样在大部分情况下各艘船舶的避碰决策也是 DEA 有效的或非常接近 DEA 有效的。其他非 DEA 有效的情况,则可以看出类人决策的一些不足,主要在于为了保持航线的清晰,需要作出尽量明显的转向和在新的航线上保持尽量长的时间。

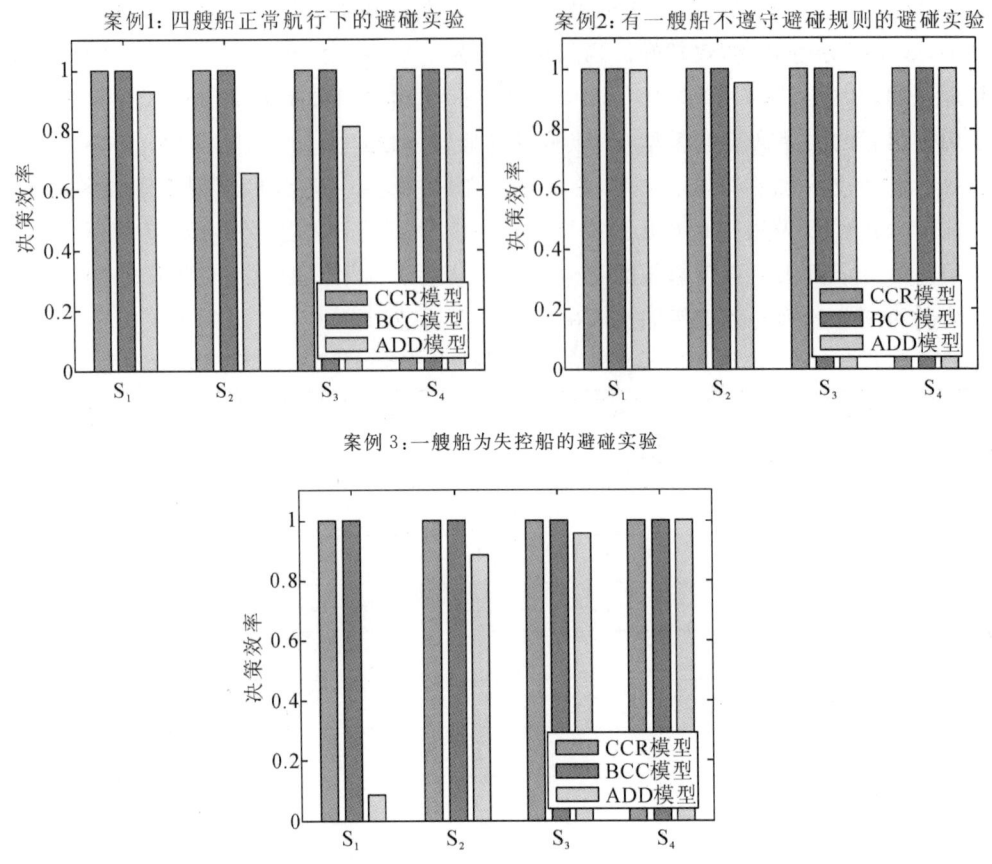

图 12-14　三个案例中各艘船舶避碰决策有效性的 DEA 分析结果

12.7　本章小结

本章基于对多船避碰场景中目标船避碰意图的推断,针对智能船舶与人工船舶的多船会遇场景,提出了一种类人的迭代式观测—推测—预测—决策(OIPD)决策框架。本章首先通过分析指出在避碰实践中存在的由避碰意图指导具体避碰决策的逻辑结构,并明确避碰意图是可以建模和分析的。随后,在初次决策周期中,每艘船根据目标船的可观测数据,推测目标船的避碰意图、根据推测的意图预测其轨迹,并依此进行本船的避碰决策。在其后的每次决策周期中,都会首先将新的观测数据和旧的预测状态利用证据理论方法进行时空交叉分析,从而确认或修正对避碰意图的推测,并依此做出当前的避碰决策。在该方法中每艘船都从各自的角度进行决策,并且在决策过程中仅考虑保持自身安全。此外,考虑到沟通在现实避碰中的缺乏情况,本算法设置会遇船舶之间没有通信。每艘船可用的信息仅限于目标船的可观察状态。本章提出的避碰方案不仅可以预测目标船的状态,而且可以推断目标船的深层次避碰意图,以便本船做出相应的决策。本章提出的迭代式的 OIPD 决策框架,通过观测—推测—预测—决策循环,完成本船的所有避碰决策任务。

需要注意的是,本章提出的类人决策方法,非常依赖于某些关键参数的设置,面对不同的会遇船舶,这些参数可能会发生很大的改变从而对意图推测的效果造成显著的影响,因此需要进一步研究相关参数系统的自适应调节。

参 考 文 献

[1] IGLESIAS B S, VINAGRE R C J. Maritime safety standards and the seriousness of shipping accidents[J]. Journal of navigation, 2011, 64(3): 495-520.

[2] WANG T F, WU Q Q, DIACONEASA M A, et, al. On the use of the hybrid causal logic methodology in ship collision risk assessment[J]. Journal of marine science and engineering, 2020, 8(7): 485.

[3] ZHANG J F, ZHANG D, YAN X P, et, al. A distributed anti-collision decision support formulation in multi-ship encounter situations under COLREGs[J]. Ocean engineering, 2015, 105: 336-348.

[4] WANG Y, ZHANG J F, CHEN X Q, et, al. A spatial-temporal forensic analysis for inland-water ship collisions using AIS data[J]. Safety science, 2013, 57: 187-202.

[5] STATHEROS T, HOWELLS G, MCDONALD-MAIER K. Autonomous ship collision avoidance navigation concepts, technologies and techniques[J]. Journal of navigation, 2008, 61(1): 129-142.

[6] 孙峰, 蔡玉良, 马吉林. 船舶智能避碰策略测试方法与指标研究[J]. 交通信息与安全, 2019, 37(5): 84-93.

[7] 王德龙. 船舶操纵避碰智能评估模型[D]. 大连: 大连海事大学, 2018.

第13章 混合航行场景序贯避碰决策建模

本章针对混合航行场景下的多船避碰问题,基于COLREGs和人类思维模式定义常规船舶避碰决策模型,通过分级考虑船舶避碰安全程度、规则符合度、船舶偏航角度和偏航距离等构建智能船舶避碰决策模型;根据常规船舶善于理解规则、智能船舶精于快速计算的特点,构建船舶避碰意图告知机制,并应用序贯决策实现避碰方案实时更新。最后设置不同的试验场景,验证模型是否能够满足安全和COLREGs的要求,以及对复杂局面的适应能力。

13.1 基于COLREGs的会遇阶段划分

会遇阶段的划分取决于船舶尺度、航行速度及操纵性等因素,分为自由航行、碰撞危险、紧迫局面和紧迫危险。自由航行阶段不受COLREGs行动约束;在开阔水域,碰撞危险阶段认为在3~6n mile;紧迫局面、紧迫危险COLREGs没有明确的定量描述。对任意船舶S_i、S_j会遇阶段$Sta_{ij}(t)$进行判定,具体划分见表13-1。

表13-1 会遇阶段划分

序号	距离范围/n mile	阶段判定	备注
1	$6 < d_{ij}(t)$	自由航行	$Sta_{ij}(t)=0$
2	$3.5 < d_{ij}(t) < 6$	碰撞危险	$Sta_{ij}(t)=1$
3	$2.5 < d_{ij}(t) \leqslant 3.5$	紧迫局面	$Sta_{ij}(t)=2$
4	$S_{DA} < d_{ij}(t) \leqslant 2.5$	紧迫危险	$Sta_{ij}(t)=3$

13.2 船舶避碰决策建模

13.2.1 常规船舶避碰决策模型

常规船舶避碰决策主要基于COLREGs解析、历史经验及船舶驾驶员避让习惯等构建决策模型,完整的常规船舶避碰方案由避让方向、幅度以及避碰结束时刻组成。

(1)避让方向确定

目前针对多船会遇局面的研究主要采取"重点船"进行避让。对于驾驶员来说,船舶间距离是最直接的主观感受,实际航行中也是先避让距离最近的船舶,所以研究中重点船选取依据船舶距离。

本船与重点船间的避让方向依据两船决策,对于表 13-1 各会遇态势的避碰行动如图 13-1 所示。

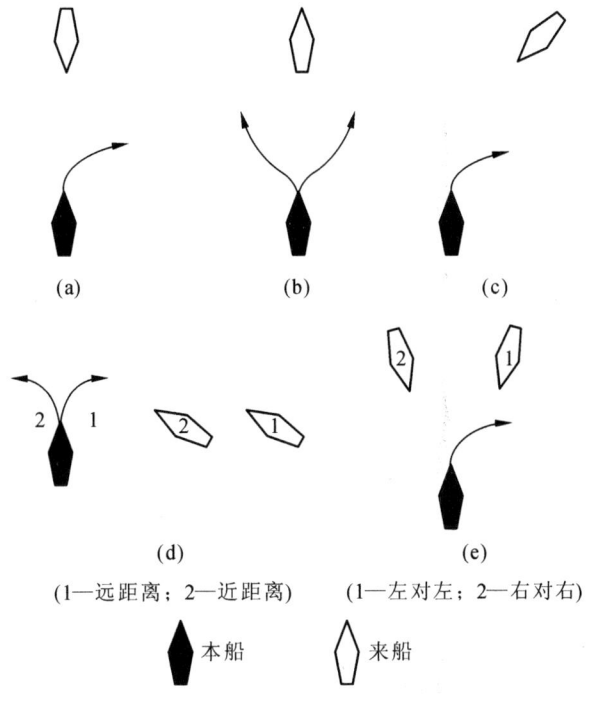

图 13-1 两船避碰示意图
(a)对遇;(b)追越;(c)小角度交叉;(d)大角度交叉;(e)其他

根据 COLREGs 第 8 条,采取的避碰行动要求不得妨碍另一船通行或安全通行的船舶。所以,当本船附近($<$ 6n mile)存在多艘($>$ 1)船舶时,可能只与部分船舶存在碰撞危险,避碰时应避免形成新的碰撞危险;同时应避免与其他船舶间的碰撞危险加剧。

以本船 S_i 为例,m_s 代表远离距离本船 S_i 最近的安全航行船舶 S_s 的操纵方向。$\delta_{ir}(t)$ 表示 t 时刻 S_i 仅考虑重点船 S_r 的避让方向(根据两船会遇确定),$\delta_i(t)$ 表示 t 时刻 S_i 的避让方向。针对多船会遇特点,S_i 在 t 时刻避让方向 $\delta_i(t)$ 确定如下:

①当 S_i 附近无碰撞危险船舶,无需避碰。
②当 S_i 附近均为碰撞危险船舶,根据距离最近的危险船 S_r 进行避碰,$\delta_i(t) = \delta_{ir}(t)$。
③当 S_i 附近同时存在碰撞危险船舶和安全航行船舶,根据 COLREGs,除对遇局面明确向右转向外,其他会遇态势并未明确避让方向。根据本船与 S_r 的会遇态势和阶段,在不影响 S_s 安全航行条件下,确定 S_i 在 t 时刻避让方向 $\delta_i(t)$ 的算法如表 13-2 所示。

表 13-2 船舶避让方向确定算法

Algorithm:Determine collision avoidance direction
Input:encounter parameters for all ships near S_i Initialize:$\delta_i(t) \leftarrow$ NULL 1. If $Sit_{ir}(t)$ is $head-on$ %对遇

续表 13-2

2. If $d_{ir}(t) > d_{is}(t)$
3. If $\delta_{ir}(t) \neq m_s$
4. Then $\delta_i(t) \leftarrow keep\ straight$　　%保持直航
5. Else $\delta_i(t) \leftarrow \delta_{ir}(t)$
6. Elseif $Sta_{ir}(t)=1$ And $Sta_{is}(t)=1$
7. If $\delta_{ir}(t)=m_s$　Then　$\delta_i(t) \leftarrow m_s$
8. Elseif $d_{ir}(t) > d_{is}(t)$　Then　$\delta_i(t) \leftarrow keep\ straight$
9. Else $\delta_i(t) \leftarrow m_s$
10. Elseif $Sta_{ir}(t) > 1$ And $Sta_{is}(t)=1$　Then　$\delta_i(t) \leftarrow \delta_{ir}(t)$
11. Elseif $Sta_{ir}(t)=1$ And $Sta_{is}(t) > 1$
12. If $\delta_{ir}(t)=m_s$　Then　$\delta_i(t) \leftarrow m_s$
13. Else $\delta_i(t) \leftarrow keep\ straight$
14. Elseif $Sta_{ir}(t) > 1$ And $Sta_{is}(t) > 1$
15. If $d_{ir}(t) > d_{is}(t)$　Then　$\delta_i(t) \leftarrow m_s$
16. Elseif $Sit_{ir}(t)$ is $overtaken$
17. Then $\delta_i(t) \leftarrow \delta_{ir}(t)$
18. Elseif S_r is located on the $starboard$
19. Then $\delta_i(t) \leftarrow turn\ to\ port$　　%左转
20. Else $\delta_i(t) \leftarrow turn\ to\ starboard$　　%右转
21. Elseif $d_{ir}(t) < S_{DA}$　Then
22. If S_r is ahead of ship　Then
23. If S_r is bow passing　　%过船首
24. Then $\delta_i(t) \leftarrow turn\ to\ starboard$
25. Else $\delta_i(t) \leftarrow turn\ to\ port$
26. Elseif S_r is $stern$ passing　　%过船尾
27. Then $\delta_i(t) \leftarrow turn\ to\ starboard$
28. Else $\delta_i(t) \leftarrow turn\ to\ port$
29. Return $\delta_i(t)$　　%返回避让方向

(2)避碰幅度的确定

在确定避让方向后,需要进一步计算避碰幅度 $\Delta C_i(t)$。考虑驾驶员习惯,选取以 10°为步长的避碰幅度候选集合,同时为避免船舶轨迹过分偏离航线,将候选最大幅度设置为 60°,因此候选集合 $C=\{0°,10°,20°,30°,40°,50°,60°\}$。

当本船周围有多艘危险船舶,避碰幅度选择策略如下(以 S_i 为例):

①当能够让清所有危险船舶 S_j 时,$\Delta C_i(t) = \{c | c \in C, d_{cpaij}^c(t) \geqslant S_{DA}\}$;

②如无法让清所有危险船舶 S_j,应尽可能让清 6 n mile 以内的危险船舶,即:任意 S_j $(d_{ij}(t) < 6\text{n mile})$,$\Delta C_i(t) = \{c | c \in C, d_{cpaij}^c(t) \geqslant S_{DA}\}$;

③当仍无法让清 6n mile 以内危险船舶 S_j，应保证避碰方案能够最大限度保证安全，即：$\Delta C_i(t) = \{c | c \in C, \max[\min(d_{\text{cpa}\,ij}^c)]\}$。

其中，$d_{ij}(t)$ 表示 t 时刻 S_i 与 S_j 的距离；$d_{\text{cpa}\,ij}^c(t)$ 表示 t 时刻 S_i 转向 c 后与 S_j 的距离 d_{cpa}。

船舶航向变化主要通过操纵船舶舵角实现，操舵角越大，转向角速度越大，所需转向时间越短，但需要更长时间稳定到目标航向，所以应根据避碰幅度大小决定船舶舵角。一般船舶的最大舵角为 30°~35°，主要用于船舶紧急操纵；船舶转向避碰的最大舵角 $R_{\max}$ 一般取 20°。因此针对避碰幅度候选集合 C 相应地构建操纵舵角集合 $\delta = \{0°, 4°, 8°, 12°, 16°, 20°\}$。根据 SOLAS 公约要求，船舶自任意一舷 35°转至另一舷 30°的时间应不超过 28s，研究中对舵角变化进行简化，舵角变化量 R_{step} 取 2°/s。同时，根据避碰行动应"大幅度"要求，"让路船"初次避碰的幅度应不小于 30°。

$$\sum_t r(t) \geqslant 30^0 \tag{13-1}$$

由于船舶主机和螺旋桨的结构特性，在转向操作过程中会出现速度损失效应。由于主机输出功率恒定，船舶速度损失 V_{loss} 与角速度 r 有关，角速度越大，速度损失越明显。假设最大速损比为 20%，与转弯角速度成正比。V_{loss} 与船舶角速度 r 的关系如下：

$$V_{\text{loss}} = 0.2 \cdot r/r_{\max} \cdot V \tag{13-2}$$

式中，$r_{\max}$ 为最大角速度，可根据第二章介绍的船舶操纵方程计算。

(3) 结束避碰时刻确定

当采取避碰行动一段时间后，船舶偏离目标点的程度将越来越大。船舶在保证安全的前提下应尽早向目标点驶去，结束整个避碰过程。研究中结束避碰时刻确定的条件为：

①当 S_i 恢复朝目标点航行后与任意 S_j 不存在碰撞危险，即 $d_{\text{cpa}\,ij}^b(t) \geqslant S_{DA}$ 或者 $\{t_{\text{cpa}\,ij}^b(t) \leqslant 0$ 且 $d_{ij}(t) > S_{DA}\}$。

②或对于任意 S_j，与 S_i 距离 $d_{ij}(t)$ 均大于 8n mile。

其中，$d_{\text{cpa}\,ij}^b(t)$、$t_{\text{cpa}\,ij}^b(t)$ 分别表示 S_i 恢复朝目标点航行后与 S_j 的 d_{cpa} 和 t_{cpa}。

13.2.2 智能船舶避碰决策模型

与常规船舶不同，智能船舶避碰决策基于船舶可操纵集合，并以安全性为基础，综合考虑规则符合度、船舶偏航角度和偏航距离等指标进行构建。通过预测一定时间 T_{step} 后的会遇场景，选取其中最优操纵作为当前时刻决策方案。具体决策流程如下：

①根据目前 S_i 是否存在碰撞危险，判断 S_i 所处的行动阶段（避碰/复航阶段）和操纵集合 D_{yi}；

②针对 6n mile 范围内的任意来船 S_j 位置、航向数据以及 S_i 操纵集合中的元素，预测 S_i 和 S_j 在 T_{step} 后的位置；

③根据预测位置，计算操纵集合中各元素对应的评价值，并依据分层避碰决策评价

模型获取各元素对应的评价值；

④对比各操纵元素的评价值，选取评价值最高的操纵元素作为避碰决策方案。

(1) 船舶操纵集合构建

船舶避碰过程中需要采取操纵行动的阶段为避碰阶段和复航阶段，通过当前时刻有无碰撞危险可对其进行判断。前者是为了避免船舶碰撞，是存在碰撞危险到无碰撞危险的过程，避让方向可选择左转、右转或直航；后者为尽快到达目标点，减少航程及燃料消耗，在操纵过程中应不形成新的碰撞危险，船舶航行状态应为直航和转向朝目标点。假设 S_i 在 t 时刻舵角 $y_i(t)$，其中 $-R_{max} \leqslant y_i(t) \leqslant R_{max}$，$t+1$ 时刻 S_i 的操纵集合为：

$$Dy_i(t+1) = [y_i(t)-a, y_i(t), y_i(t)+b] \tag{13-3}$$

其中，a 和 b 由不同阶段的行动及最大舵角的限制确定。

$$a = \begin{cases} 0 & y_i(t) = -R_{max} \text{ 或 } C_{yaw}(t) < 0 \\ R_{step} & \text{其他} \end{cases} \tag{13-4}$$

$$a = \begin{cases} 0 & y_i(t) = R_{max} \text{ 或 } C_{yaw}(t) > 0 \\ R_{step} & \text{其他} \end{cases} \tag{13-5}$$

其中，$C_{yaw}(t)$ 仅为复航阶段的判断条件，表示 t 时刻本船 S_i 的偏航角，如图 13-2 所示。

(2) 船舶运动状态预测

假设起始 t_0 时刻 S_i 位置为 $(x_i(0), y_i(0))$，速度为 V_i，初始航向为 $c_i(0)$，角速度为 $r_i(0)$。任意时刻 S_i 航向 $c_i(t)$ 为：

$$c_i(t) = c_i(0) + \int_{t_0}^{t} r_i(t) dt \tag{13-6}$$

则任意 t 时刻 S_i 的位置为：

$$\left. \begin{array}{l} x_i(t) = x_i(0) + \int_{t_0}^{t} v_i \cos(c_i(t)) dt \\ y_i(t) = y_i(0) + \int_{t_0}^{t} v_i \sin(c_i(t)) dt \end{array} \right\} \tag{13-7}$$

根据式(13-6)和式(13-7)可求 T_{step} 后 S_i 的位置和航向。对于任意来船 S_j 位置，假定船舶保向保速，即任意时刻 t 角速度 $r_i(t)=0$，根据式(13-7)可预测时长 T_{step} 时船舶 S_j 位置和航向。

(3) 评价指标及分层评价模型

① 安全性指标

d_{cpa} 是衡量避碰决策是否成功最直接的指标。t 时刻 S_i 与任意 S_j 最近会遇距离为 $d_{cpaij}(t)$，则安全性指标 $Rsafe_{ij}(t)$ 为：

$$Rsafe_{ij}(t) = \begin{cases} \dfrac{|d_{cpaij}(t)|}{S_{DA}} & \dfrac{|d_{cpaij}(t)|}{S_{DA}} < S_{DA} \\ 1 & \dfrac{|d_{cpaij}(t)|}{S_{DA}} \geqslant S_{DA} \end{cases} \tag{13-8}$$

②规则符合度

是否符合 COLREGs 要求是智能船舶避碰决策性能评价的重要参考。对遇局面中，明确要求向右转向。追越局面中，仅明确追越船舶为"让路船"，所以可根据船舶会遇情景，选择避让方向。对于交叉相遇局面，明确居左船舶为"让路船"，且应避免从船首穿越。由于小角度交叉左转易从来船船首驶过，降低小角度交叉左转评价取值；大角度交叉根据会遇场景，选择合适的避让方向。

为避免紧迫局面或紧迫危险，"直航船"应采取合适的避碰行动。被追越船无避让方向限制；居右交叉船舶，如条件允许不向左转向；对于特殊会遇局面，规则没有明确要求。

综上所述，各局面/阶段下船舶避让方向的规则符合度取值 $Rreg_{ij}(t)$ 如下：

- 对遇局面评价矩阵为：[0 0 1]。
- 追越船评价矩阵为：[1 0 1]；被追越船在紧迫局面前后分别为[0 1 0]和[1 0 1]。
- 小角度和大角度交叉船舶评价矩阵分别为：[0.7 0 1]和[1 0 1]；居右交叉相遇船舶在紧迫局面前后分别为[0 1 0]和[0.5 0 1]。
- 特殊会遇评价矩阵为：[1 1 1]。

注：矩阵取值分别对应左转、直航、右转。

③偏航距离及偏航角

船舶与原航线的垂直距离为航线偏航距离 D_{drift}，船舶与目标点连线与航向的夹角为船舶偏航角 C_{yaw}，如图 13-2 所示。

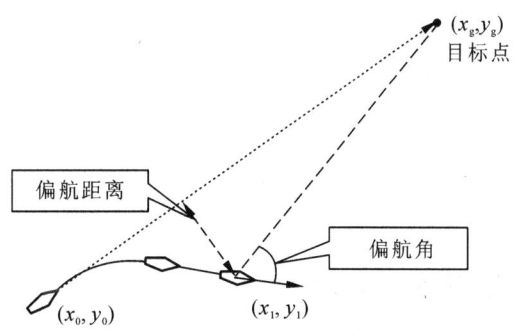

图 13-2 偏航距离和偏航角示意图

如图 13-2，初始船舶位置为 (x_0, y_0)，目标点坐标为 (x_g, y_g)，t 时刻船舶位置为 $(x(t), y(t))$，航向为 Ψ_t，则偏航距离 $D_{\text{drift}}(t)$ 为：

$$D_{\text{drift}}(t) = \frac{|Ax(t) + By(t) + C|}{\sqrt{A^2 + B^2}} \tag{13-9}$$

其中，$A = y_g - y_0$；$B = x_g - x_0$；$C = x_g y_0 - y_g x_0$；偏航角 $C_{\text{yaw}}(t)$ 可根据相对方位进行计算。

基于船舶偏航距离及偏航角的评价指标 $R_{\text{dist}}(t)$ 和 $R_{\text{course}}(t)$ 分别为：

$$R_{\text{dist}}(t) = e^{\frac{-D_{\text{drift}}(t)}{5}} \tag{13-10}$$

$$R_{\text{course}}(t) = e^{\frac{-C_{\text{yaw}}(t)}{30}} \tag{13-11}$$

④目标船重要程度评价

当 S_i 附近存在多艘碰撞危险船舶时,不同船舶对避碰决策制定的重要程度不完全相同。基于船舶间距离是船舶驾驶员最直观的主观感受,为使智能船舶能够更好地适应常规船舶避让决策,满足人为决策习惯,设置船舶间距离作为目标船重要程度评价的标准。通常认为距离越近,重要度越大。因此,t 时刻存在碰撞危险的 S_j 的距离评价指标 $d_{\text{dist}ij}(t)$ 为:

$$d_{\text{dist}ij}(t) = e^{S_{DA} - d_{ij(t)}} \tag{13-12}$$

在多船会遇局面下,S_j 对于 S_i 避碰决策的重要程度 $R_{\text{dist}ij}(t)$ 为:

$$R_{\text{dist}ij}(t) = \frac{d_{\text{dist}ij}(t)}{\sum_j d_{\text{dist}ij}(t)} \tag{13-13}$$

⑤决策评价模型

基于避碰安全性、规则符合度、船舶偏航距离和偏航角建立分层评价模型,S_j 对于 S_i 的决策评价函数 $R_{ij}(t)$ 为:

$$R_{ij}(t) = R_{\text{safe}ij}(t) + k_1 R_{\text{reg}ij}(t) + k_2 R_{\text{dist}}(t) + k_3 R_{\text{course}}(t) \tag{13-14}$$

k_1、k_2 和 k_3 为权重系数。分层评价即在保证安全的情况下综合考虑规则符合度、船舶偏航距离和偏航角。因此,在 $|d_{\text{cpa}ij}| < S_{DA}$ 时,为尽可能保证船舶安全,此时评价模型仅考虑安全性指标,即 k_1、k_2 和 k_3 设置为 0;当行动 $|d_{\text{cpa}ij}| \geq S_{DA}$ 时,可以根据驾驶员习惯适当调整权重系数。试验中主要考虑规则符合度,将 k_1、k_2 和 k_3 分别取 0.7、0.15 和 0.15。

多船会遇下 S_i 的避碰决策评价函数 $R_i(t)$ 为:

$$R_i(t) = \sum_j R_{\text{dist}ij}(t) R_{ij}(t) \tag{13-15}$$

根据式(13-15)可计算出操纵集合中各元素对应的决策评价值,选其最大值对应的元素作为船舶避让决策。

13.2.3 混合场景下船舶序贯避碰决策

船舶避碰协调机制是针对混合航行场景设定的船舶间沟通规则,是为了能够快速消除船舶间避碰冲突,降低决策复杂度,提高算法有效性和计算效率,同时也是遵守 COLREGs 和良好船艺的体现。

(1)常规/智能船舶避碰决策特点

常规船舶避碰模型主要依据船舶驾驶员决策流程和特点制定决策。模型侧重于 COLREGs 量化结果,综合会遇态势和阶段确定避让方向,避碰幅度以 10° 为步长。智能船舶决策模型针对安全性、规则符合度及经济性等指标制定避碰决策。通过分层决策评价模型,在保证航行安全的基础上,设置不同的参数调节规则符合度和经济性指标比例。

(2)分布式序贯避碰决策

基于常规/智能船舶避碰决策特点,为保证决策符合 COLREGs,并能对会遇场景变化快速反应,设定常规船舶避让优先级高于智能船舶,即智能船舶需根据常规船舶决策方案制定决策方案。常规船舶在形成决策方案后,告知智能船舶(如避碰幅度为 ΔC);智能船舶在收到常规船舶避让意图后,通过式(13-16)考虑常规船舶避让意图,并对常规船舶位置进行预测。然后针对预测结果,选取操纵集合的最优决策方案。

$$c_i(t) = c_i(0) + \Delta C \tag{13-16}$$

船舶避碰决策过程是实时变化的,特别是对于复杂多船会遇场景,避碰决策应采用分布式避碰,即每艘船舶单独进行决策。同时,为适应会遇场景动态变化,采取序贯决策模式,即每艘船舶均以特定时间步长 Δt 对局面进行评估与决策,直至驶过让清。多船会遇分布式序贯避碰决策框架如图 13-3 所示。

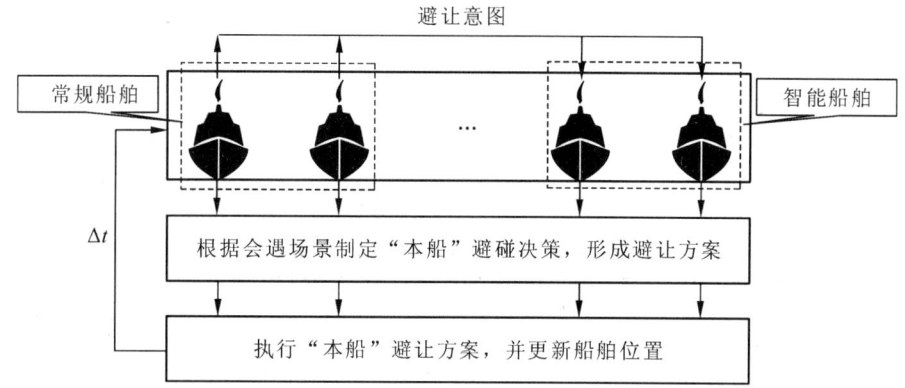

图 13-3 多船会遇分布式序贯避碰决策

会遇船舶随着时间变化以迭代方式更新位置,每个周期内独立决策,形成/更新船舶避碰决策。由于智能船舶需要根据常规船舶避碰意图制定策略,且决策同时进行,所以智能船舶仅能基于常规船舶 $t-1$ 时刻决策。虽然智能船舶使用的常规船舶避让意图有一个时间差,但是通过位置和决策方案的序贯更新,能够降低误差的累积,实现决策的更新与动态优化。

13.3 案 例 分 析

13.3.1 初始会遇场景设置

图 13-4 所示为设置的初始会遇场景,初始会遇参数见表 13-3。图中 S_1 与 S_4 存在碰撞危险,两者为大角度交叉局面;S_2 与 S_3 存在碰撞危险,构成特殊会遇,且 S_3 与 S_4 构成小角度交叉局面。仿真试验中船舶操纵性参数设置为 $K = 0.0579$,$T = 69.9784$,$T_{step} = 100s$,$\Delta t = 1s$。

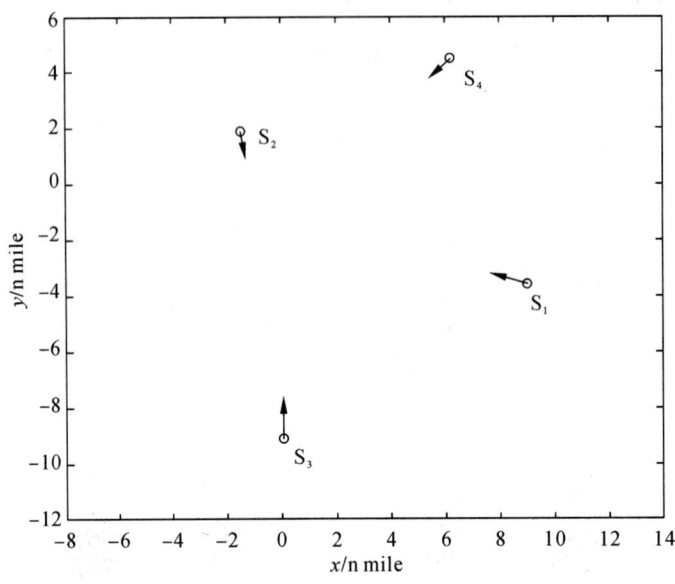

图 13-4　初始会遇场景

表 13-3　船舶初始会遇运动参数

编号	船舶参数			存在碰撞危险
	位置/n mile	航向/°	航速/kn	
S_1	(9.00, −3.50)	285	16	S_4
S_2	(−1.50, 2.00)	170	12	S_3
S_3	(0, −9.10)	0	18	S_2、S_4
S_4	(6.20, 4.55)	230	13	S_1、S_3

13.3.2　模拟试验

(1) 模拟试验 1

试验 1 船舶均使用常规决策模型,结果如图 13-5 所示。由图 13-5(a)可知,各船舶避碰行动方向均与图 13-1 一致,符合 COLREGs 要求。图 13-5(b)显示船舶距离变化均先减小后增大,最小值为 1.26n mile。根据图 13-5(c)和(d),可将避碰过程分为 3 个阶段:避碰、复航和稳定航向。S_1 在 $t=670$s 时向右转向 35.9°,航向稳定在 320.9°;在 $t=1571$s 时,船舶调整航向并稳定在 316°;在 $t=2292$s 时船舶开始复航,最后稳定在 281.3°。S_2 与 S_3 同时在 $t=630$s 时向右转向,S_2 转向到 204.2°后立即复航;S_3 转向到 33.6°,在 $t=1527$s 时复航,航向最终稳定在 357.6°。S_4 在整个避碰过程中均为直航船,当其他船舶都遵守 COLREGs 采取行动时,不需要采取避让行动。

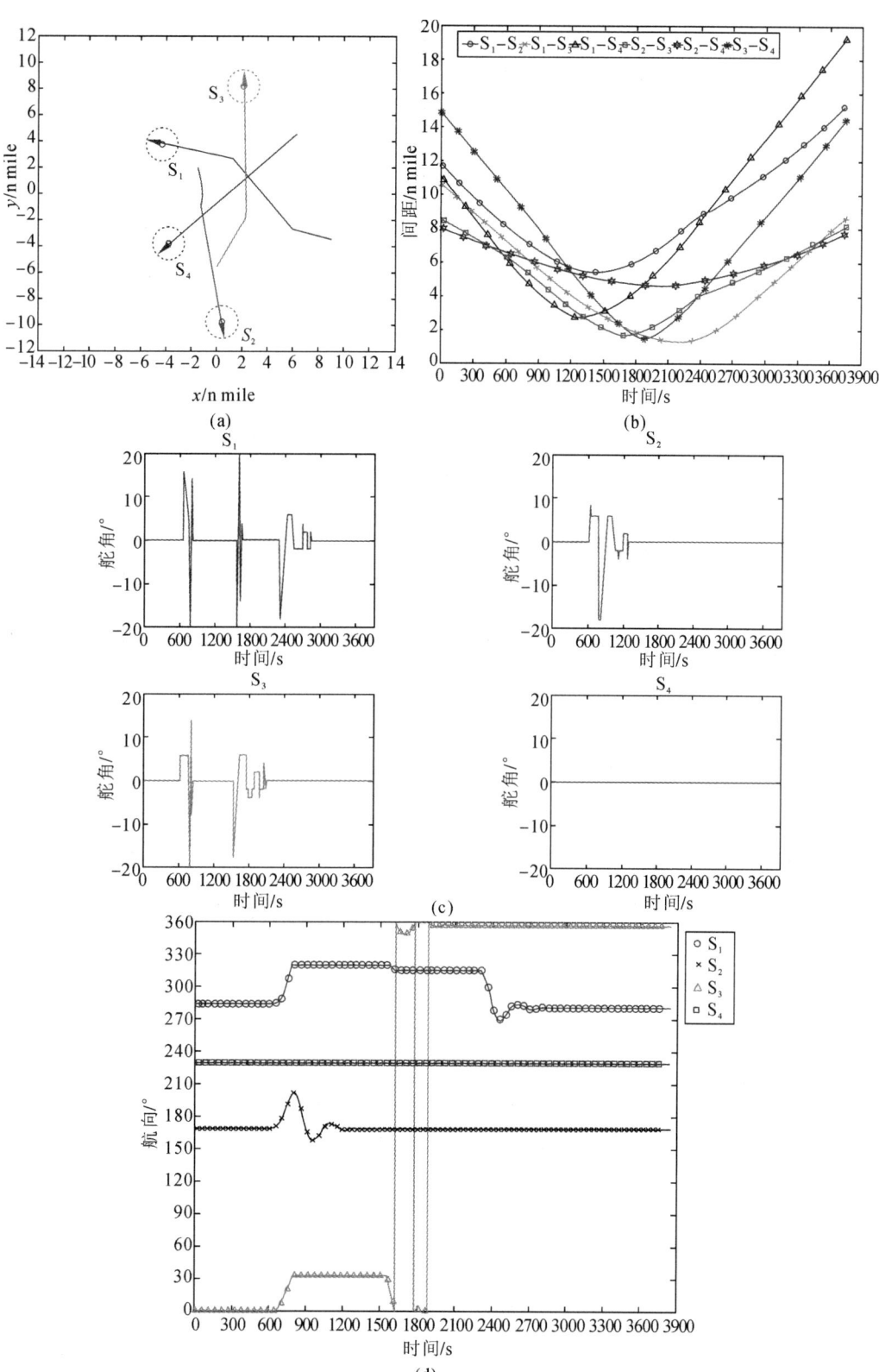

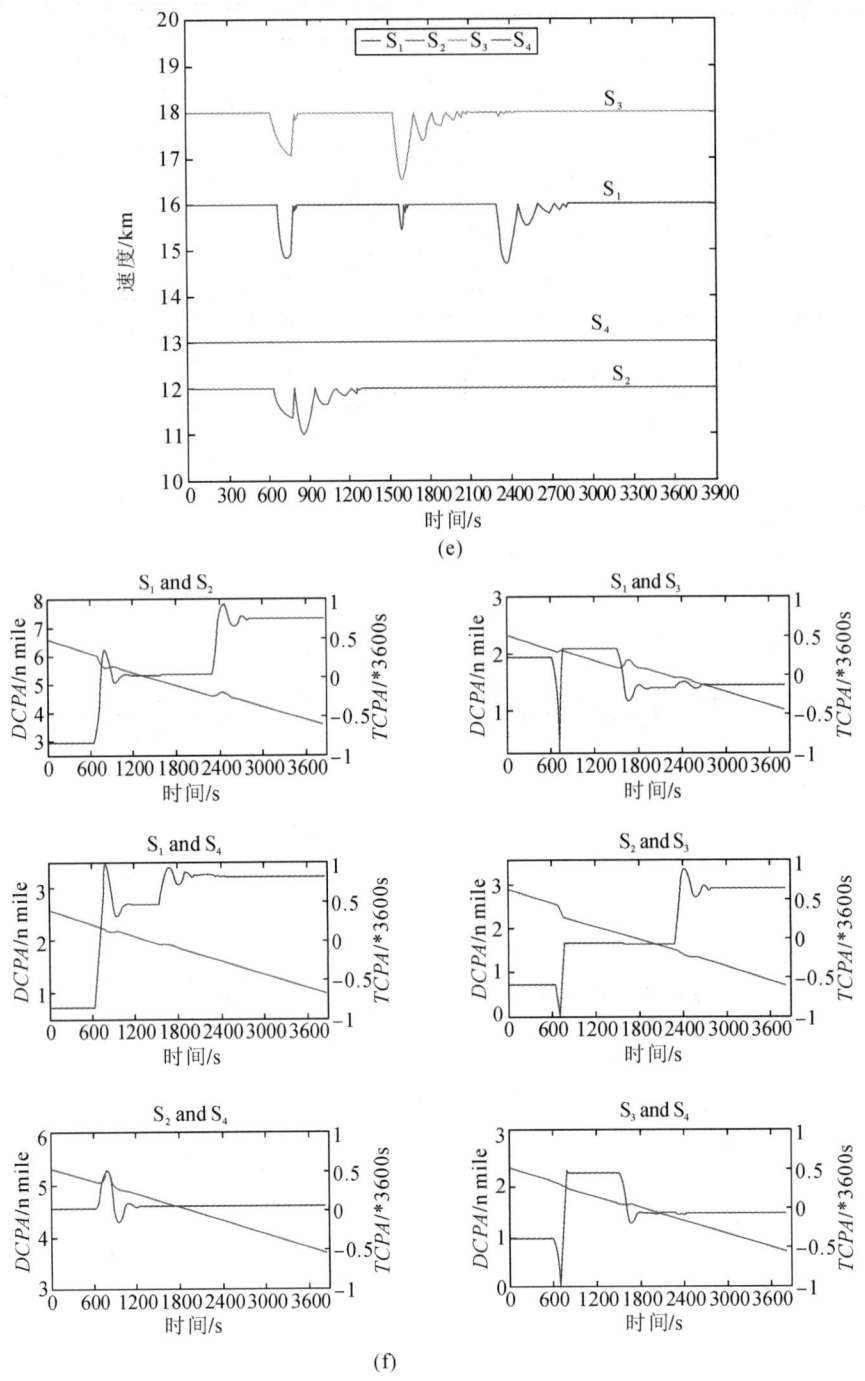

图 13-5 基于常规决策模型的船舶避碰结果

(a)船舶避碰轨迹图;(b)船舶间距离变化曲线;(c)舵角随时间变化曲线;
(d)船舶航向变化曲线;(e)速度随时间变化曲线;(f)船舶间 $DCPA/TCPA$ 变化曲线

(2)模拟试验2

在试验2中,船舶均采用智能决策,结果如图13-6所示。图13-6(a)相比图13-5(a),船舶避碰角度和偏航程度有所减小,船舶操纵更加平稳,避碰轨迹更为平滑。船舶间距离最小为1.20n mile。S_1在$t=670$s时首先向左转向5°,随着会遇态势的变化开始向右转向并稳定在337.6°,避碰幅度为52.6°;在$t=1902$s时开始复航,最后稳定在282.5°。S_2与S_3在$t=630$s时同时向右转向避碰。S_2航向最大为179.0°,避碰幅度为9°;S_3向右转向到7°后开始向左调整航向,最大到349.6°,最终稳定在0.23°。在会遇过程中,S_4与航向变化中的其他来船存在危险,但随着船舶运动的动态变化,危险随即消除,所以对航向做出了小幅度调整。

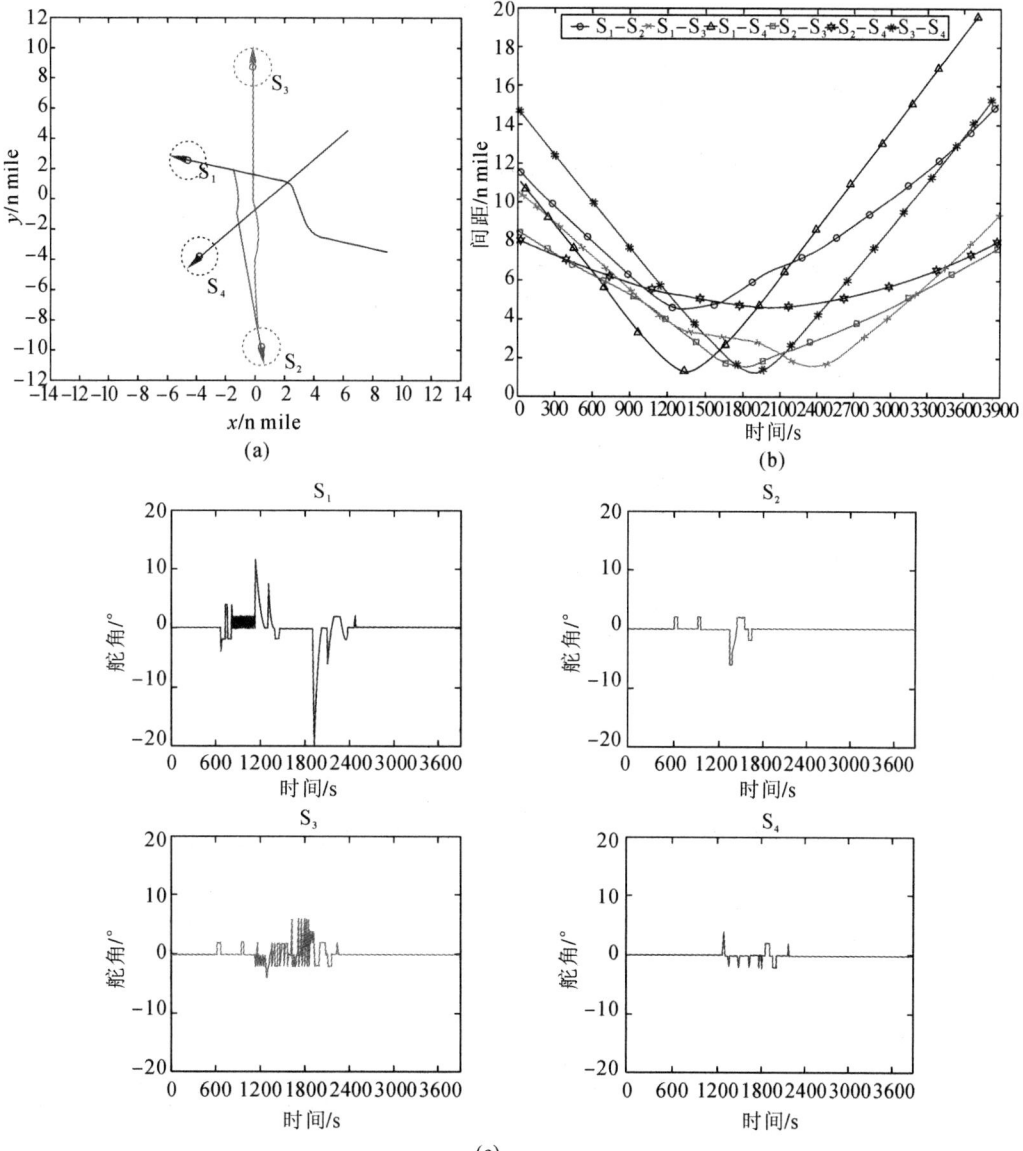

• 196 • 船舶碰撞风险与智能避碰方法

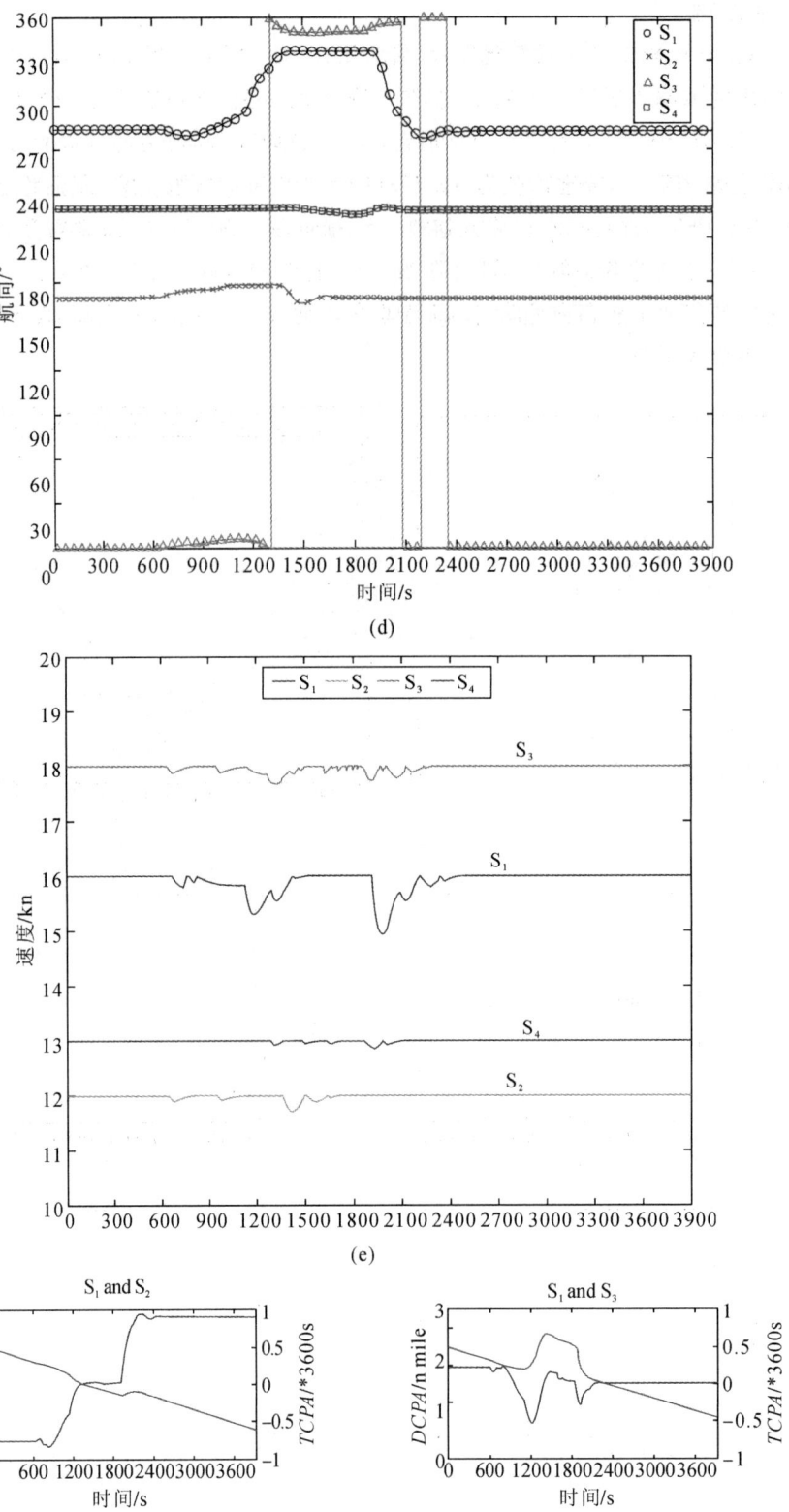

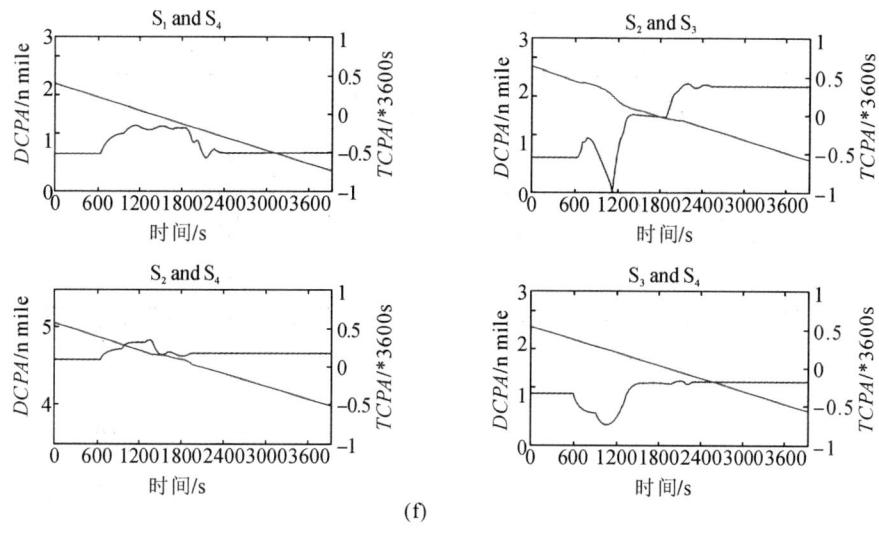

(f)

图 13-6 基于智能决策模型的船舶避碰结果

(a)船舶避碰轨迹图;(b)船舶间距离变化曲线;(c)舵角随时间变化曲线;
(d)船舶航向变化曲线;(e)速度随时间变化曲线;(f)船舶间 DCPA/TCPA 变化曲线

(3)模拟试验 3

在模拟试验 3 中,设置 S_1、S_2 和 S_3、S_4 分别使用常规和智能避碰决策模型,结果如图 13-7 所示。在整个试验过程中船舶最近会遇距离为 1.25n mile。S_1 在 $t=670s$ 时采取避碰行动,随后稳定在 320.9°航向上,在 $t=1571s$ 时复航,随后以航向 283.3°朝目标点驶去。S_2 与 S_3 在 $t=630s$ 时同时进行避碰,S_2 向右转向至航向 203.5°,在 $t=1176s$ 时复航,最后稳定在 169.2°;S_3 稍向右转向后与 S_1 形成大角度交叉局面,根据智能决策模型选择向左转向避碰,在航向 349.6°上航行至 $t=1613s$ 复航,最后航向稳定在 0.23°。S_4 在整个避碰过程中未采取行动。

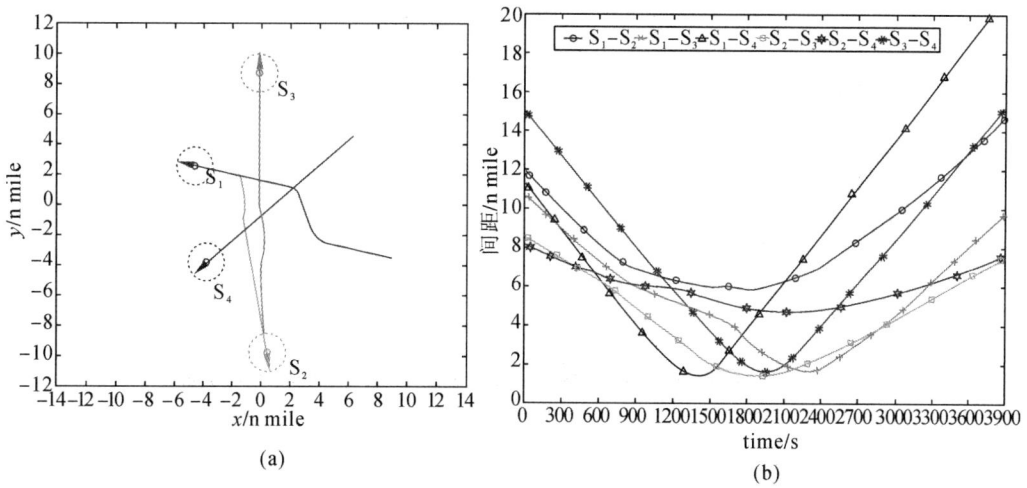

· 198 · 船舶碰撞风险与智能避碰方法

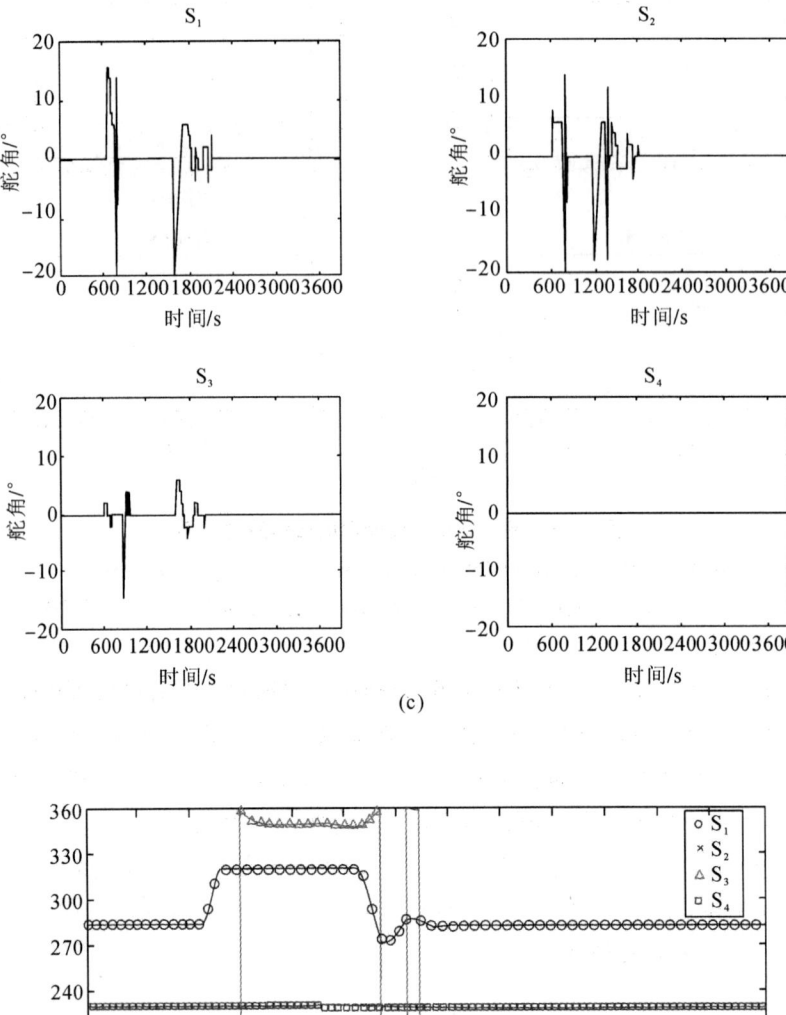

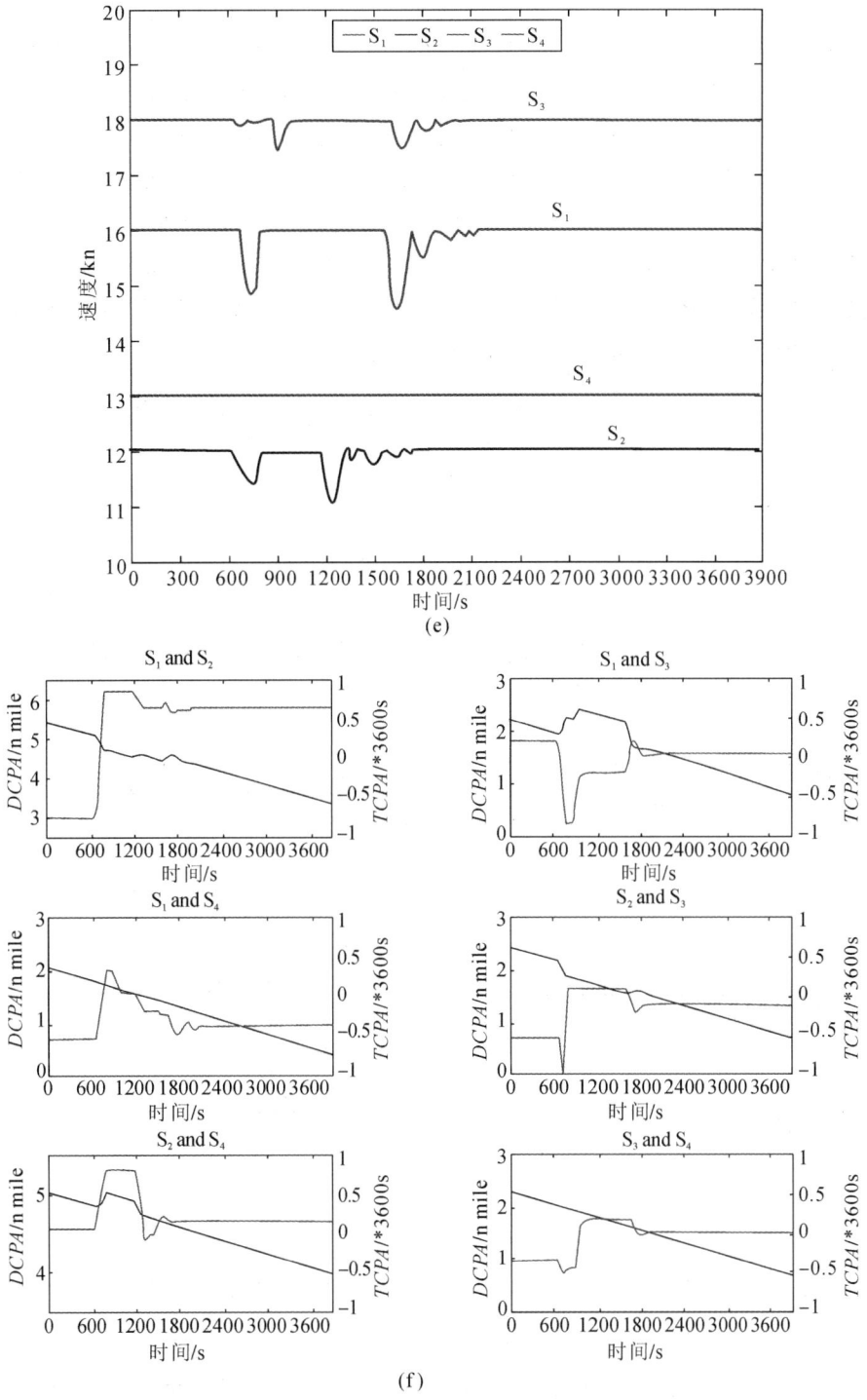

图 13-7 混合航行场景下船舶避碰结果（S_1、S_2 常规；S_3、S_4 智能）

(a)船舶避碰轨迹图；(b)船舶间距离变化曲线；(c)舵角随时间变化曲线；
(d)船舶航向变化曲线；(e)速度随时间变化曲线；(f)船舶间 $DCPA/TCPA$ 变化曲线

(4)模拟试验4

在模拟试验4中,设置S_1保向保速,S_2使用常规避碰决策模型,S_3和S_4为智能避碰决策模型。仿真结果如图13-8所示。在避碰过程中,船舶间最小距离为1.24n mile。在S_4避让S_1之前($t=1336s$),S_2只针对S_3进行避让决策,向右转向203.5°,并在$t=908s$时开始复航,最后稳定在169.6°。由于S_3和S_1可以在安全距离通过,且S_3和S_4之间的距离远大于S_2,所以S_3仅在$t=1336s$之前对S_2进行避碰,向右转向到8.08°,在$t=1607s$时转向目标点航行,最后稳定在359.3°。在$t=1336s$时,S_1、S_4处于紧迫局面,直航船S_4开始避让,向左转向至196.9°航行,并从S_1船尾通过(符合COLREGs要求),在$t=1992s$时,开始恢复航向,最终以230.5°航向航行至目的点。

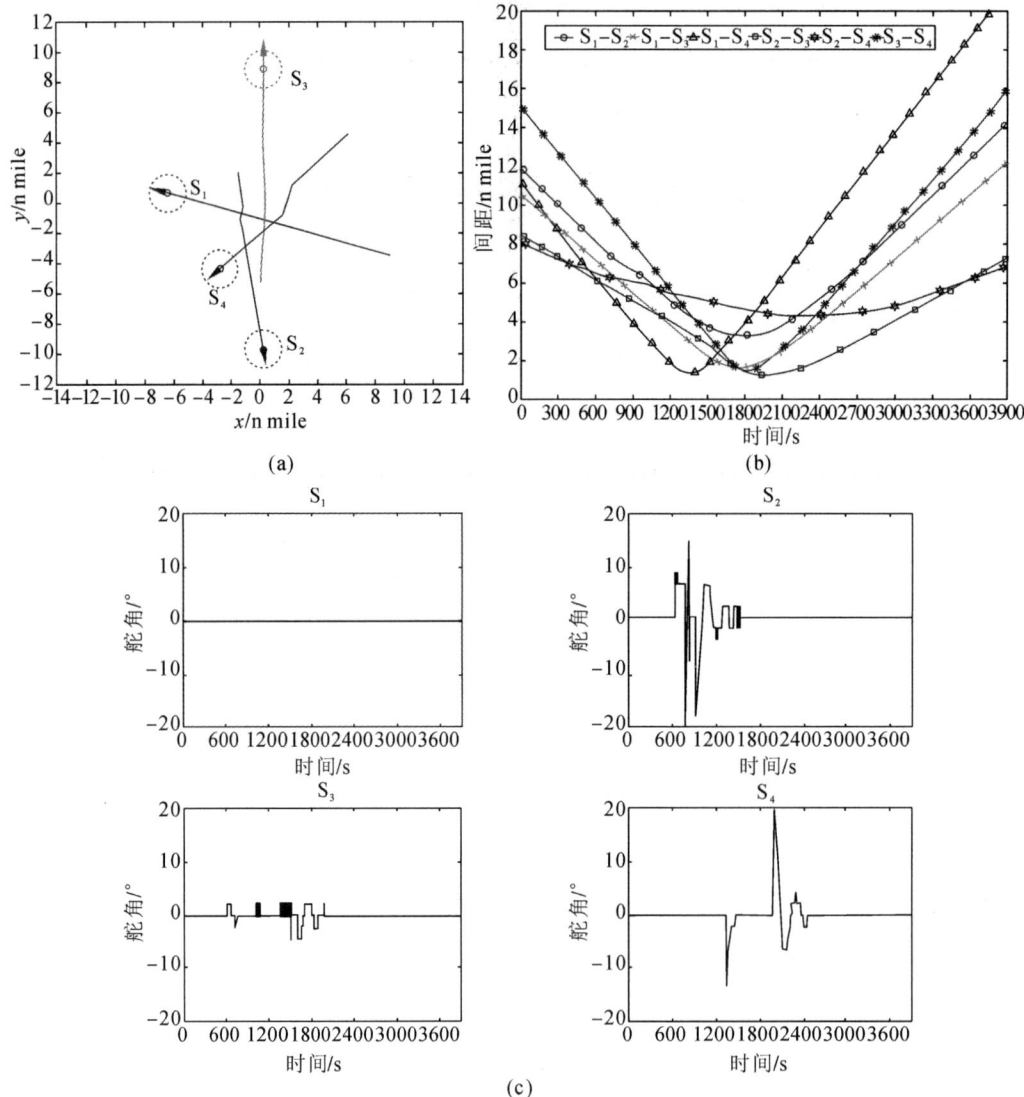

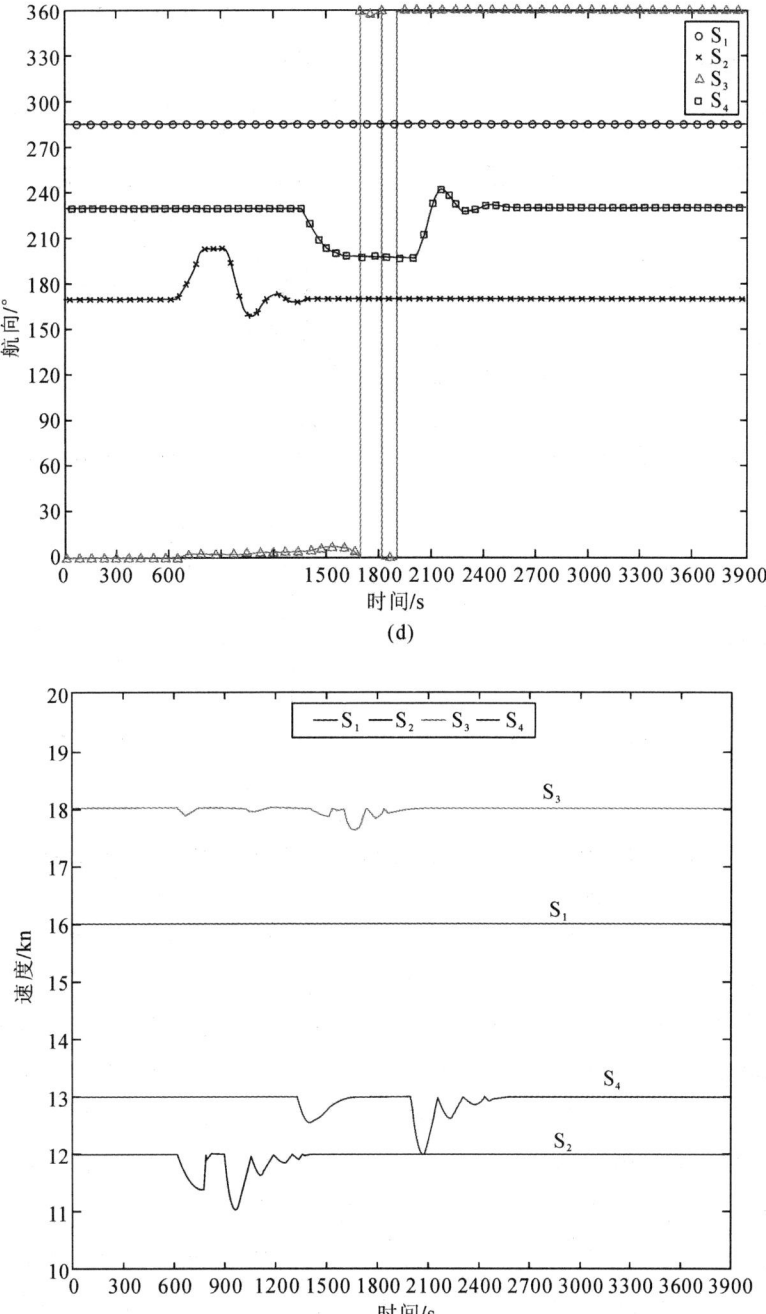

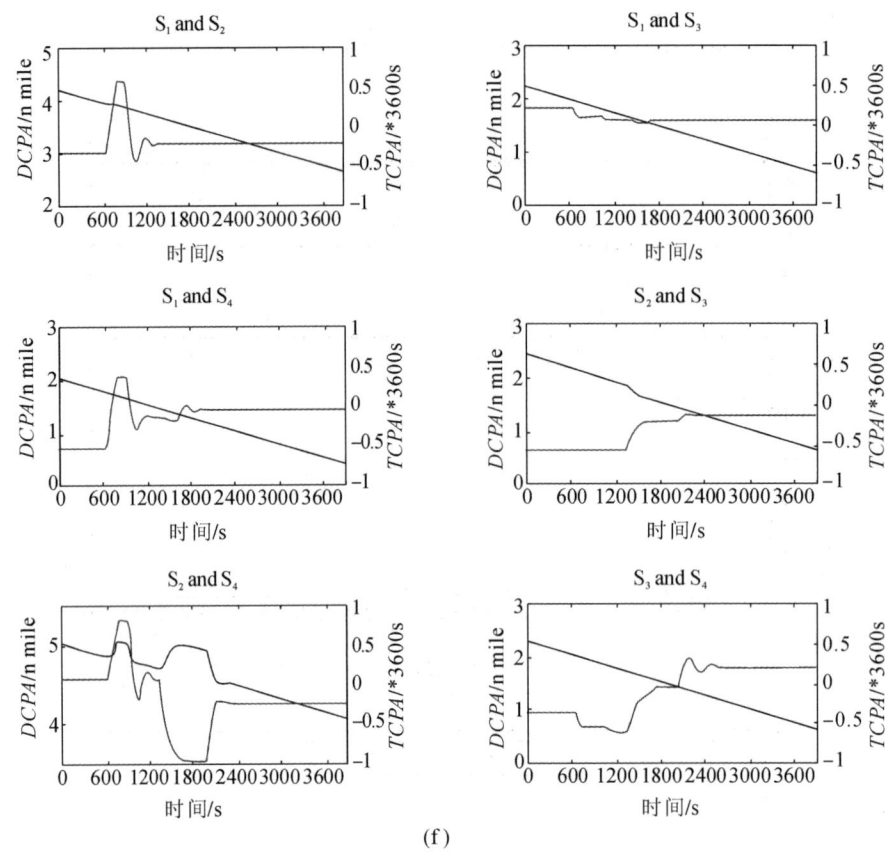

图 13-8　混合航行场景下船舶避碰结果（S_1 直航；S_2 常规；S_3、S_4 智能）

(a)船舶避碰轨迹图；(b)船舶间距离变化曲线；(c)舵角随时间变化曲线；
(d)船舶航向变化曲线；(e)速度随时间变化曲线；(f)船舶间 DCPA/TCPA 变化曲线

(5)模拟试验 5

当船舶在海上航行时，由于受到风浪流等自然环境的影响，船速并非保持完全不变，所以假设船舶航速变化服从正态分布 $N\sim(0,0.1^2)$，并假设速度的累积变化范围不超过 0.5kn（-0.25～0.25kn），其他条件与模拟试验 4 相同。仿真结果如图 13-9 所示。对比图 13-8 和图 13-9，两种仿真场景的运动趋势基本相同，船舶可以保持安全距离（>1.20 n mile）通过。当船舶相互驶近时，差别主要体现在速度上，但由于航速服从正态分布，航行时间也基本相同。除了 S_1 始终舵角为 0 外，其他船舶舵角变化复杂度均有一定程度上的增加，但总体趋势相同。由于仿真中船舶航速的随机性，多次试验中的避让时机和幅度略有差别。图 13-9 所示的避让参数如下：S_1 保持航向不变；S_2 右转 33.9°并稳定在 203.9°，复航后稳定在 169.7°；S_3 向右转向，最大角度为 9.6°，复航后稳定在 359.8°；S_4 在转向阶段稳定在 197.1°，最终以航向 230.1°朝着目标点航行。

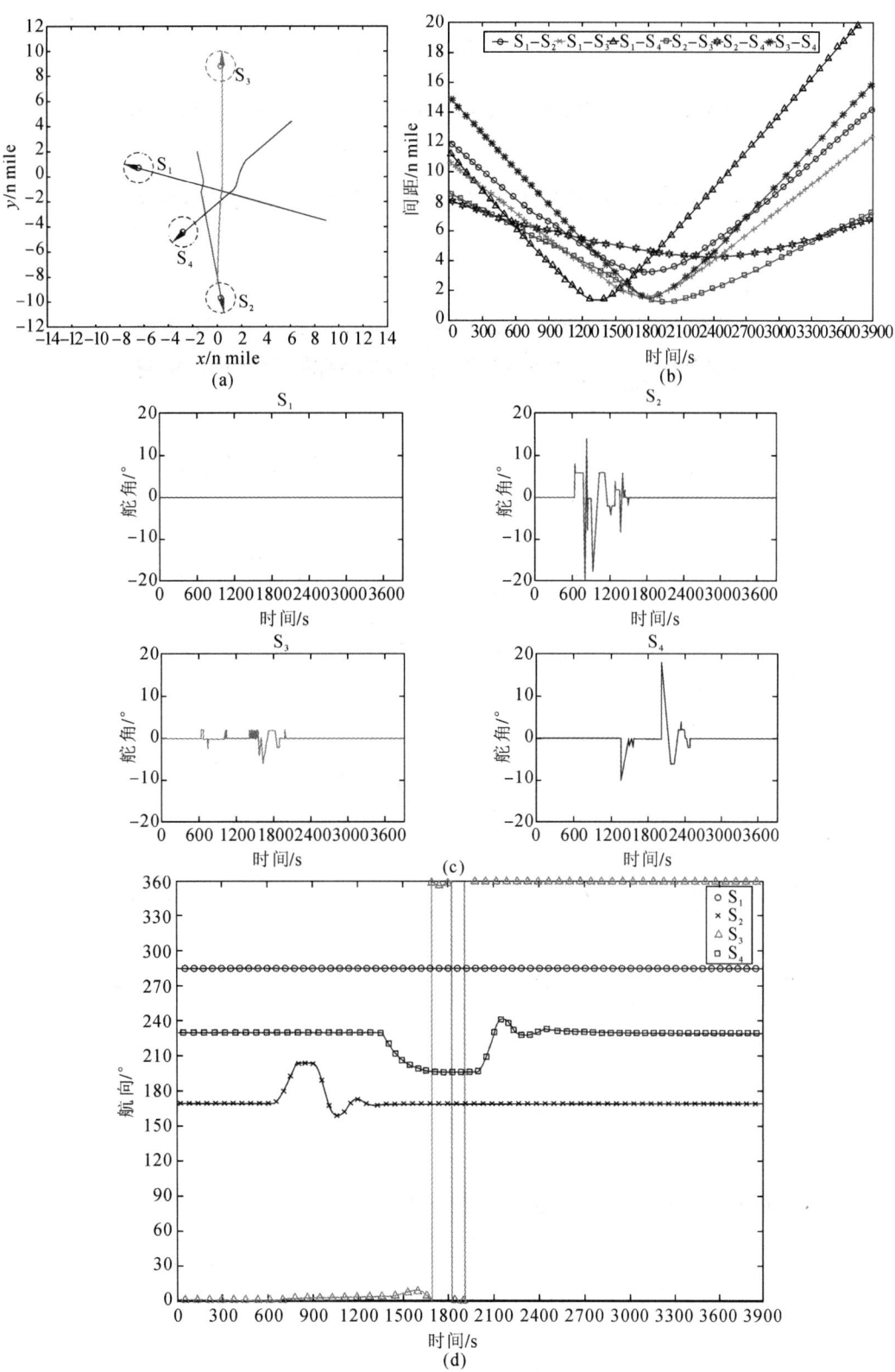

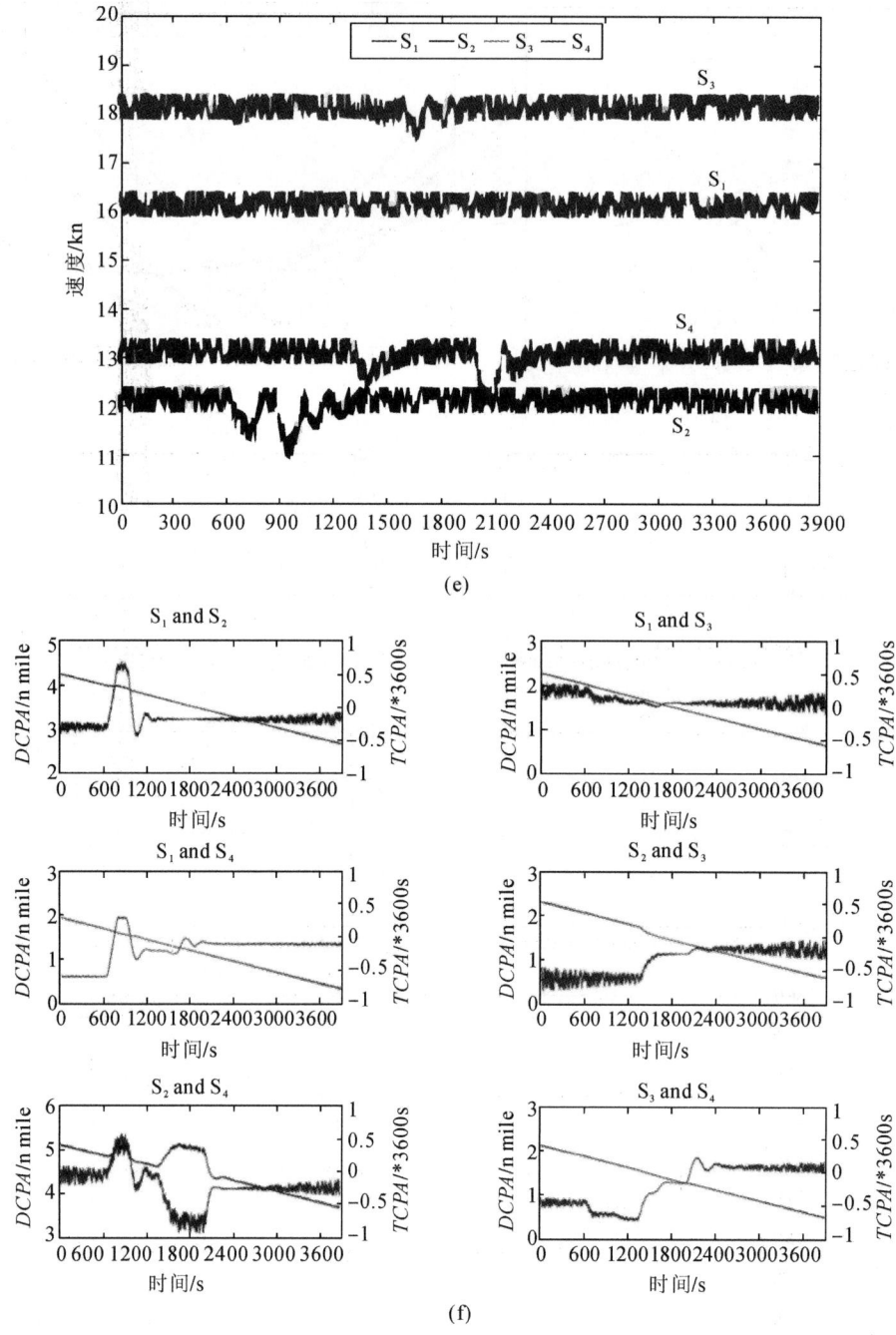

图 13-9 混合航行场景下船舶避碰结果(S_1 直航;S_2 常规;S_3、S_4 智能;速度变化)

(a)船舶避碰轨迹图;(b)船舶间距离变化曲线;(c)舵角随时间变化曲线;
(d)船舶航向变化曲线;(e)速度随时间变化曲线;(f)船舶间 $DCPA/TCPA$ 变化曲线

13.3.3 结果分析

针对船舶避碰模拟试验1和2,模拟试验1中船舶舵角在避碰阶段大于模拟试验2,最大船舶转向速度均为S_1,分别为0.43°/s和0.26°/s,表明船舶避碰过程中模拟试验2运动轨迹更为平稳;模拟试验1舵角变化集中,模拟试验2舵角变化频繁,模拟试验1航向稳定性好。对比模拟试验1、3中的S_1、S_2,船舶避碰幅度基本相同,试验3中船舶航向变化复杂程度降低,S_1操纵次数减少为2次,S_2在新航向上航行了一段时间。同时,对比模拟试验中2、3的S_3、S_4,试验3船舶所操舵角减小,操舵频率降低,航向稳定性有所提高。根据模拟试验1~3可知,S_1在会遇过程中避让行动的幅度较大,且持续的时间较长。所以在模拟试验4中,设置S_1保向保速来进一步测试混合场景下协调机制的有效性。可以看出,S_1~S_3均采取了符合COLREGs的避碰行动,且能保证船舶航行安全,从而验证了决策模型和协调机制能够有效保证部分船舶未遵守COLREGs下的航行安全。通过比较模拟试验4和模拟试验5,可以看出,决策过程基本相同,但具体的避让行动,如避让时机和避让幅度等略有不同,但均能在不小于安全距离驶过让清。

常规船舶避碰决策模型严格按照会遇态势和会遇阶段进行决策,需要保持所有船舶安全驶过。常规船舶避碰决策模型是综合考虑安全性、规则符合性和经济性指标进行决策的,因此在某些场景下会出现避让方向是不同的,如不同仿真场景下的S_3。在保证安全的前提下,智能船舶避碰决策模型比常规船舶避碰决策模型舵角变化幅度更小,更接近于优化后的避碰决策,降低避碰成本。

根据图13-5至图13-9船舶间$DCPA$和$TCPA$变化曲线可以看出船舶避碰决策对船舶安全的影响变化。由于多船相遇情况的复杂性,船舶采取的避碰行动并不一定会增加任意船舶间的$DCPA$,即使是具有碰撞危险的船舶,如试验1~3中的S_2和S_3、S_3和S_4。即使是可以安全通过的船舶也会受到影响,例如场景1~3中的S_1和S_3。但是,这种变化也是为了消解整个会遇场景的冲突,所以需要深入看待不同船舶间参数的变化,根据整个会遇场景做出决策。同时,对比图13-8(f)和图13-9(f)可以看出,$TCPA$值越接近于0,引起的$DCPA$的波动也较小。航速的变化也对避碰行动的复杂性带来一定影响,进而影响船舶操纵舵角的变化。但通过序贯决策机制,可以实时更新决策,在一定程度上减少了这种影响,从而保证船舶航行安全。

综上所述,可以看出,会遇过程中的最近距离均不小于SDA,可以满足航行安全要求。船舶在避碰过程中,应用完全常规船舶避碰模型与完全智能船舶避碰模型下的避碰行动基本相同,存在差异的场景主要为规则中的模糊或者未定义的特殊场景,智能船舶避碰模型制定的避碰行动符合规则的要求;在混合航行场景下,常规船舶避碰意图告知机制的应用能够降低船舶操纵舵角的复杂性,提升船舶航行决策的稳定性。

13.4 本章小结

常规船舶和智能船舶混合航行是未来最有可能出现的船舶会遇场景,针对混合场景下的船舶避碰决策，研究总结如下：

(1)针对常规/智能船舶混合航行场景，基于COLREGs解析和人类思维模式构建常规船舶决策模型，并以安全性为基础，综合考虑规则符合度、船舶偏航角度和偏航距离等指标构建了智能船舶避碰决策模型。

(2)通过分析两种避碰模型的决策特点，建立常规船舶避碰意图告知机制，并应用分布式序贯决策实现避让方案实时更新以保证航行安全。

(3)通过设置不同的模拟试验场景，验证了决策模型均能保证航行安全。在混合场景下，避碰意图告知机制的应用可降低船舶操纵复杂度，提升了航行决策的稳定性。

参 考 文 献

[1] CHEN P F, HUANG Y M, PAPADIMITRIOU E, et al. An improved time discretized non-linear velocity obstacle method for multi-ship encounter detection[J]. Ocean engineering, 2020, 196:106718.

[2] DENTLER J, ROSALIE M, DANOY G, et al. Collision avoidance effects on the mobility of a UAV swarm using chaotic ant colony with model predictive control[J]. Journal of intelligent & robotic systems, 2019, 93(1):227-243.

[3] HE Y X, JIN Y, HUANG L W, et al. Quantitative analysis of COLREG rules and seamanship for autonomous collision avoidance at open sea[J]. Ocean engineering, 2017, 140:281-291.

[4] HUANG Y M, VAN-GELDER P H A J M. Time-varying risk measurement for ship collision prevention[J]. Risk analysis, 2020, 40(1):24-42.

[5] HUANG Y M, CHEN L Y, NEGENBORN R R, et al. A ship collision avoidance system for human-machine cooperation during collision avoidance[J]. Ocean engineering, 2020, 217:107913.

[6] KIM D G, HIRAYAMA K, OKIMOTO T. Ship collision avoidance by distributed tabu search[J]. International journal on marine navigation and safety of sea transportation, 2015, 9(1):23-29.

[7] KIM D G, HIRAYAMA K, OKIMOTO T. Distributed stochastic search algorithm for multi-ship encounter situations[J]. Journal of navigation, 2017, 70(4):699-718.

[8] LAZAROWSKA A. Ant colony optimization based navigational decision support system[J]. Procedia computer science, 2014, 35:1013-1022.

[9] LEE M C, NIEH C Y, KUO H C, et al. A collision avoidance method for multi-ship encounter situations[J]. Journal of marine science and technology, 2020, 25(3):925-942.

[10] LI G S, CHOU W S. Path planning for mobile robot using self-adaptive learning particle swarm optimization[J]. Science china(information sciences), 2018, 61:052204.

[11] LI S J, LIU J L, NEGENBORN R R. Distributed coordination for collision avoidance of multiple ships considering ship maneuverability[J]. Ocean engineering, 2019, 181:212-226.

[12] LIU Y, ZHANG X J, GUAN X M, et al. Adaptive sensitivity decision based path planning algorithm for unmanned aerial vehicle with improved particle swarm optimization[J]. Aerospace science and technology, 2016, 58:92-102.

[13] NI S K, LIU Z J, CAI Y, et al. Coordinated anti-collision path planning algorithm for marine surface vessels[J]. IEEE access, 2020, 8: 160825-160839.

[14] NI S K, LIU Z J, CAI Y, et al. Modelling of ship's trajectory planning in collision situations by hybrid genetic algorithm[J]. Polish maritime research, 2018, 25(3): 14-25.

[15] TSOU M C, KAO S L, SU C M. Decision support from genetic algorithms for ship collision avoidance route planning and alerts[J]. Journal of navigation, 2010, 63(1): 167-182.

[16] WANG T F, WU Q, ZHANG J F, et al. Autonomous decision-making scheme for multi-ship collision avoidance with iterative observation and inference[J]. Ocean engineering, 2020, 197: 106873.1-106873.22.

[17] WU X, LIU K, ZHANG J F, et al. An optimized collision avoidance decision-making system for autonomous ships under human-machine cooperation situations[J]. Journal of advanced transportation. 2021, 2021: 1-17.

[18] ZHANG J F, ZHANG D, YAN X P, et al. A distributed anti-collision decision support formulation in multi-ship encounter situations under COLREGs[J]. Ocean engineering, 2015, 105: 336-348.

[19] ZHAO L M, ROH M. COLREGs-compliant multi-ship collision avoidance based on deep reinforcement learning[J]. Ocean engineering, 2019, 191: 106436.1-106436.15.

[20] 李丽娜. 船舶自动避碰研究中安全会遇距离等要素的确定[J]. 大连海事大学学报, 2002, 28(3): 23-26.

[21] 林晓杰. 基于改进势场法的受限水域中船舶自动避碰模型研究[D]. 哈尔滨: 哈尔滨工程大学, 2015.

[22] 刘炯炯, 刘克中, 杨星, 等. 基于规则的多船协调避碰决策算法及仿真验证[J]. 中国航海, 2020, 43(4): 8-14.

[23] 孙晓雪, 王胜正, 殷非, 等. 智能船舶远程辅助驾驶3D场景构建关键技术研究[J]. 中国舰船研究, 2020, 15(增刊1): 173-179.

[24] 薛彦卓, 魏伊, 孙淼. 基于避碰重点船算法的多船避碰模拟[J]. 大连海事大学学报, 2014, 40(1): 13-16.

[25] 严新平, 刘佳仑, 范爱龙, 等. 智能船舶技术发展与趋势简述[J]. 船舶工程, 2020, 42(3): 15-20.

[26] 严新平, 王树武, 马枫. 智能货运船舶研究现状与发展思考[J]. 中国舰船研究, 2021, 16(1): 1-6.

[27] 杨神化. 基于Multi-agent的船舶避碰决策支持系统[D]. 上海: 上海海事大学, 2008.

[28] 曾勇, 张金奋, 张明阳, 等. 基于粒子群-遗传优化算法的船舶避碰决策[J]. 中国航海, 2020, 43(1): 1-6.

[29] 张金奋. 船舶碰撞风险评价与避碰决策方法研究[D]. 武汉: 武汉理工大学, 2013.